経理・財務・経営企画部門のための

Financial Planning & Analysis

入門

石橋善一郎 著
Zenichiro Ishibashi

中央経済社

はじめに

「FP&A」という言葉をご存知だろうか？　FP&Aはフィナンシャル・プランニング・アンド・アナリシス（Financial Planning & Analysis）の略称である。

グローバル企業において，「FP&A部門」はCFO組織の中で経理部門・財務部門と並ぶ主要部門であり，CFOの下で事業管理を担当している。

日本企業において経営管理を担当しているのは本社経営企画部門，事業部企画部門，経理部門および財務部門である。

本書の目的は，グローバル企業のFP&A部門，もしくは日本企業の本社経営企画部門，事業部企画部門，経理部門および財務部門におけるFP&Aプロフェッショナルとしてのキャリアに関心を持たれている読者に「FP&Aとは何か」を伝えることにある。

本書は，「FP&AプロフェッショナルがFP&Aプロフェッショナルのために書いた教科書」である。本書のセールス・ポイントは以下の３つである。

第１に，筆者はFP&Aプロフェッショナルとしてキャリアを歩んできた。巻末の著者紹介をご覧いただきたい。

FP＆Aプロフェッショナルの実務は，市場のグローバル化やテクノロジーの革新とともに変化し続けている。しかし，その背景にあるFP＆Aの理論は時代を経ても色あせることはない。むしろ，実務が変化し続けているからこそ，FP＆Aの理論に立ち戻る必要がある。

筆者がFP&Aプロフェッショナルとして得た実務経験や知見を基に，FP&Aプロフェッショナルの実務の背景にあるFP＆Aの理論の一番大切なポイントを読者にお伝えする。

第２に，筆者は米国の職業人団体が認定する複数のFP&A関連資格を取得している。現在，米国管理会計士協会（IMA：Institute of Management Accountants）のグローバルボード理事および東京支部理事を務め，日本CFO協会FP&Aプログラム運営委員会委員長兼主任研究委員として「FP&A実践講座」の講師と「FP&A実務勉強会」のリーダーを務めている。

本書は，日本CFO協会が主催するFP&A（経営企画スキル）検定，IMAの認定する米国CMA（Certified Management Accountants）資格，AFP（The Association of Financial Professionals）の認定するCertified Corporate Financial Planning &

Analysis Professional資格に関心を持つ読者に，試験で必要となる「管理会計」と「企業財務」の内容を紹介するものである。

第3に，筆者は米国スタンフォード大学と一橋大学の2つの経営大学院でMBAを取得している。東北大学，早稲田大学，一橋大学，相模女子大学の修士課程において，英語原書の教科書を使って，管理会計と企業財務を教えてきた。本書は米国の経営大学院で教えられている管理会計と企業財務の基礎理論をFP&Aプロフェッショナルに必要とされる分野に焦点を当てて紹介するものである。

読者にはFP&Aプロフェッショナルとしてグローバル・レベルで仕事をしていただきたいので，本書においてFP&A用語には英語を付すように心がけた。

本書の構成は以下のとおりである。

第1章から第4章までは，「FP&A」を組織とプロフェッションの2つの面から紹介する。第1章と第2章では「FP&A組織」，第3章と第4章では「FP&Aプロフェッション」の全体像に触れる。

第5章から第9章までは，FP&Aに関わる「管理会計」に関するテーマを扱う。管理会計に関するテーマには「外部環境・内部環境の分析」と「戦略」に関するテーマが含まれる。

第10章は管理会計と企業財務が交わる「固定費」に関するテーマを取り上げる。

第11章から第13章までは，FP&Aに関わる「企業財務」のテーマを扱う。第11章と第12章で「投資意思決定の基本理論と実行プロセス」を紹介し，第13章で「投資意思決定におけるリスク分析」に関するテーマを扱う。

なお，FP&Aプロフェッショナルとしての立場から，9つの事例紹介を作成した。筆者のFP&Aプロフェッショナルとしての得意技は，「空気を読まず」に，「役割をわきまえず」に，「相手を選ばず」に意見を述べることであった。あくまでも筆者個人の意見であり，筆者の所属する組織の意見ではないことを付言しておく。

本書が読者にとって，FP&Aプロフェッショナルとしてのキャリアを考える機会になれば，望外の幸せである。

2021年5月

石 橋　善一郎

目　　次

第1章

グローバル企業における FP&A組織

I　CFO組織とFP&A組織

日本企業とグローバル企業において，CFOが果たす役割には大きな違いがある。

グローバル企業のCFOは，コンプライアンスに関わる経理・財務・税務・内部統制等の分野と，ビジネスパートナーシップに関わる経営管理の分野の２つで重要な役割を担っている。

日本企業のCFOはコンプライアンスに関わる分野ではグローバル企業のCFOと同様の役割を担っているが，２つめの経営管理の分野で担う役割に大きな違いがある。

グローバル企業においては，CFOはCEOとともにトップマネジメントの一員として経営責任を負う。特に，短期的な業績目標を達成することへの経営責任は重大である。CFOは業績目標の達成に向けて組織のベクトルを１つに合わせるための要の役割を果たす。全体最適の経営意思決定ができるように，事業部や子会社などのすべての部門の長に働きかける役割と権限が与えられている。

グローバル企業におけるCFOの役割の違いは，CFO組織に反映されている。日本企業のCFO組織が経理と財務の２つの部門を中心とするのに対し，グローバル企業ではFP&A，経理，財務の３つの部門からなる。

FP＆Ａ部門は本社レベルと事業部レベルの両方に存在する。CFOが全体最適を目指した経営意思決定をすることの基盤になっている。

グローバル企業におけるFP&A組織はどのような構造になっているのか。筆者が日本企業から転職して14年間勤務した米国半導体企業であるインテルの

[図表1－1] グローバル企業のFP&A組織（1）

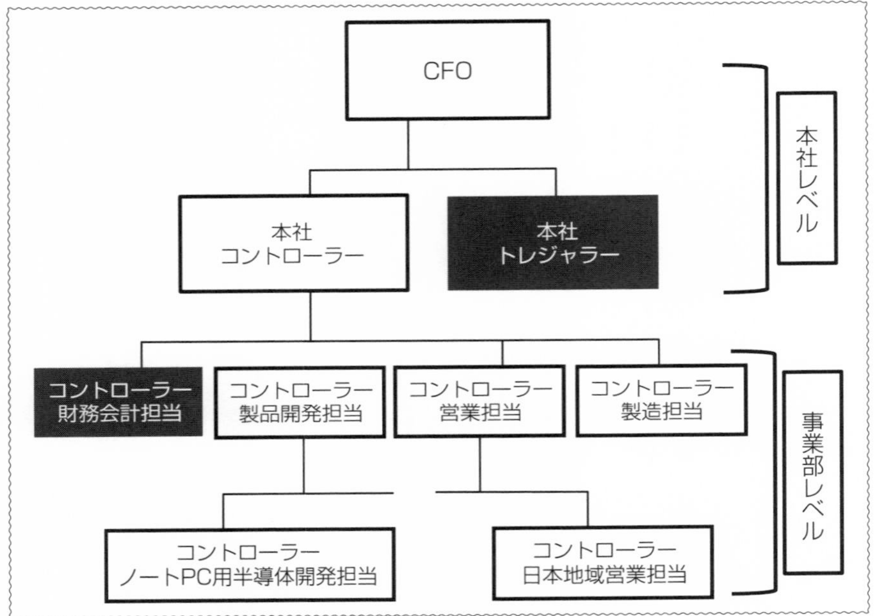

出所：筆者作成。

FP&A組織の事例を紹介する。CFO組織は，**図表1－1**のとおり，本社レベルでコントローラー部門とトレジャリー（財務）部門に分かれる。

コントローラー部門の中に財務会計を担当する経理部門と経営管理を担当するFP&A部門がある。FP&A部門は本社レベルにおいて本社コントローラーを置く。事業部門もしくは職能部門レベルにおいて事業部コントローラーを配置する。

FP&A組織の特徴がマトリックス構造である。**図表1－2**のように，事業部コントローラーを事業部長と本社コントローラーの両方にレポートさせることで，経営管理における組織の全体最適を図る。

事業部コントローラーは，業績管理のツールを運用し，事業部長の「ビジネスパートナー」として月次会議を運営し，企業としての全体最適となる意思決定を推進する役割を果たす。

グローバル企業ではFP&A社員に対する組織的な育成システムが存在してい

［図表1－2］グローバル企業のFP&A組織（2）

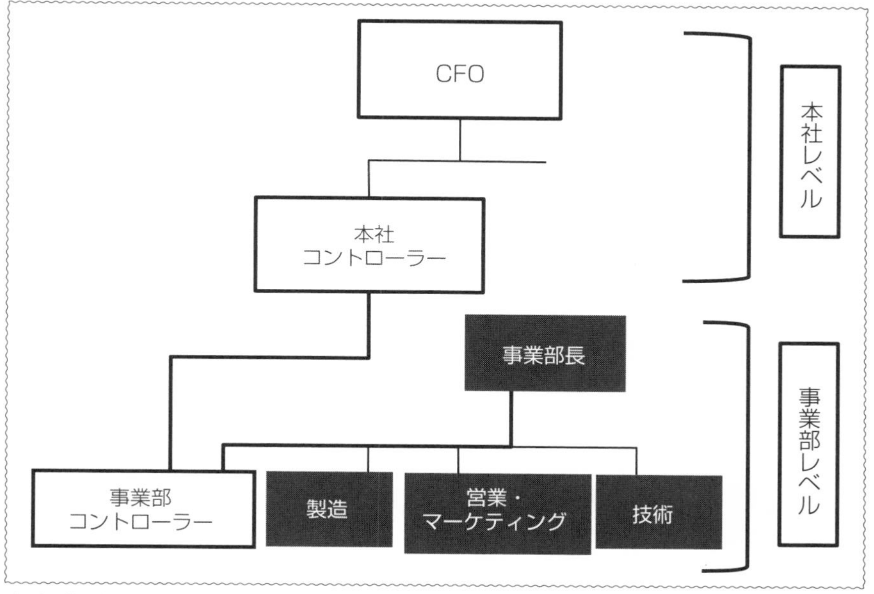

出所：筆者作成。

る。インテルの実質的な創業者であるアンディ・グローブ（Andy Grove）は，CFOの役割を以下のように説明する。

> 「CFOは，事業部コントローラーが自分の役割を遂行できるよう訓練を積んでいるのを確認する。事業部コントローラーの専門的業績を検討・監視して，首尾よく本分を全うできれば，いずれもっと大きく複雑な事業部のコントローラーの地位に昇進させるなど，FP&A組織内での職歴づくりの面倒をみることになる。」（グローブ，2017）

FP&A組織におけるCFOの重要な役割には，①事業部コントローラーを訓練し，②事業部コントローラーを支援し，③事業部コントローラーの業績評価を行い，④事業部コントローラーの賞与・昇給・昇進・ローテーションなどのキャリア作りの面倒をみる，の4点がある。

Ⅱ FP&A組織の１つめの役割：真のビジネスパートナー

（1）インテルのCFO組織のビジョン

グローバル企業におけるFP&A組織が果たす重要な役割の１つが，「ビジネスパートナー」である。

筆者は，2000年から３年間，インテル米国本社に駐在し，ノートブック・パソコン用のマイクロプロセッサ製品事業部の事業部コントローラーとして勤務した。2000年当時，CFOはCFO組織のビジョンとして**図表１－３**のとおり，「真のビジネスパートナー（Full Business Partner）」になることを掲げていた。

［図表１－３］インテルのCFO組織のビジョン

株主価値を最大化するために，
経営意思決定において
真のビジネスパートナーになる。

(Intel finance is a full partner
in business decisions
to maximize shareholder value.)

出所：筆者作成。

図表１－４は，インテルのCFO組織において「真のビジネスパートナー」の意味を説明するために使用された研修用資料である。

ビジネスパートナーとコンプライアンスの両方が重要であることを示している。コンプライアンスとは株主価値を維持することであり，ビジネスパートナーであることは株主価値を増大することにあると定義されている。

同図表が研修の場で説明される際には，「CFO組織の構成員はコンプライアンスの面で問題があれば，CFO組織のメンバーとしてのライセンスが剥奪される。しかし，コンプライアンスの面でどんなに優秀でも，ビジネスパートナーとして優秀でなければ，社内での昇進はない」と教えられていた。

［図表１－４］CFO組織の２つのミッション

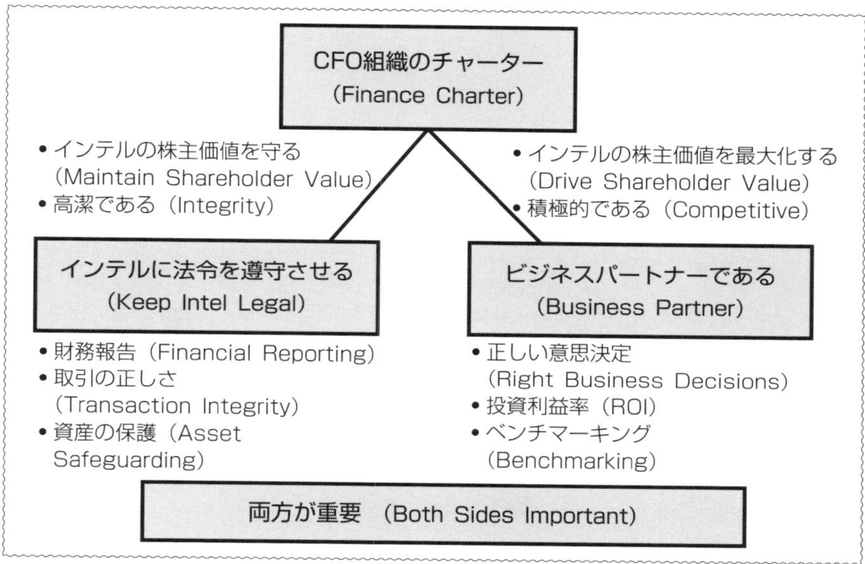

出所：筆者作成。

図表１－５は，インテルのCFO組織において「真のビジネスパートナー」の意味を説明するために使用された２つめの研修用資料である。

同図表には，「真のビジネスパートナー」に到達するまでの成長段階が示されている。５つの成長段階は以下のとおりである。

- 「Irrelevant」：意思決定プロセスにまったく関われていない段階である。事業部門の人々はFP&A部門と一緒に働くことにまったく価値を感じておらず，必要な場合にのみFP&A部門と一緒に働く。
- 「Listened to」：意思決定プロセスにおいて専門家としての意見を求められる段階である。事業部門の人々はデータや分析を求めてFP&A部門の意見を聞く。しかし，事業部門の経営意思決定プロセスにFP&A部門は参加していない。
- 「Included」：意思決定の当事者の一員になることを求められる段階である。事業部門の人々は経営意思決定プロセスにFP&A部門を招き入れ，FP&A部門の貢献を歓迎している。
- 「Empowered」：意思決定自体を委任される段階である。FP&A部門は中

[図表1－5] ビジョン：真のビジネスパートナー (1)

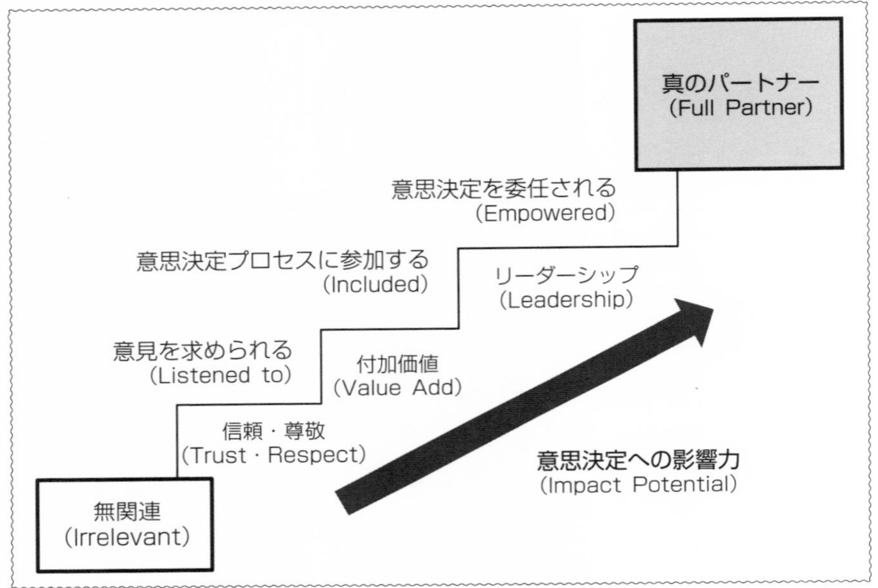

出所：筆者作成。

長期的な企業価値の最大化に向けて，リーダーシップを発揮し，変化を先導する。

- 「Full Partner」：真のビジネスパートナーとなる段階である。経営意思決定における事業部門とFP&A部門の間の境はなくなる。1つのチームとして，持続的な成長に取り組む。

ここで問われるのは，事業部門が行う経営意思決定に関して，FP&A部門のメンバーが経営意思決定プロセスにどの程度まで，どのように関わることができるかである。

本来，意思決定権限を持たない管理部門（いわゆるスタッフ部門）の一員であるFP&A組織のメンバーが，意思決定権限を有する事業部門（いわゆるライン部門）の行う意思決定に与える影響力の大きさが問われている。

注目していただきたいのが，真のビジネスパートナーに期待されるのは，意思決定の当事者として「意思決定を委任され，意思決定に対してリーダーシップを発揮する段階」にまで達することである。

今日，ビジネスパートナーという言葉は，人事部門や法務部門などでも使用されている。そこで期待されているのは，専門分野におけるスペシャリストとして「意思決定プロセスに参加する段階」に達することである。

FP&A部門で期待される「真のビジネスパートナー」は，人事部門や法務部門などにおけるビジネスパートナーとは期待される段階が異なることに留意されたい。

「真のビジネスパートナー」の役割が期待されることの背景に「マネジメントコントロールシステムの設計者および運営者」というFP&A独自の役割があることを，次節において紹介する。

インテルのCFO組織において**図表１－５**を説明する際に強調していたのが，「真のビジネスパートナーへの階段は１回登りつめるとそれで上がりになるのではない」ということである。

FP&A組織のメンバーは数年ごとに社内でのローテーションを経験する。異動するごとに新たな事業部門において，真のビジネスパートナーを目指して階段を一番下に戻って登り直すのである。

もちろん，階段を登るスピードは速くなる。スピードは速くなっても階段を登り直すことがプロフェッショナルとしての成長に不可欠なのである。

インテルのCFO組織において，FP&Aプロフェッショナルとしてのキャリアにおけるローテーションは，プロフェッショナルとしての成長に必要な「旅(Journey)」であると説明されていた。

図表１－５とともに使用された３つめの研修用資料が**図表１－６**である。「真のビジネスパートナーであるためには，ライン部門の意思決定において『意思決定の支援者』に留まるのではなく『意思決定の当事者』になることを目指さなければならない」というメッセージを伝える。

最初に，FP&A組織の構成員が直面するジレンマとして，「ライン権限ではなくスタッフ権限しか持たないFP&A組織のメンバーがいかにして意思決定の当事者になることができるのか？」という疑問が提示されている。

疑問への答えとして，「意思決定に対する我々の影響力が，意思決定プロセスへの支援に留まらず，意思決定自体の当事者であると感じさせるほどの効果があるものでなければならない」としている。

意思決定に対する影響力を高めるために，以下の３つのアクションを実行す

［図表1－6］ビジョン：真のビジネスパートナー（2）

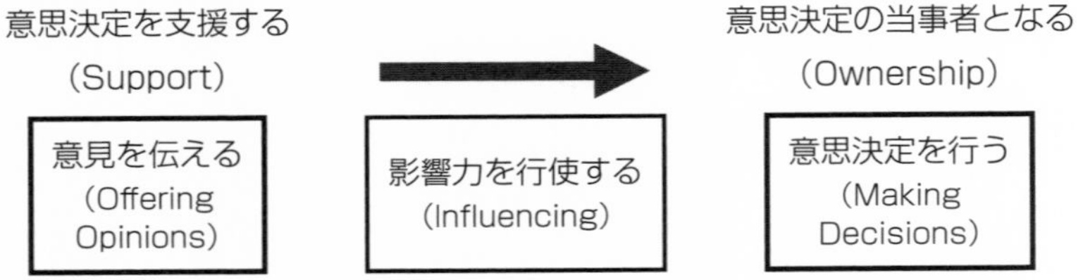

意思決定を支援する
（Support）
→
意思決定の当事者となる
（Ownership）

意見を伝える（Offering Opinions）	影響力を行使する（Influencing）	意思決定を行う（Making Decisions）

ジレンマ（Dilemma）：意思決定権限を持たない我々が，どのようにして意思決定に責任を持てるのか？
（How can we be responsible for something we don't make the decision on ?）

回答（Response）：単なる意思決定の支援者ではなく，意思決定の当事者であるために，我々の影響力を効果的なものにしなければならない。
（We must be so effective in influencing that our influence has much more the feel and impact of ownership than of mere support.）

そのために以下のことが必要である。（We do that by : ）

A）権限を持たなくても持っているとみなせ。（Assume Responsibility）
B）プロフェッショナルとしての能力を利用して説得せよ。
（Being persuasive through adding value（skills, network, insights）
C）最後の方策としてFP&A組織の権威や命令系統を活用せよ。
（Leveraging our authority or our chain of command when all else fails）

出所：筆者作成。

ることが提案されている。

第1に，スタッフ組織であるFP&A組織の構成員はライン権限に基づく経営意思決定に関して決定権限を有していない。しかし，権限の有無にかかわらず，意思決定権限を有しているものとみなして，意思決定に関してパートナーとして責任を負うべきである，と書かれている。これはビジネスパートナーであるための「マインドセット」を示している。

第2に，FP&A組織の構成員が有するスキル，ネットワーク，洞察力を十二分に駆使して付加価値を提供することにより，意思決定に対する影響力を高めよ，と書かれている。これはビジネスパートナーであるための「スキルセット」を示している。

第３に，上記の２つの方策だけではうまく機能しない場合は，FP&A組織が組織として有する権限もしくは指揮命令系統を利用して働きかけるべきである，と記されている。これは，構成員レベルのマインドセットやスキルセットだけではなく，FP&A組織としてのビジネスパートナーであることに対する「組織としてのコミットメント」を示している。

組織のコミットメントとは，CFOから事業部レベルで働くFP&A組織の構成員に向けた「事業部レベルの部分最適に満足せず，企業としての全体最適を目指して行動せよ。私があなたを見守っている」という強いメッセージである。

（２）CFOのビジネスパートナーへの取り組み

組織のビジョンとして「ビジネスパートナー」であることを掲げたCFOは，ビジョンの実現にどのように取り組んだのだろうか。筆者がインテル米国本社で勤務した2000年当時，CFOは**図表１－７**のとおり，十数名の事業部コントローラーを本社に招集して月次会議を行っていた。

［図表１－７］CFOが主催する月次会議

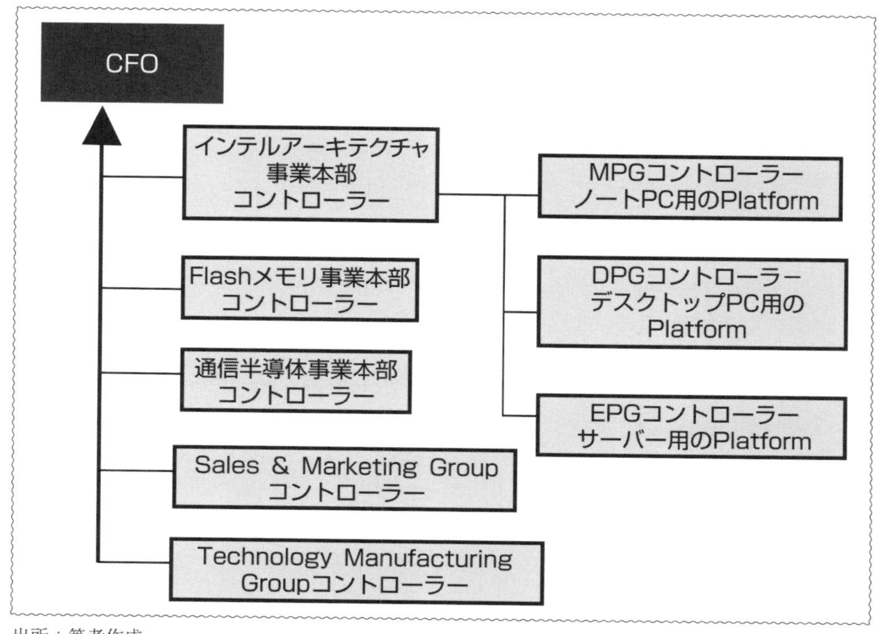

出所：筆者作成。

全社レベルでの戦略課題の進捗を確認するために，討議するべき戦略課題を指定し，事前に担当の事業部コントローラーに報告書をまとめさせ，戦略課題に対処するためのプロジェクトの進捗とアクションプランを討議していた。**図表1－8**は，この月次会議で使用された「影響力行使計画（Influence Plan）」と呼ばれた報告用のテンプレートである。

画期的だったのは，報告を受けるだけでなく，CFOを含む十数名の事業部コントローラーのグループによる討議が行われていたことである。1つの課題につき，報告に10分，討議が20分という時間配分であった。

CFOはこのプロセスによって，FP&A組織がビジネスパートナーとして1つになって（「CFO組織としての1つの声（One Finance Voice）」と呼ばれた），全社最適に向けた戦略の形成と実行ができる環境を作ることを意図していた。

今も記憶に焼き付いているのは，CFOがインテルの経営戦略の実行にFP&A組織のリーダーとして深くコミットしていた姿である。議論が白熱すると，いったん議論を止めて，「ここは相手の言い分をもっと引き出せ」とか「この場面は押し返さないと駄目じゃないか」とコーチングをしていた。

CFOは，社内で複数の事業部コントローラーのポジションを経験してCFOに昇進したキャリアを持ち，2020年1月までインテルの取締役会会長として勤

［図表1－8］CFO組織の影響力行使計画

• Issue	：何が問題なのか
• Operations Perspective	：事業本部長はどう考えているか？
• Finance Objective	：ファイナンスとしての目標は何か？
• Strategic Impact	：戦略上の影響は何か？
• Size of Issue	：財務上の影響は何か？
• Stakeholders	：社内の誰が関与すべきか？
• Decision Points	：どの段階で，決定すべきか？
• Why Strategic	：なぜ，この問題が戦略上，重要なのか？
• Finance Owner	：ファイナンスの中での責任者は誰か？
• Plan of Attack	：ファイナンスとしての解決へのプランは何か？
• Assistance Needed	：何か支援が必要か？
• Expected Completion	：いつまでに解決すべきか？
• Proposed Grading	：ファイナンスとしての役割を果たしたか？

出所：筆者作成。

務した。

彼は，筆者にとって，CFOとしてだけではなく，FP&Aプロフェッショナルとしてのロールモデルであった。

（3）米国企業のCFO組織におけるビジネスパートナーの役割

米国管理会計士協会が会員に配布する季刊誌，ストラテジック・ファイナンスの1999年9月号に，米国企業における管理会計担当者の役割の変化に関する論文が掲載されている。

管理会計研究者のシーゲル（Siegel G）ほかは，協会の会員名簿から300名の管理会計担当者をランダムに抽出して電話インタビューを実施し，1990年代における管理会計担当者の役割の変化を以下のとおり，報告している（Siegel 1999）。

●1980年代における管理会計担当者の役割

① 「コーポレート・スタッフ」および「スコアキーパー（財務記録および組織の過去の歴史の保管者）」

② 事業部門のライン業務からみればアウトサイダー。意思決定プロセスへの参加者ではなく，意思決定者に対する支援スタッフ。事業部における意思決定に関して事後的に知らされる。

③ 管理会計担当者のオフィスは事業部に配置されず，事業部のライン担当者との対面によるコミュニケーションが限られる。

●1999年における管理会計担当者の役割

① 「ビジネスパートナー」

② 意思決定チームにおける「対等のパートナー」として意思決定に積極的に介入する。事業部長に特定の情報が経営意思決定との関連性を有しているか否かをアドバイスする権限と責任を有している。

③ 管理会計担当者のオフィスは事業部に配置され，ライン担当者と日常的なコミュニケーションを取る。管理会計担当者は職能横断的なプロジェクトチームでリーダーシップを発揮する。

筆者が2000年当時にインテル米国本社で経験したFP&Aプロフェッショナルの「真のビジネスパートナー」としての役割には，1990年代に多くの米国企業において起こった管理会計担当者の役割の変化が背景にあったのである。

Ⅲ FP&A組織の2つめの役割：マネジメントコントロールシステムの設計者および運営者

グローバル企業においてFP&Aが果たすことを期待されている「真のビジネスパートナー」の段階は，人事部門や法務部門などの専門分野のスペシャリストが果たすことを期待されているビジネスパートナーの段階とは異なることを紹介した。この違いはどこから来るのであろうか？

（1）マネジメントコントロールシステムの概念図

① アンソニーによるマネジメントコントロールシステムの定義

マネジメントコントロールシステムの概念を1965年の論文で世に広めたのは，管理会計研究者のアンソニー（Robert Anthony）である。計画（Planning）と統制（Control）から構成される経営管理プロセスに関して，「戦略計画」，「マネジメントコントロール」，「オペレーショナルコントロール」の3つのプロセスからなるフレームワークを提示した。「マネジメントコントロール」を「所与の戦略の実行を目的として，マネジャーが他の組織構成員に影響力を行使するプロセス」と定義した。

「マネジメント・コントロール」に関するシステムの設計および運営に責任を持つプロフェッションとして，コントローラー（Controller）を紹介している。コントローラーの機能として紹介しているのは，いわゆる経理部長の機能である。興味深いのは，経営者とコントローラーの役割の対比である。第1に，戦略を策定するのは経営者であって，コントローラーではないとしている。第2に，マネジメントコントロールシステムの設計および運営はコントローラーが行うが，経営意思決定およびその実行は経営者が行うとしている。

アンソニーによるコントローラーの役割に関する定義の背景には，米国においても当初はプロフェッションとしてのコントローラーが経理とFP&Aに分化しておらず，1990年代以前はFP&Aの経営意思決定におけるビジネスパートナーとしての役割が米国で普及していなかったことがある。

②　ホングレンによるマネジメントコントロールシステムの定義

管理会計研究者のホングレン（Charles Horngren）は，マネジメントコントロールシステムの目的をアンソニーの「所与の戦略の実行」から拡大して，「組織目的の達成」にあると位置づける。FP&Aのミッションはまさに「組織目的の達成」にある。本節では，筆者のグローバル企業での経験を基に「マネジメントコントロールシステムの設計者および運営者」としてのFP&Aの役割を紹介する。

ホングレンは，マネジメントコントロールシステムの概念図を**図表１－９**にまとめている。同図表の上部にある「目標および業績指標を設定する」と名付けられた箱が出発点である。

そこから左側の「計画を作成し，アクションをとる」と名付けられた箱へつながり，下部にある「進捗をモニタリングし，報告する」と名付けられた箱を経由して，右側の「業績を評価し，報酬を与える」と名付けられた箱に到達する。

［図表１－９］マネジメントコントロールシステムの概念図（1）

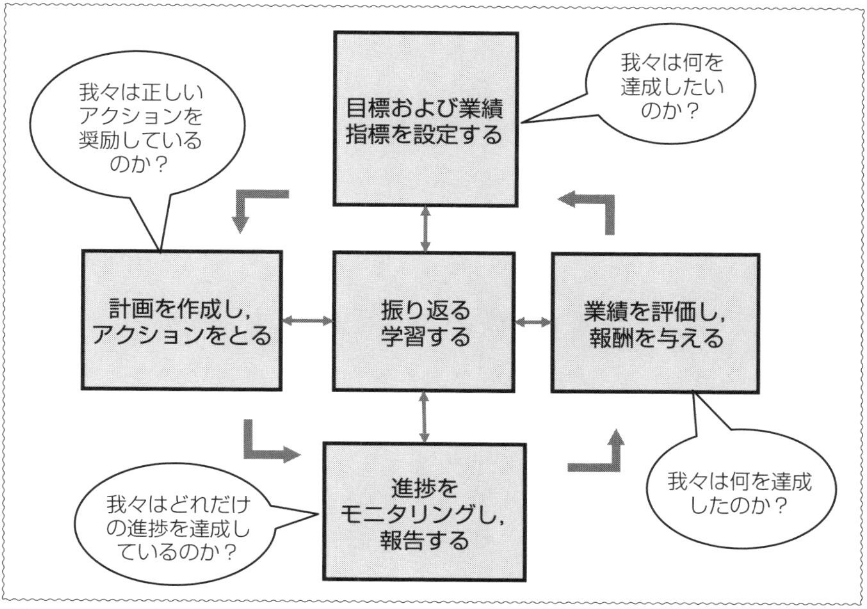

出所：Horngren（2002）を基に筆者作成。

マネジメントコントロールシステムとは，組織目標を達成するために組織の構成員（ヒト）に働きかけるシステムである。

4つの箱に示されているコメントにご注目いただきたい。4つのコメントそれぞれに，「我々」という主語が示されている。マネジメントコントロールシステムは組織の構成員に対して働きかけるものであること，そして主語が「貴方たち」や「彼ら」ではなく「我々」であることに，マネジメントコントロールシステムにおけるFP&Aのビジネスパートナーとしての当事者意識が示されている。アンソニーのコントローラーとホングレンのFP&Aの役割の違いには，①マネジメントコントロールシステムの目的の違いおよび②ビジネスパートナーとしての当事者意識の違いの2つがある。

組織としてのFP&Aの役割は，「真のビジネスパートナー」としてマネジメントコントロールシステムを設計し，運営することにある。

（2）FP&Aの12の原則

米国の管理会計士の職業人団体であるIMAがまとめた「優秀企業における効果的なFP＆Aの12の原則」は，「マネジメントコントロールシステム」をいかに設計・運営すべきかの良い指針である。12の基本原則に沿って筆者がグローバル企業で経験した具体例を紹介する。

① 基本原則：基盤を形作る5つの原則

- ●原則1：戦略計画および中期経営計画を作成し，戦略実行のために必要なプロジェクトを明確にする。
- ●原則2：原則1のプロジェクトに必要な資源を明確にして，年度予算に反映させる。
- ●原則3：年度予算（および実行予算）がどのように財務上の目標の達成に貢献するかを理解し，これらの予算に対する進捗をモニターする。
- ●原則4：予算と実績（および予算と予測）の差異発生理由を，迅速にビジネスの面から明確にする。
- ●原則5：財務上の目標および業務（オペレーション）上の目標の達成に乖離が発生した場合，是正措置を講ずる。

最初の5つの原則は，**図表1－10**のとおり，「長期目標・戦略」，「中期経営計画」，「利益計画→予算編成」の「計画のプロセス」と年度予算を実行するための経営管理の「統制（コントロール）のプロセス」の２つのプロセスがPDCAの輪としてつながっていることを求めている。

どんなに立派な計画を作成しても，「統制のプロセス」が機能しないのであれば絵に描いた餅である。FP&Aの役割は「マネジメントコントロールシステムの設計者および運営者」として，PDCAの輪における「計画のプロセス」と「統制のプロセス」を連繋させることにある。

［図表１－10］経営管理（計画と統制）

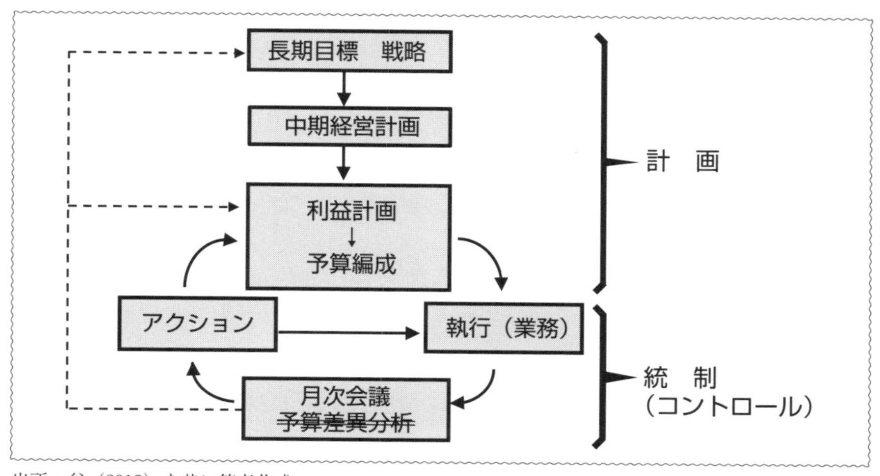

出所：谷（2013）を基に筆者作成。

②　アカウンタビリティに関する原則：当事者意識を強化する文化を作る

- 原則６：全社レベルの財務上の目標および業務上の目標を，より具体的な目標に変換して現場レベルの目標として設定する。
- 原則７：マネジャーおよび従業員に財務上の目標の達成に責任を持たせ，財務上の目標と金銭的な報酬を結びつける。
- 原則８：マネジャーおよび従業員に業務上の目標の達成に責任を持たせ，業務（オペレーション）上の目標と金銭的な報酬を結びつける。

次の３つの原則は，本社で作成した目標が事業部の目標と連繋していること，そして目標には財務上の目標と業務上の目標の両方が含まれることを求めている。これらの目標はマネジャーや従業員の金銭的な報酬に結びついていなければならない。金銭的な報酬には年度の業績賞与だけでなく，昇給・昇格・異動などすべての報酬が含まれる。

インテルでは目標設定は年度単位で行われていた。中期経営計画は年度予算編成プロセスの一部として，毎年，更新されていた。中期経営計画を前年度の前半に作成し，年度予算を前年度の後半に作成した。業績賞与は年度予算で決められた目標の達成状況で決まった。年度予算目標を達成するために3カ月周期で6カ月単位の実行予算を作成した。実行予算は「統制（コントロール）のプロセス」であり，業績評価や報酬とは切り離されていた。

図表1－11のとおり，組織の業績目標設定に対応して，マネジャーおよび従業員個人の業績賞与に関する目標が設定された。年度予算に対応しているのが，個人ごとの年度目標である。個人ごとの業績賞与は年度目標の達成状況で決まった。四半期ごとに予測を作成し，毎月進捗をフォローアップした。四半期ごとの予測は個人業績のコントロールを目的とし，業績賞与とは切り離されていた。

つまり，インテルでは組織業績と個人業績のそれぞれの目標の達成を目的とした2つのサイクルが並列で回っていた。それぞれのサイクルは連動して，期

[図表1－11] インテルの事例（その1）：マネジメントコントロールシステム

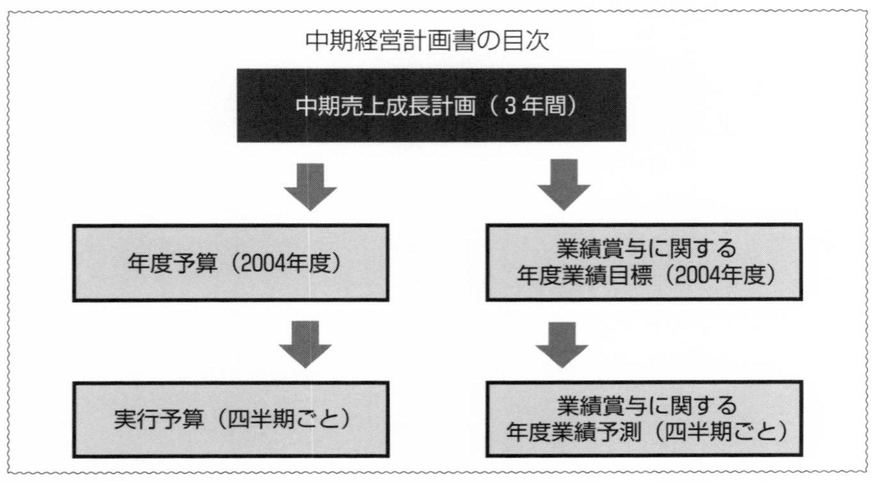

出所：筆者作成。

首に目標設定，期中には月次で目標達成状況のモニタリングを行っていた。

図表１－12にご注目いただきたい。インテル日本法人の年度予算書の目次の最初に掲示されたのは年度予算ではなかった。目次の最初に示されているのは，「従業員の業績賞与に関する業績目標」であった。部門ごとの業績目標が13ページにわたって記載されている。年度予算は２番めの項目であった。

組織の業績目標を決める年度予算を記載した予算書の最初に業績賞与に関する業績目標が示されることは，FP&A組織のマネジメントコントロールシステムに対する取り組みを象徴している。

[図表１－12] インテルの事例（その２）：マネジメントコントロールシステム

年度予算書の目次

Ⅰ．概要

１．従業員の業績賞与に関する業績目標　：P. 1～ P.13

２．年度予算　：P.14～ P.31

（1）売上高（Revenue）予算
（2）CPUのTAM/SOM
（3）経費（Expense）予算
（4）人員数（Headcount）予算
（5）設備投資（Capital）予算

Ⅱ．詳細

出所：筆者作成。

図表１－13に示したのが，当時のCFO組織の業績目標である。５つの目標のうちの３つ（＃１，＃３および＃４）はCFO組織自身が単独で達成できる目標ではなく，「真のビジネスパートナー」として影響力を行使する事業部が達成する必要がある指標であることに注目していただきたい。

３つめの目標（＃３）は経費削減目標であるが，カウントされるのは「CFO組織主導」で実現した経費削減に限定されている。FP&A組織の経営意思決定に対する当事者意識の高さが表れている。

[図表１－13] インテルの事例（その３）：マネジメントコントロールシステム

目標（Objectives）	点数	支払率 0％	支払率 50%	支払率 100%	支払率 125%
1．ペンティアムプロセッサの前年実績に対する原価削減率	10点				
2．トレジャリー部門が稼いだ超過金融利益の金額	10点				
3．CFO組織主導による，全社における経費削減の金額	10点				
4．製品事業部ごとの在庫のコントロールに関する目標達成率	10点				
5．CFO組織としての教育・採用・業績管理に関する目標達成率	10点				

出所：筆者作成。

③ FP&Aをさらに高い次元へ進める原則

●原則９：事業の成功をもたらすドライバーを明確にし，これらのドライバーに関して主要な業績指標（KPIs : Key Performance Indicators）を設定する。

●原則10：原則９の主要な業績指標（KPIs）に関して，長期的および短期的な目標を設定する。

●原則11：原則10の主要な業績指標に関する目標を達成するために，プロジェクトを立ち上げる。

●原則12：主要な業績指標をモニターし，主要な業績指標の目標と金銭的な報酬を結びつける。

12の原則の最後の４つの原則は，**図表１－10**で説明した経営管理の計画と統制のプロセスのうち，統制のプロセスを成功させるための原則である。

事業の成功をもたらすドライバーを見つけ出し，ドライバーを測定できるKPIsを設定して，KPIsの目標を金銭的な報酬に結びつけることを求めている。個々のプロジェクトのレベルでドライバーを見つけ出し，KPIsのモニタリングを行うことが求められる。

マネジャーおよび従業員の当事者意識を強化し，ドライバーのKPIsに関する目標にマネジャーや従業員の関心を集中させることが，組織としてのFP&A

の重要な役割である。

最後の４つの原則に関して，筆者のFP&Aプロフェッショナルとしての経験を紹介する。筆者は2001年にインテル米国本社に赴任し，製品事業部において事業部コントローラーを経験した。

インテル米国本社の事業部コントローラーとして経験した予算管理は，実行予算とゼロ・ベース予算を組み合わせて行われていた。

実行予算は四半期ごとに６カ月先までの予測を行うプロセスである。６カ月先の予測と年度予算の差異を分析して是正措置を取る手法である。研究開発費予算の管理に使用していたのが，ゼロ・ベース予算という手法である。

ゼロ・ベース予算とは，予算編成時点で既存のプロジェクトを継続することを前提にするのではなく，すべてのプロジェクトの必要性をゼロ・ベースで見直すという手法である。研究開発費の統制に使用したドライバーは，新製品開発プロジェクトに携わるエンジニアの人員数であった。

ゼロ・ベース予算の対象である新製品開発プロジェクトに関し，月次でバランス・スコアカードを作成した。財務的な指標だけでなく，顧客獲得や品質などの非財務的な指標に対して目標を設定し，進捗をモニターした。

３カ月ごとに行われる実行予算の編成プロセスにおいて，バランス・スコアカードの結果を基に優先順位が低いプロジェクトの中止を決めた。研究開発費が削減される中で優先順位の低いプロジェクトを中止することで，新しいマイクロプロセッサを開発するという最優先プロジェクトへの資源配分を確保することができた。

第８章の「経営管理の統制プロセス」でゼロ・ベース予算とバランス・スコアカードを経営管理の統制プロセスでどのように利用したかの詳細を説明する。

本章では，グローバル企業における「組織としてのFP&Aの役割」である「真のビジネスパートナー」としての役割の核心には「マネジメントコントロールシステムの設計者および運営者」としての役割があることを紹介した。

第2章

日本企業におけるFP&A組織

I　日本企業独自のFP&A組織

(1) 日本企業独自の中期経営計画

第1章において，FP&Aの役割は経営管理のPDCAの輪を回し，「計画のプロセス」と「統制のプロセス」を連繋させることにあることを紹介した。

日本企業における「組織としてのFP&A」の課題と可能性を考える際に避けて通れないのが，**図表1－10**で示した「中期経営計画」の位置づけである。

グローバル企業において，中期経営計画は中期の経営成績に関する単なる予測にすぎない。年度予算の前提であり，それ自体は目標ではない。毎年，年度予算編成プロセスの前工程として作成される予測である。中期経営計画は組織内部において業績目標として扱われないので，モニタリング，評価は行われず，報酬とも結びついていない。グローバル企業において，中期経営計画を経営者のコミットメントとして組織外部に公表することはあり得ない。

日本企業において，中期経営計画の位置づけは全く異なる。中期経営計画は向こう3年間を対象期間として作成されることが多い。対象期間において固定された業績目標である。東証一部に上場する2,100社余りのうち，約35%の800社弱が中期経営計画を公表している。

コーポレートガバナンス・コードは，会社の持続的な成長と中長期的な企業価値の向上に資するため，会社と株主の建設的な対話を促している。公表された中期経営計画を対外的な「約束」と捉える投資家が増えている。

中期経営計画を公表する日本企業において，中期経営計画の更新のタイミングで社長が交代する慣行が存在する。2018年4月のソニー吉田憲一郎CFOの

CEO就任，2021年4月のNEC森田隆之CFOの社長就任も，そのタイミングは新たな中期経営計画の始動に合わせたものであった。公表された中期経営計画は，社長にとって「在任期間における最も重要な業績目標」になるのである。

日本企業において中期経営計画に直接関わるのは，本社レベルでは社長室や経営企画部である。経営企画部にとり，中期経営計画は最重要の成果物である。事業部レベルで中期経営計画に関わるのは，事業部長とそのスタッフである事業企画スタッフである。本社経営企画部と事業部事業企画スタッフの間に，レポーティング・ラインは存在しない。経理部・財務部は中期経営計画の計画プロセスおよび統制プロセスに直接，関与していない。

証券アナリストの浅田・山本両氏は，TOPIX500（金融除く）企業が2008年1月から2014年3月までの期間に行った中期経営計画に関する開示の実証研究を行った（浅田・山本，2016）。2014年5月末のTOPIX500（金融除く）の440社の中で中期経営計画を開示した企業は249社であった。開示比率は56.6%である。中期経営計画の標準的な対象期間である3期先で見ると，売上高・営業利益・経常利益の達成銘柄比率が19.0%，18.2%，17.8%であり，3項目ともに2割を下回っている。

公表された中期経営計画の達成比率の低さには驚くべきものがある。特に，営業利益・経常利益の達成比率が売上高の達成比率を下回っていることは，注目に値する。売上高目標に比較して，利益目標は固定費や変動費率を下げることにより，目標達成に向けてコントロール（統制）を行うことが可能である。利益目標の達成比率が売上高目標を下回っていることは，目標達成に向けた実質的な努力が行われていないことを示唆している。

第1章において，組織としてのFP&Aの役割を「マネジメントコントロールシステムの設計者および運営者」として説明した。FP&Aは，経営管理のPDCAの輪を回し，「計画のプロセス」と「統制のプロセス」を連繫させなければならない。日本企業の多くが公表する中期経営計画は社長にとって就任期間における最重要の業績目標であるにもかかわらず，マネジメントコントロールシステムとして機能していない。

エクセル経営でワークマンの快進撃を率いる土屋哲雄専務は，三井物産の本社経営企画室で勤務された経験を持つ。初の著書の出版にあたり，以下のメッセージを読者に伝えている。

「私が一番言いたかったのは，管理職や経営者は真面目すぎて会社をダメにしているということ。達成もできない中期経営計画を策定して，よせばいいのにそれを部署や社員にブレークダウンしてプレッシャーをかける。すると，優秀な社員ほど早くあきらめる。達成できるはずがないとわかるので，やっている振りをする。３年も経てば社長が替わってリセットされるので，それまで何とかやり過ごす。そんな空気が日本の企業には蔓延しています。かくいう私も商社時代は経営企画室で中計を立案する側にいたこともあります。偉そうなことはいえません。この本に書いた『しない経営』は私の過去の反省に基づいたものなのです。」

日本企業における「組織としてのFP&A」の１つめの課題は，中期経営計画の機能不全にある。

（２）日本企業独自の組織体制

グローバル組織に見られるFP&A組織が存在していないという多くの日本企業の組織体制の源流は，1950年代にまで遡る。これまでの歴史的な経緯を，管理会計の複数の研究者による先行研究を基に紹介する。

1950年代に通商産業省によって，アメリカ式の事業部制とコントローラー制度を日本企業に導入する試みがなされた（上總，2016）。

「アメリカで発展してきた管理会計を導入するために，1951年に『企業における内部統制の大綱』，1953年に『内部統制の実施に関する手続き要領』の答申が通商産業省の産業合理化審議会から出された。これらの答申では，コントローラー制度の確立，内部統制組織の整備，予算統制の導入など，アメリカ管理会計の導入が強く推奨された。同じく通商産業省の産業合理化審議会によって，1956年に『経営方針遂行のための利益計画』，1960年には『事業部制による利益管理』の答申が出された。1956年の答申では，全般的な経営方針と利益計画と予算統制の関連が明らかにされた。1960年の答申では，“経営規模の拡大，製品品種の多様化，販売競争の激化”に対応できる経営管理の分権化方式として，事業部制による利益管理が推奨された。」

通商産業省による度重なる答申にもかかわらず，コントローラー制度は日本企業に根付かなかった（石川，2014）。

「多くの日本企業において，米国企業ほどにはライン組織・スタッフ組織の役割が確立しておらず，財務会計機能を持たない独立したFP&A組織は実務から遊離してしまうのではないかという懸念があった。経理部は，社会全体を見ることができる，かつ社内の信望に応え得る経営参謀本部を設置すべきという意見に対して自らは逃げ腰であった。答申に対して強く反発した。結果として，財務会計機能は経理部に残り，本社において計画作成機能を担う経営企画部が生成された。」

本社におけるコントローラーの機能は，経営企画部の計画作成機能と経理部の測定機能に分断された。事業部におけるコントローラーの機能は，本社経営企画部にレポーティング・ラインがつながっていない事業部長とその事業企画スタッフが担うことになり，本社と事業部が分断された。

多くの日本企業においては，1950年代に生まれたFP&A組織の２つの壁は，今日においても存続しているのである。今日においても，経理部は本社レベルにおいても事業部レベルにおいても経営管理に直接関与することができていない。

日本企業における「組織としてのFP&A」の２つめの課題は，経理部の機能不全にある。

Ⅱ　経営企画部の課題と可能性

グローバル企業には例を見ない，日本企業独自の職能部門である本社経営企画部の課題と可能性を考える。

（1）経営企画部の役割と課題

2007年に管理会計研究者の加登氏らが東証一部上場の製造業を対象に大規模な調査を行っている（加登ほか，2007）。経営企画部の業務について「主管業務」と「他の部署の支援を受けながら主に担当する業務」と回答した合計が70%を超えたのは以下の８つである。

①　トップの特命事項のサポート（96%）
②　経営全般に関する情報収集（93%）
③　戦略立案のための情報収集（88%）
④　中期利益計画の策定（80%）
⑤　経営資源の配分（76%）
⑥　事業ドメインの決定（74%）
⑦　経営理念の組織浸透（73%）
⑧　事業ポートフォリオの検討（72%）

日本企業において，経営企画部は経営管理に関して大きな権限を持っていることがわかる。しかし，調査報告の結びで，経営企画部において以下の３つの機能不全が生じており，「経営戦略が主管業務といいながら，実際には庶務業務，調整業務に追われている」と報告している。

①　庶務業務，調整業務等が事実上，経営企画部門の主な業務となっており，企業の長期的な発展のために必要な業務に経営資源が十分に投入されない。
②　庶務業務，調整業務等に追われて，仕事に従事している経営企画部門担当者の能力開発が阻害される。とりわけ，計数管理に関する能力開発面に問題がある。
③　本来の経営企画業務が円滑に遂行されないため，企業の長期的な競争力の獲得・維持が困難となる。

2016年に管理会計研究者である吉川ほか（2016）が東証一部上場の製造業（水産業・建設業除く）861社（有効回答数：151社）を対象に大規模な調査を行っている。吉川ほかは経営企画部門の役割を「調整役であるが，経営管理に関する役割は明確ではない」と結論づけている。

「経営企画部が現状，どんな問題を抱えているか」の質問への回答は，以下のとおりである。経営企画部の直面する課題は，その権限・情報ではなく，経験・知識・人員の不足にあることがわかる（吉川ほか，2016）。

①　「役割を果たすための経験・知識が不足している。」（35.1%）
②　「必要な人員が不足している。」（34.4%）
③　「役割を果たすための十分な権限がない。」（4.6%）
④　「役割を果たすための十分な情報がない。」（2.0%）

「経営企画部をどう改善すべきか」の質問への回答は，以下のとおりである（吉川ほか，2016）。

① 「必要な技能を習得するためのキャリアパスと研修制度を充実すべきである。」（35.8%）
② 「もっと人員を増やすべきである。」（23.2%）
③ 「会社の中の位置づけを明確にすべきである。」（19.9%）

日本企業独自の職能部門である本社経営企画部は，経営管理に関して大きな権限を有している。しかし，1950年代に誕生して以来，その役割は明確ではなく，いまだ調整業務に追われている。

日本企業における「組織としてのFP&A」の３つめの課題は，本社経営企画部の機能不全にある。

（２）経営企画部の可能性

日本企業における経営企画部の役割と課題は，「組織としてのFP&A」としての経営企画部の役割を見直すことの必要性を示している。本社における経営企画部と事業部における事業企画スタッフを「組織のFP&A」として組織化し，事業部の事業企画スタッフが事業部長と本社経営企画部長の両方にマトリックスでレポートする組織体制の導入を提案したい。

しかし，この選択肢には大きな課題がある。FP&A組織は組織体制を変更しただけではうまく機能しない。本社経営企画部長は事業部事業企画スタッフを「FP&Aプロフェッショナル」として育成し，彼らが事業部長のビジネスパートナーとして成功できるように支援し，彼らの業績を評価し，彼らの昇進やローテーションなどキャリアの面倒を見なければならない。

多くの日本企業の経理部門や財務部門で見られるように，社員に背番号を付けて組織内でのキャリア作りを支援し，職能部門としての教育体制を構築することが必要である。そうしなければ，「仏を作って魂を入れず」になってしまう。

Ⅲ　上場日本企業におけるCFOとしての挑戦

前節Ⅱでは，日本企業における「組織としてのFP&A」の確立に向けて，本社経営企画部と事業部事業企画スタッフの組織化を提案した。しかし，この選択肢では，経営企画部と経理・財務部の壁が残されたままである。経理・財務のプロフェッショナルにローテーションによりFP&Aプロフェッショナルとして成長する機会を与えないのは，あまりにも不合理である。

筆者が日本企業のFP&A組織のあるべき姿として提案したいのが，本社経営企画部・本社経理部・本社財務部および事業部事業企画スタッフの四者をまとめて組織化することである。つまり，日本企業においてグローバル企業のCFO組織を構築することである。筆者の上場日本企業２社におけるCFOとしての経験を紹介する。

（１）D&Mでの挑戦

筆者は2004年に企業再生ファンドの投資先である上場日本企業ディーアンドエムホールディングス（D&M）に本社CFOとして転職した。企業再生においてCFOが求められるスキルには，戦略をしっかり理解し，CEOのビジネスパートナーとして短期的な業績目標を達成するために業績管理を行うことがある。D&Mの本社CFOとして有用であったのは，インテルのFP&A組織で学んだスキルだった。

D&M入社後の半年間で不振事業からの撤退に成功し，次に取り組んだのがM&Aによる成長戦略の実行に欠かせないFP&A組織の構築であった。D&Mの企業戦略は，音響機器事業分野で著名なブランド企業を買収して事業部として取り込み，事業部間のシナジーを生み出すことにあった。

D&Mは川崎市にグローバル本社を置き，ブランド別事業部群と地域別事業部群のマトリックスからなる事業部制組織を採用していた。全体最適の経営を目指して，FP&A組織の構築に取り組んだ。CEOと相談して実施したのが，全社規模におけるコントローラー制度の確立であった。

日本企業であったD&Mの組織図には，事業部レベルにおいてコントローラーのポジションが存在しなかった。D&Mのマトリックス組織に対応して，日本地域，アメリカ地域，アジア地域，ヨーロッパ地域の地域別事業部とデノン，マランツ，マッキントッシュなどの製品ブランド別事業部にコントローラーを配置した。

事業部レベルには，事業部長のスタッフとして事業企画業務を担当する優秀なマネジャーがいた。経理業務の経験はないが，事業部での豊富な経験と業務知識を有していた。彼らをコントローラーに任命し，事業部長だけでなく本社CFOにマトリックスでレポートするように，会社の組織図を改めた。

事業部長から事前に個別に了解を得たうえで，彼らに「今月から事業部長だけでなく，事業部長と私の両方にコントローラーとしてレポートしてください。FP&Aに関連する業務の進め方は，私に相談してください」と連絡した。

コントローラー組織を基盤にした全社規模のFP&A組織の発足に合わせ，月次の予算管理プロセスを見直した。CFO組織として十分なコミュニケーションを図ることを目的として，毎月，CEOや事業部長と行う月次経営会議の直前に，本社CFOとして各事業部を代表する10名余りの事業部コントローラーのチームを電話会議で招集し，月次会議を開催した。

D&Mが米国や欧州で買収した会社を新たな事業部として取り込むために，買収した会社に事業部コントローラーを配置して全社規模での業績管理を行った。6カ月先までの売上高および営業利益を月次のローリング予測として作成し，月次予測と年度予算のギャップを検討し，是正措置を講じるプロセスを構築した。

コントローラー制度の導入により，M&Aによる成長戦略を効果的に実行することができた。3年間の在任中，D&Mの業績は売上高，営業利益ともに著しく増加し，上場企業として東証二部から一部への指定替えに成功した。

(2) 日本トイザらスでの挑戦

筆者は2007年にジャスダック上場企業であった日本トイザらス株式会社へ転職した。日本トイザらスは入社した時点で2年続けて赤字を出していた。経営管理・経理・財務の3つの職能を統括するCFO組織と情報システム部門の責任者として入社した。

日本トイザらスは米国トイザらスの子会社ではあったが，日本マクドナルドと日本トイザらスを創業された藤田田さんが社長をされた会社であったために，日本企業の側面が強く残っていた。社長室の一部に経営企画部があった。

社長に働きかけて，入社から半年後に経営企画部を社長室からCFO組織に移管した。経営企画部をCFO組織下にあった事業管理部と統合し，新たにFP&A組織を発足した。

10年間の在職期間中にCFOとして担当する職務は，店舗運営，店舗開発，サプライチェーン，物流，法務，電子商取引，人事へ拡がった。売上高の減少に苦しみながらも徹底した固定費の削減（494億円から389億円へ）と限界利益率の改善（29.5%から34.3%へ）を進め，厳しい事業環境の中で営業利益を増やした。在職期間後半には，量販店から専門店への取り組みや実店舗とオンラインストアの融合による成長戦略が奏功し，利益だけでなく売上高を成長させることができた。米国においてトイザらスの親会社は消滅したが，日本においてトイザらスは順調に営業を続けている。

本章では，日本企業のFP&A組織が抱える「２つの壁」と「３つの機能不全」を紹介した。多くの日本企業において，FP&A組織は与えられるものではなく，CFO（経理・財務部門出身であるか，経営企画部門出身であるかにかかわらず）がCEOの支援を得て，勝ち取るものではないだろうか。

第3章

FP&Aプロフェッショナルのスキルセット

筆者が信じるCFOのあるべき姿をまとめると，以下の３つになる。

●CFOは単なる経理部門や財務部門の責任者ではない。

●CFOはCEOの真のビジネスパートナーである。

●CFOの役割は，（長期的に）戦略を実行し，（短期的に）業績を上げることにある。

CFOというポジションは，ある日，突然に会社の都合で就任するようなものではなく，CFOへのキャリアを目指すFP&Aプロフェッショナルが永年の努力を重ねながら目指すものである。

［図表３－１］グローバル企業における３つのプロフェッション

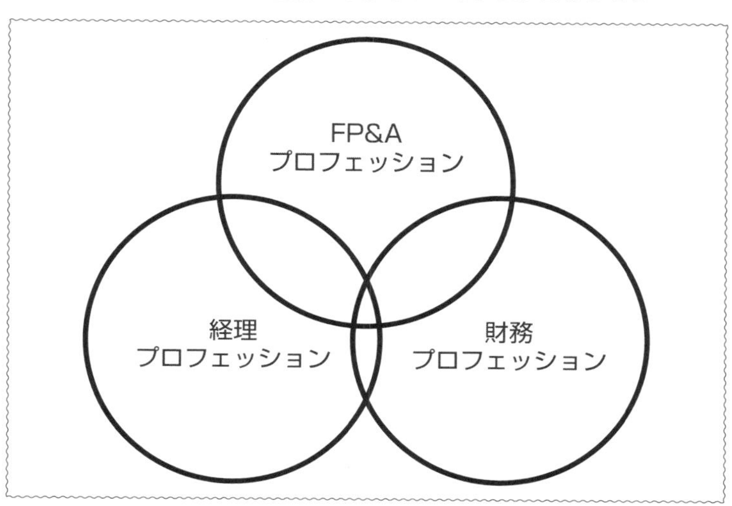

出所：筆者作成。

グローバル企業におけるFP&A・経理・財務のプロフェッションを３つの円で描くと，**図表３－１**のイメージになる。グローバル企業においてCFOになることを目指すプロフェッショナルは，３つの円を移動しながらCFOへのキャリアを歩んでいる。

Ⅰ FP&Aプロフェッショナル資格と職業人団体

グローバル企業において，FP&Aプロフェッションは会計プロフェッションや財務プロフェッションと並ぶ，独立したプロフェッションである。プロフェッションについて語るうえで，決して忘れてはならないのが，プロフェッションに関する啓蒙活動を行う職業人団体である。

職業人団体はプロフェッショナルが社会において活躍できるように，資格試験を実施してプロフェッショナルを育成する。そのうえで，継続教育や研究活動を実施し，プロフェッションの進化・成長に貢献している。

FP&Aプロフェッションに関しては，米国および英国に百年を超える歴史を誇る職業人団体が存在する。米国管理会計士協会（IMA：Institute of Management Accountants）および英国勅許管理会計士協会（CIMA：Chartered Institute of Management Accountants）という２つの職業人団体である。

筆者はIMAの認定するCMA資格を取得後，IMA会員となり，現在，米国本部および東京支部で理事を務めている。

日本では，FP&Aをプロフェッションとして支援する「職業人団体」はこれまで存在しなかった。第２章に紹介した歴史的経緯から，「プロフェッションとしてのFP&A」の前提となる「組織としてのFP&A」が日本企業において存在しなかったことが原因である。日本では管理会計研究者による「学会」は存在しても，FP&Aプロフェッショナルによる「職業人団体」は存在しなかったのである。

一般社団法人日本CFO協会は，「CFOを育て，日本における企業経営のグローバルスタンダードを確立する」をミッションに掲げる職業人団体である。20年を超える歴史を持ち，6,000名を超える個人会員と200社を超える法人会員を擁する。2019年に日本CFO協会は米国におけるファイナンス分野の職業人団体であるAFP（The Association for Financial Professionals）と提携し，FP&Aの啓蒙活動に取り組んでいる。

日本企業で経営管理に携わる実務家16名のワーキンググループを組成し，日本企業におけるFP&A実務を反映した日本版FP&A研修講座を「FP&A実践講座」としてEラーニングで開始した。本書は，「FP&A実践講座」の副読本として利用できる位置づけになっている。また，LEC会計大学院は，日本CFO協会と連携して「FP&A管理会計基礎講座」を始めた。

日本CFO協会は，2021年度よりFP&Aスキルに関する検定試験「FP&A（経営企画スキル）検定」を開始した。また，FP&Aプロフェッショナルのネットワークを構築する目的で，月次の勉強会「FP&A実務勉強会」を立ち上げた。職業人団体としての日本CFO協会の取り組みが，日本におけるFP&Aプロフェッション確立の大きな一歩になることを期待している。

Ⅱ　FP&Aプロフェッショナルに必要とされるスキルセット

（１）FP＆Aプロフェッショナルの役割

米国の職業人団体であるAFPは，財務（Treasury）分野における米国最大の職業人団体である。16,000名を超える会員を擁し，「CTP（Certified Treasury Professional）」という財務プロフェッション資格の認定を行っている。毎年，7,000名が出席するカンファレンスを開催している。

AFPは2014年に職業人団体として財務分野からFP&A分野に参入した。「Certified Corporate FP&A Professional（FPAC）」というFP&Aプロフェッション資格の認定をはじめとして，さまざまな研修プログラムを提供している。

AFPはFP&Aプロフェッション資格の認定を行うために，グローバル企業におけるFP&Aプロフェッショナルが担当する業務の詳細な分析を行った。業務分野に精通した実務家が個々の業務を構成する項目をリスト化し，実務家を対象にサーベイを実施した。本分析を基にFP&Aプロフェッショナルの役割を**図表３－２**にまとめている（日本CFO協会，2020）。「真のビジネスパートナー」および「マネジメントコントロールシステムの設計者および運営者」という「組織としてのFP&A」の役割が，「プロフェッションとしてのFP&A」の役割に反映されている。

[図表３－２] FP&Aプロフェッショナルの役割

- 分析，計画作成・予算作成・予測作成における予測，業績報告を通じて，組織内における意思決定プロセスに貢献する。
- 意思決定プロセス全体を理解し，意思決定プロセスの実行に貢献する。
- 組織の財務業績に影響を与える要因に関する質的・量的情報を収集するために，組織内部および外部の関係者とのコミュニケーションを図る。
- 意思決定者やその他の利害関係者を支援するために，データや関連する事実を分析し，洞察を伝える。
- プロフェッショナルとしての行動規範を理解し，実践する。

出所：AFP資料を基に筆者作成。

（２）米国管理会計士協会（IMA）と英国勅許管理会計士協会（CIMA）が提唱するスキルセット

①　IMAのスキルセット

IMAは管理会計プロフェッションの発展に特化した米国最大の職業人団体の１つであり，100,000名を超える会員を擁している。CMA資格の認定を行い，継続教育，ネットワーキングなどの分野で，管理会計プロフェッションをグローバルに支援している。FP&Aプロフェッショナルに必要とされるスキルセットを**図表３－３**にまとめている（IMA東京支部，2020）。

土台として「職業倫理と価値観」がある。その土台の上に，「戦略・計画・業績評価」，「報告・統制」，「テクノロジー&アナリティクス」，「ビジネスの洞察力および業務知識」の４つがあり，これらの４つの分野を結びつけるものを「リーダーシップ」としてまとめている。

「職業倫理と価値観」は，職業人としての価値観や倫理的な行動や法令を遵守するために必要とされる能力と定義されている。具体的には，倫理的に問題のある行動に気づいた場合にいかに対処するべきか等の能力が含まれる。

「戦略・計画・業績評価」は，将来を予測し，戦略計画プロセスを主導し，意思決定プロセスを支援し，リスクを管理し，業績をモニタリングするために必要とされる能力と定義されている。具体的には，戦略計画，意思決定分析，投資意思決定，リスク管理，予算と予測の作成，企業財務，業績管理等の能力

［図表3－3］IMAのコンピテンシーフレームワーク（1）

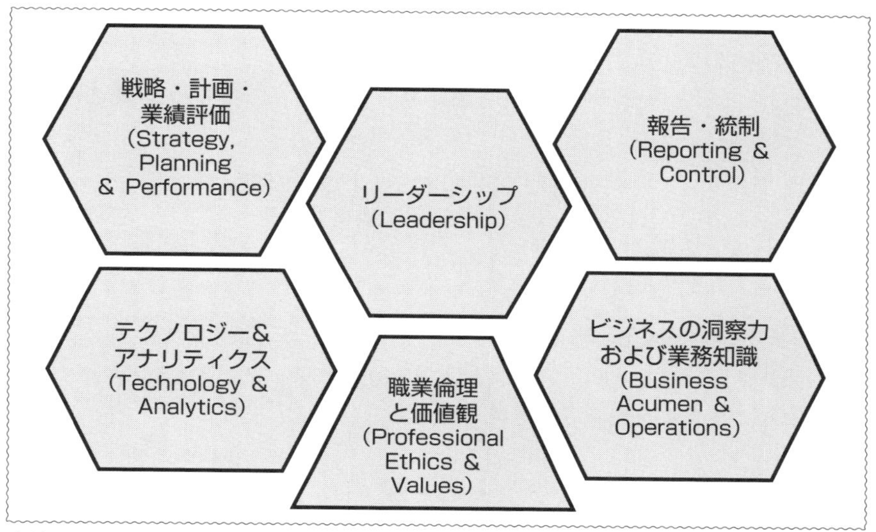

出所：IMA東京支部資料を基に筆者作成。

が含まれる。

「報告・統制」は，会計原則や法令に従って組織の業績を測定し，報告するために必要とされる能力と定義されている。具体的には，内部統制，原価計算，財務諸表作成，財務諸表分析，統合報告，税務の能力が含まれる。

「テクノロジー＆アナリティクス」は，テクノロジーを活用し，分析を行うために必要とされる能力と定義されている。具体的には，情報システム，データガバナンス，データアナリティクス，データビジュアリゼーションの能力が含まれる。

「ビジネスの洞察力および業務知識」は，職能横断的なクロスファンクションのチームにおいてビジネスパートナーであるために必要とされる能力と定義されている。具体的には，業務知識，業界特有の知識，品質管理の知識，プロジェクトマネジメントの知識が含まれる。

最後に，「リーダーシップ」は，組織目標の達成に向けてチームのメンバーと協働し，鼓舞するために必要とされる能力と定義されている。具体的には，コミュニケーションのスキル，他人を動機づける能力，他者と協働する能力，変化対応（チェンジ・マネジメント）に関する能力，紛争解決に関する能力，交渉能力，人材育成能力が含まれる。

② CIMAのスキルセット

英国における管理会計士の職業人団体であるCIMAは，20万名を超える会員を擁している。米国の公認会計士の職業人団体である米国公認会計士協会，AICPA（American Institute of Certified Public Accountants）と提携し，CGMA（Chartered Global Management Accountants）資格を認定している。管理会計に携わる職業人に必要とされるスキルを**図表３－４**にまとめている（CGMA, 2019）。

土台として，「職業倫理」がある。その土台の上に，「技術スキル」，「ビジネススキル」，「人的スキル」，「リーダーシップスキル」の４つがあり，中央に「デジタルスキル」が配置されている。

［図表３－４］CIMAのコンピテンシーフレームワーク

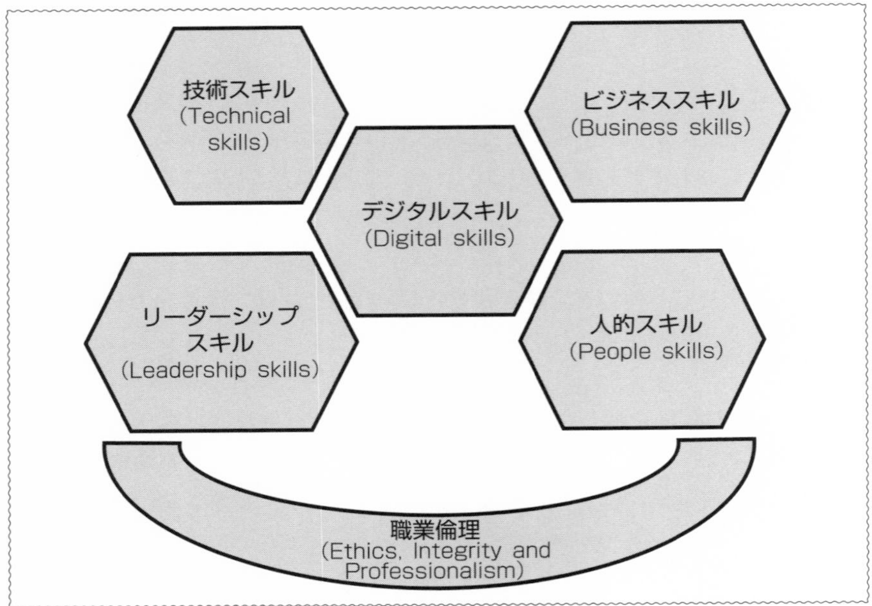

出所：CGMA資料を基に筆者作成。

「技術スキル」は，利害関係者と共有される情報を収集・加工・分析し，会計原則などに従って組織内部や外部に対して報告を行うために必要とされるスキルと定義されている。具体的には，財務諸表報告，原価計算，マネジメントへの報告と分析，企業財務，リスク管理，内部統制，税務の能力が含まれる。

「ビジネススキル」は，所属する組織の事業やエコシステムに関する知識を活用し，データを洞察に変えるために必要とされるスキルと定義されている。具体的には，戦略，ビジネスモデル，市場環境，プロセス管理，プロジェクトマネジメント，マクロ経済分析の能力が含まれる。

「人的スキル」は，組織内の利害関係者の意思決定に影響を行使するために必要とされるコミュニケーションのスキルと定義されている。具体的には，他者への働きかけ，交渉，意思決定，コミュニケーション，他者との協働の能力が含まれる。

「リーダーシップスキル」は，同僚間でのリーダーシップ，ファイナンス組織内でのリーダーシップ，戦略上のリーダーシップの３つの段階があると定義されている。具体的には，チームビルディング，コーチング，メンタリング，業績管理，動機づけ，変化対応（チェンジ・マネジメント）の能力が含まれる。

「デジタルスキル」は，デジタル化が進む現代において管理会計に携わる職業人が意思決定に関与するために必須のスキルであり，他の４つのスキルの土台になっていると定義されている。具体的には，デジタルに関する知識，デジタルなコンテントを作成する能力，問題解決能力，データに関する戦略作成能力，データアナリティクスの能力，データビジュアリゼーションの能力が含まれる。

③　２つのフレームワークの比較

IMAとCIMAの２つのフレームワークに共通しているのは，「職業倫理」を基盤としたうえで，５つの能力を組み合わせている点である。興味深いのは，５つの能力の関係性である。５つの能力の中心にあるのはIMAのフレームワークでは「リーダーシップスキル」であり，CIMAでは「デジタルスキル」である。

この違いは２つの職業人団体のFP&Aプロフェッショナルの役割に関する考え方の違いを示しているように見える。

IMAはFP&Aプロフェッショナルの役割の中心に「組織目的の達成」に向けた「マネジメントコントロールシステムの設計者および運営者」としての役割があると考え，「リーダーシップスキル」を５つの能力の中心に置いたのではないだろうか。また，CIMAはFP&Aプロフェッショナルの役割の中心に「経営意思決定への貢献」に向けた「ビジネスパートナー」としての役割があると考え，「デジタルスキル」を５つの能力の中心に置いたのではないだろうか。

２つのフレームワークはFP&Aプロフェッショナルの役割に関する２つの側面を反映している。

筆者は，第１章で「組織としてのFP&A」の役割の核心には「マネジメントコントロールシステムの設計者および運営者」としての役割があることを論じた。したがって，FP&Aプロフェッショナルに必要とされる５つの能力の中心には「リーダーシップ」があるべきだと考える。

(３) FP&Aプロフェッショナルに関連するグローバル資格

FP&Aプロフェッションに関して，職業人団体によって認定されているグローバル資格を紹介する。いずれも日本で取得可能な資格である。

① IMAが認定するCMA資格とCSCA資格

IMAはFP&Aプロフェッションを支援するために，CMA（Certified Management Accountant）とCSCA（Certified Strategy & Competitive Analysis）の２つの資格の認定を行っている。２つの資格の位置づけとして，CMA資格が資格の入り口にあり，CSCA資格はCMA資格取得者が継続教育の一環として資格取得することが推奨されている。

【CMA資格】

CMA資格を取得するには，１．教育要件を満たし，２．実務経験要件を満たし，３．２つの試験に合格することの３つが必要である。

教育要件としては，４年制大学学部レベルの学位（学部は問わない）を取得するか，指定されている関連資格を取得するかのどちらかが必要である。教育要件は試験を受ける前に満たす必要がある。

実務経験要件としては，管理会計もしくは企業財務に関連した２年間の継続した実務経験が必要である。実務経験要件は試験合格後７年以内に満たす必要がある。実務経験には，FP&A関連業務，予算関連業務，予測作成，投資意思決定に関する業務，原価計算，リスク管理，財務諸表の作成，決算業務，監査業務が含まれる。

２つの試験は，パート１とパート２から構成される。

パート１は「財務報告，計画，業績と統制（Financial Reporting, Planning, Performance, and Control）」と名付けられ，管理会計（Management Accounting）を中心に出題される。

パート２は「財務上の意思決定（Financial Decision Making）」と名付けられ，企業財務（Corporate Finance）を中心に出題される。

パート１は４時間の試験で，外部財務報告（15%），計画・予算・予測（20%），業績管理（20%），コスト管理（15%），内部統制（15%），テクノロジーおよびアナリティクス（15%）の６つの能力から出題される。

パート２は４時間の試験で，財務諸表分析（20%），企業財務（20%），意思決定に関する分析（25%），リスク管理（10%），投資意思決定（10%），職業倫理（15%）の６つの能力から出題される。

【CSCA資格】

CSCA資格はCMA資格取得者の継続教育の一環として設けられ，CMA資格取得者の戦略に関する知識とスキルを強化することを目的としている。

CSCA資格を取得するには，１．CMA資格を保有し，２．試験に合格することの２つの条件を満たすことが必要である。

試験は４時間の試験で，戦略計画プロセス，外部環境調査および内部分析，事業部および職能部門における競争優位，企業戦略と持続的な競争優位，戦略実行と業績管理の５つの分野から出題される。

②　CIMAとAICPAが認定するCGMA資格

CGMA資格を取得するには，１．教育要件を満たし，２．実務経験要件を満たし，３．３つの試験に合格することの３つが必要である。

教育要件としては，原則，４年制大学学部レベルでビジネスもしくは会計関連の学位を取得することが必要である。試験を受ける前に教育要件を満たす必要がある。

実務経験要件としては，３年間の管理会計に関連した実務経験が必要である。

３つの試験は，それぞれがEnterprise Pillar, Performance Pillar, およびFinancial Pillarと名付けられた３本の柱から構成されている。

Enterprise Pillarは，戦略形成と戦略実行を扱う。具体的には，変化対応

(Change Management)，プロジェクト管理，利害関係者との関係の管理が含まれる。

Performance Pillarは，戦略実行に必要な管理会計やリスク管理を扱う。具体的には，価格設定や設備投資などの意思決定に必要なコストに関する知識が含まれる。

Financial Pillarは，財務会計や財務報告を扱う。財務諸表分析や初歩の税務知識が含まれる。

３つの試験は，業務レベル，管理者レベル，戦略レベルの３段階で構成されている。それぞれが３時間の試験で，３題から５題のケース・スタディに関する問題が出題される。

③　AFPが認定するCertified Corporate FP&A Professional（FPAC）資格

Certified Corporate FP&A Professional資格を取得するには，１．教育要件を満たし，２．実務経験要件を満たし，３．２つの試験に合格することの３つが必要である。

教育要件としては，４年制大学学部レベルか大学院修士レベルで，会計学，ファイナンス，経済学，ビジネス分野の学位を取得するか，指定されている関連資格を取得するかのどちらかが必要である。教育要件は試験を受ける前に満たす必要がある。

実務経験要件としては，原則，３年間のFP&Aに関連した実務経験が必要である。実務経験には，予算管理，予測作成，財務モデル作成，経営企画，事業管理，財務分析が含まれる。

２つの試験は，パートⅠとパートⅡの２つから構成されている。

パートⅠはファイナンス洞察力と題する４時間の試験で，１．ビジネスとファイナンスに関する基礎概念，２．システムとテクノロジー，３．ビジネスパートナーの３分野で構成されている。

ビジネスとファイナンスに関する基礎概念には，企業財務，戦略，財務会計，財務諸表分析，管理会計，マクロ環境分析，ミクロ経済学が含まれる。システムとテクノロジーには，ワークシートと関数，およびデータベース，ERP/GL，BI等の活用が含まれる。ビジネスパートナーには，FP&Aと情報，組織，業界，FP&Aプロジェクトの管理が含まれる。

パートⅡは財務分析と事業支援と題する4時間の試験で，1．財務分析と財務予測，2．財務モデル，3．ビジネスコミュニケーションの3分野で構成されている。

財務分析と財務予測には，販売量と売上高の予測，財務諸表の予測，投資プロジェクト，顧客価値等の評価，リスク分析，情報の分析とフィードバックの提供が含まれる。財務モデルには，成果の特定と情報，情報の質の向上，データ，リスク，機会，計画の絞り込み，モデルの構築，感度分析とシナリオ分析，結論と提言の作成が含まれる。ビジネスコミュニケーションには，効果的なコミュニケーションが含まれる。

グローバル資格の認定に必要な試験の内容に共通するのは，**図表3－5**のとおり，財務会計のスキルを土台に，管理会計と企業財務のスキルが求められていることである。

［図表3－5］FP&Aプロフェッショナルに必要とされる3つのスキル

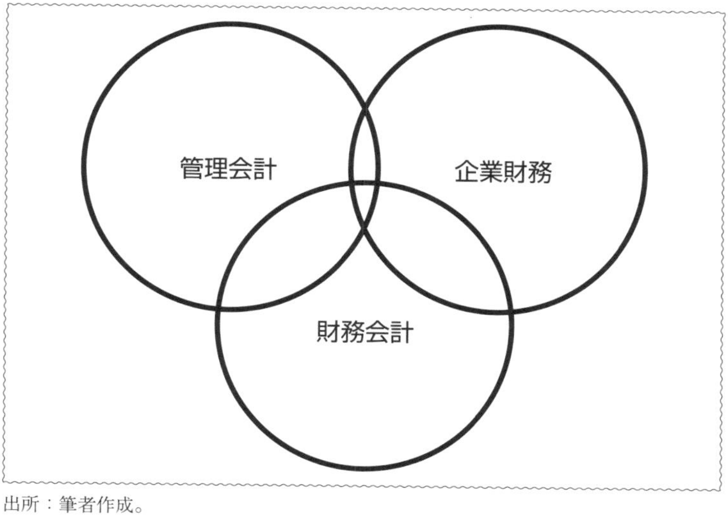

出所：筆者作成。

本書では，FP&Aプロフェッショナルの実務の背景にある，管理会計と企業財務の理論を紹介する。

（4）FP&Aプロフェッショナル資格の認定において評価されるスキルセットと評価されないスキルセット

IMAは，**図表3－3**のコンピテンシーフレームワークに関して，**図表3－6**のとおり，FP&Aプロフェッショナルに必要とされる能力がCMA資格の認定において評価対象となるかどうかを示している。

［図表3－6］IMAのコンピテンシーフレームワーク（2）

領域（Domain）	能力（Competencies）	CMA資格の評価対象
戦略・計画・業績評価	戦略および計画（Strategic and Tactical Planning）	Part 1
	意思決定分析（Decision Analysis）	Part 2
	戦略的コスト管理（Strategic Cost Management）	Part 1
	資本投資意思決定（Capital Investment Decisions）	Part 2
	リスク管理（Enterprise Risk Management）	Part 2
	予算および予測（Budgeting and Forecasting）	Part 1
	企業財務（Corporate Finance）	Part 2
	業績管理（Performance Management）	Part 1
報告・統制	内部統制（Internal Control）	Part 1
	決算書類作成（Financial Record Keeping）	Part 1
	原価計算（Cost Accounting）	Part 1
	財務諸表作成（Financial Statement Preparation）	Part 1
	財務諸表分析（Financial Statement Analysis）	Part 2
	税務報告および計画（Tax Compliance and Planning）	CMA資格の評価対象外
	統合報告書（Integrated Reporting）	Part 1
テクノロジー&アナリティクス	情報システム（Information Systems）	Part 1
	データ・ガバナンス（Data Governance）	Part 1
	データ・アナリティクス（Data Analytics）	Part 1
	データ・ビジュアリゼーション（Data Visualization）	Part 1
ビジネスの洞察力および業務知識	業界特有の知識（Industry Specific Knowledge）	CMA資格の評価対象外
	業務知識（Operational Knowledge）	CMA資格の評価対象外
	品質管理と継続的改善（Quality Management and Continuous Improvement）	Part 1
	プロジェクト管理（Project Management）	CMA資格の評価対象外

リーダーシップ	コミュニケーションのスキル（Communication Skills）	CMA資格の評価対象外
	他者を動機づけ，啓発するスキル（Motivating and Inspiring Others）	CMA資格の評価対象外
	協働し，チームワークを高める関係構築スキル（Collaboration, Teamwork, and Relationship Management）	CMA資格の評価対象外
	変化対応のマネジメントスキル（Change Management）	CMA資格の評価対象外
	紛争のマネジメントスキル（Conflict Management）	CMA資格の評価対象外
	交渉のスキル（Negotiation）	CMA資格の評価対象外
	人材マネジメントスキル（Talent Management）	CMA資格の評価対象外
職業倫理と価値観	職業倫理に基づいて行動する能力（Professional Ethical Behavior）	Part 2
	非倫理的な行動に気づき，解決する能力（Recognizing and Resolving Unethical Behavior）	Part 2
	法律および規制で要求されていることの知識（Legal and Regulatory Requirements）	CMA資格の評価対象外

出所：IMA（2019）を基に筆者作成。

興味深いのは，「職業倫理と価値観」を土台にした5つの能力を，CMA資格の認定において「評価対象になる能力」と「評価対象にならない能力」に分類していることである。

「戦略・計画・業績評価」，「報告・統制」，「テクノロジー&アナリティクス」の3つの能力のほとんどは，CMA資格認定において評価対象となる。しかし，「ビジネスの洞察力および業務知識」と「リーダーシップ」の2つの能力のほとんどは評価対象とならないのである。

2つの能力は真のビジネスパートナーであるために必須の能力であるはずである。なぜ，資格試験において評価対象にならないのだろうか。

IMAのコンピテンシーフレームワークは，「ビジネスの洞察力および業務知識」の能力に含まれる「業務知識」を「CFO組織の従来の役割の枠を越えて，事業部門に対して価値あるビジネスパートナーとして貢献するための知識」と定義している。

「業務知識」の習熟段階は，以下の5つに分類されている。

●限定された業務知識

✓CFO組織の従来の役割の枠内に業務が限られている。

●基本的な業務知識

✓組織内部における情報やモノの流れを理解している。

●応用的な業務知識

✓購買・原材料管理・製造・研究・マーケティング・IT・人事・法務・設備管理・顧客サービスなどの他の職能部門と密接に働き，複数の事業部門と部門の枠を越えて協働する。

✓CFO組織の枠を越えて，事業部門の課題について解決策の策定に参加する。

●豊富な業務知識

✓複数の事業部門をまたいだ変革を遂行するために，ビジネスパートナーとして機能横断的チームで働く。

✓担当職務のローテーションおよび職能横断的プロジェクトに参画した経験から，業務知識を得る。

●エキスパートとしての業務知識

✓担当職務のローテーションや過去に経験したキャリアから得た経験の結果として，製造，生産，物流，あるいはサービス提供に関する専門家として働く。

✓企業のバリューチェーン全体の業績を最適化するために，独創的な解決策を提案する。

✓他のチームや異なる事業部門からビジネスパートナーとして受け入れられ，豊富な業務知識を有していると認められる。

「ビジネスの洞察力および業務知識」と「リーダーシップ」の２つの能力は，ビジネスパートナーとしての実務経験を重ねていくことによって初めて修得することができる能力であり，資格試験では評価できないのである。

インテルのCFO組織において，キャリア形成の中心に定期的なローテーションがあった。定期的なローテーションは，プロフェッショナルとしての成長に必要不可欠な，「旅（Journey）」と呼ばれていた。

「真のビジネスパートナー」に必要とされるスキルセットは，実務経験の蓄積を通した学習によって身につくものである。これを可能にするのが，第４章で紹介する「マインドセット」なのである。

第4章

FP&Aプロフェッショナルのマインドセット

FP&Aプロフェッショナルの先駆者の歩みを知ることは，FP&Aの役割がどのようなマインドセットに支えられているかを理解するうえで有用である。FP&Aプロフェッショナルの先駆者としてハロルド・ジェニーン（Harold Geneen）を，自伝“*Managing*”（Geneen，1984）と評伝“*GENEEN*”（Schoenberg, 1985）を基に紹介する。

『プロフェッショナルマネジャー』という書籍をご存じだろうか。原題は「“*Managing*”（経営すること）」。伝説の経営者と呼ばれたハロルド・ジェニーンの自伝である。ユニクロ創業者の柳井正氏が解説を書かれている。柳井氏の本書への推薦の言葉は，以下のとおりである。

> 「僕が今日，経営者としてやっていけるのは，『プロフェッショナルマネジャー』から多くのことを学んだからです。いや，人生で一番学んだ本は何か？　と問われても，この一冊に間違いありません！」

I　ビジネスパートナーとしてのハロルド・ジェニーン

本節では，ハロルド・ジェニーンの前半生から「ビジネスパートナー」としての成長の過程を紹介する。

ジェニーンは，1910年，英国で生まれた。17歳で父親の破算によりニューヨーク証券取引所の使い走りとして働き始めた。図書の訪問販売，新聞の広告営業をしながら，７年かけてニューヨーク大学の夜学で会計学を学んだ。

25歳でライブランド会計事務所に就職，数年後に公認会計士の資格を取得した。監査法人で勤務するジェニーンは，自分の与えられた権限に縛られず，経営者の仕事に積極的に口出しした。

「ジェニーンが関心をもったのは監査そのものではなく，監査が示唆することだった。経営のまずさを立証する利益率が悪ければ，彼はその欠点に個人的に挑み，経営を正しい軌道に戻すことに熱心に取り組んだ。そのような顧客の実績を突き止めたい一心で，ジェニーンは最初から経営者のやることに積極的に口出しした。それは必然的に，他人を怒らせることになった。」(Schoenberg, 1985)

32歳の時に，アメリカン・キャン社に対日本用の航空魚雷を製造する工場のコントローラーの地位を得た。与えられた権限を越えて「ビジネスパートナーとしての役割」を果たすことに仕事のやりがいを見いだした。

「私は自分の仕事が，時としてその２つの工場のコントローラーの職分をはみ出して，生産の問題に関われることがあるのが嬉しかった。ある時は，生産ラインから出る廃棄物やスクラップの管理システムをつくる仕事を任されたことがあった。その時，一番私をてこずらせたのは，スクラップの記録を続けていると“本当の”仕事のペースが落ちると言って，素直に言うことを聞こうとしないある部長だった。私には彼をどうすることもできなかった。ところが，その後，彼は昇進して，工場のスクラップと廃棄物の管理の責任者に任命された。すると彼の見解は一変し，スクラップと廃棄物は彼の関心の対象となった。そして彼はスクラップを生産ラインに再循環させるチャンネルの番犬になった。それも私にとっては１つの教訓になった。」(Geneen, 1984)

「ジェニーンは，原価を分析することによって，生産スピードの低下や能率の悪さ，障害など，生産上の問題点をたちどころに突き止めることができるかもしれないと考えた。標準原価計算制度は存在していたが，企業はかたくなにそれを無視し，きわめて単純な繰り返し作業に関してのみ，標準原価計算制度を採用していた。ジェニーンは標準原価計算がいかに初歩的で不完全であろうと，できるかぎりのことを学びたいと研究に取り掛かった。自分の権限や能力をこえた分野に首を突っ込むことになるのは，おかまいなしだった。」(Schoenberg, 1985)

36歳の時に，映写機を製造するベル・アンド・ハウエル社に本社コントローラーとして転職する。ハーバード経営大学院で学び，自動車メーカーのGMの工場への視察を行い，プロフェッショナルとして学び続けた。自分自身が「経営者」であろうとして奮闘した。

「B&H社は私にとって楽しい働き場所だった。それは適度に小さいので，同僚たちと直接に知り合うことができ，大会社に見られるような官僚主義に煩わされることもなかった。私はファイナンスの責任者として，会計とは関係のない多くのことに関与した。たとえば，会社の原価計算や価格決定の取り組み方に多少の改革を試み，従来だったら却下していたかもしれない契約を引き受けるように持っていったりしたこともあった。」
(Geneen, 1984)

「ジェニーンは財務管理を発明したわけではなかった。実際，彼が部下に最初に告げたのは，ローランドとハーの共著『経営管理のための予算編成』を読めということだった。彼の部下はこう語っている。『当時，会計学の講座では，これがトップマネジメントを助けることができるやり方だと教えていた。つまり，会計担当者がトップマネジメントだったわけでも，そうなる見込みがあったわけでもなかった。しかし，ジェニーンの考えは違っていた。』ジェニーンは自分をトップマネジメントの重要な一員と考え，自分のやり方をよりよい経営を導くための手段とみなしていた。」
(Schoenberg, 1985)

「ジェニーンの部下は言う。『彼は製造部門の従業員のあいだを歩き回って，作業方法を聞くようになった。ジェニーンは競合するものから安い方を選べばどれぐらい節約できるかを計算した。その種のことは，それまであの会社では一度もやったことがなかった。それは私の心に，そして多くの社員の心にFP&A組織の人間が踏襲すべきパターンを植えつけた。そのおかげで彼らはトップマネジメントになったのだ。私は，ジェニーンが近代的な事業経営におけるFP&Aの役割と責任を確立したと思う。』
(Schoenberg, 1985)

「執行副社長のパーシーと私は，ベル・アンド・ハウエル社の急速な戦後の成長に対応できる最新の経営方式を編み出そうと緊密に協力した。この会社の研究開発活動は目覚しく，パーシーと私は急速に発展するテクノロジー産業のコストと価格と利潤マージンを絶えず計算し，計算し直す仕事に追われた。また，われわれが使用できる空間に最大限の活動を詰め込むべく，工場を模様替えし，壁を崩し，あるいは新築することにもかなりの時間を費やした。」(Geneen，1984)

40歳の時に，米国で第５位の鉄鋼会社，ジョーンズ・アンド・ラフリン社に本社コントローラーとして転職する。ビジネスパートナーとしての実務経験を積み重ねた。

「私の仕事の大部分は，職長や監督に，自分たちの仕事の管理体制を作り，それぞれの業務活動のコストを検査・管理できるように説得することを，必然的に伴っているように思われた。私が繰り返し説明しなくてはならなかったのは，彼らをスパイするためにではなく，手助けをしに行くのだということだった。彼らの仕事の能率を高め，もっと働きやすくするのを手伝おうではないか，と。少しずつ，私は成功を収めた。それは長い道だった。」(Geneen，1984)

「いまや，月次会議には目的があった。各部長の月例報告書は，目標達成に関する統計数字で埋まっていた。各部長は，それぞれの経理担当者（彼らはたちまち格が上がった）と販売・生産担当者を両脇に伴い，月次会議に出席した。部長は予算の変更や標準数値との食い違いを逐一説明しなければならなかった。」(Schoenberg，1985)

「鉄鋼に関して，ジェニーンは彼が過去に関与した，あるいは将来関与することになる他のすべての産業と同じ程度にしか詳しくなかった。彼は決して鉄鋼業界の人間ではなかったし，それはどの産業についても同じだった。彼は常に利益率を考える人間だった。しかし，彼は鉄鋼産業のやり方をできる限り吸収しようと熱心に研究した。その理由は，第１に，いかに物事が機能するかについてなら，どんなことに対しても彼が好奇心をもっていたからである。しかし多くの場合，彼はめくら滅法に決定を下すことをきらった。ベル・アンド・ハウエルで化学の教科書を読んだのも同じ理由から――すなわち，専門家に煙に巻かれないためだった。それによって，彼はどんな質問をすべきか，そしてその答えがどれくらい適切かを判断することができたのである。」(Schoenberg, 1985)

Ⅱ　マネジメントコントロールシステムの設計者および運営者としてのハロルド・ジェニーン

本節では，ハロルド・ジェニーンの後半生から「マネジメントコントロールシステムの設計者および運営者」としての成長の過程を紹介する。

46歳の時に，エレクトロニクス企業のレイセオン社に執行副社長として転職した。この会社において，初めて「マネジメントコントロールシステムの設計者および運営者」として成功を収める。コントローラー制度の導入に成功したのだ。

「レイセオンは当時まったく無秩序な状態だったので，ジェニーンは，のちにITTで最大の物議をかもしだした荒削りな方法を採用した。それは，各事業部と工場のコントローラーを，本社のコントローラーの直属にするやり方である。J&Lで，ジェニーンは一度もこの戦いに勝ったことはなかった。しかし，今度は，すべて自分の思いどおりに進めることができた。レイセオンの組織図では，コントローラーは各ライン部門の部長と点線で結ばれているだけだった。実際，彼らはライン部門の部長たちと一緒に報告書を検討した。コントローラーが月例報告書を作成する時，ライン部門の事業部長の実績に関して，あらゆる欠点を詳しく報告するのが，コントローラーの役目だった。」(Schoenberg, 1985)

「『社員をお互いに緊張関係に置くことは，ジェニーンの制度の本質的な要素だった。それで，２人の人間が率直に問題を突き詰め合い，第三者がそれを判断することになった』と部下は言う。部下は，レイセオンの草創期に彼らが遭遇した無秩序な財務管理状態を克服するためには，コントローラーが独立した立場にいなければならなかったと確信している。」

(Schoenberg, 1985)

「ジェニーンは月次会議で，事業部長報告書をつくりかえた。会議の前には全員が報告書のコピーを受け取った。この目的は「管理活動の十分な交流を図る」ことだった。ジェニーンは報告書から他の誰よりも多くのことを引き出した。事業部長の報告書は，コントローラーの作成した報告書によって支持され，あるいは論破された。事業部長とコントローラーの間には，ある種の敵対感情があった。」(Schoenberg, 1985)

「ジェニーンは，レイセオン技術系社員全員を集めて会議を開き，社の営業面での成功の重要性を彼らに詳しく説明した。彼はあるとき，ウォルサム高校の講堂を借りて大集会を開いた。勤務時間後に，技術系の部長75人をウェイランド・ラボに集めたこともあった。この会合を見ていた同僚は言う。『彼は非常に基本的なビジネスの原理を説明した。どのように黒字をだすかといったことについてね。彼は技術者を見くびったような話し方はしなかった。しかし，利益をあげるための活動に技術者が貢献しなければ，彼らがやりたいような研究に十分な資金を振り向けられないことを認識させた。それは非常に有意義な話だった。』」(Schoenberg, 1985)

48歳の時に，ITTで社長に就任する。「マネジメントコントロールシステムの設計者および運営者」の本領を発揮し，ITTにコントローラー制度を導入する。

「月次会議には通例120人から150人の代表取締役が顔を揃えるようになった。毎月，私は約40人の本社スタッフとともにヨーロッパへ飛び，われわれは一堂に会して月次営業報告を順々に吟味した。コントローラーと代表取締役のそれぞれの報告書が部屋の三方にある巨大スクリーンに映し出された。本社スタッフは全員，検討されるすべての月次報告書にあらかじめ目を通していた。１つまた１つと，われわれは月次報告書を見ていった。」(Geneen, 1984)

「自由な意思伝達と並んで，ITTに導入されたもう１つの改革は，会社の各事業部のコントローラーに，直接ニューヨーク本社に財務報告を送らせるようにしたことだった。するとただちに事業部マネジャーたちから，彼らのコントローラーを本社のために働くスパイにしようとしているという非難が，ごうごうと沸き起こった。たしかに，われわれはコントローラーから，本社への報告のコピーはもらってはいるが，コピーを寄こせばそれでいいというものじゃない，と彼らは言った。あんな報告……どこと言わず文句をつけたいところだけだ，と。彼らは自分たちの領地を完全に支配し，自分たちの財務マンの完全な忠誠を把握したかったのだ。」(Geneen, 1984)

「しかし私は，本社へ提出する数字に直接責任のあるコントローラーに，事業部の活動について，周囲からなんの干渉も受けないチェックをしてほしかった。数字によって事実を糊塗もしくは粉飾するのは，言葉によってそうするのと同じくらい容易なことだ。誘惑はいつでも，すぐそこにある。意識的に嘘をつかなくても，人は物事や状況を各人各様に解釈するものだ。会社や事業部のマネジャーは，ともすれば予想売上高を誇張し，コストその他を過少に見積もりがちで，その下で働く人々は唯々としてそれを受け入れる。私はコントローラーたちが，そうした圧力に影響されることなく，率直な意見を本社に伝えることができるようにしたかった。」(Geneen, 1984)

ジェニーンは，ITTの社長として58四半期連続増益の記録を打ち立てた。17年間の在任中に80カ国に所在する350社を買収・合併し，ITTをコングロマリットの代名詞にした。

彼の歩みから読み取れるのは，FP&Aプロフェッショナルに必要とされる「自分は経営者でありたい」，そして「プロフェッショナルとして成長し続けたい」というマインドセットの重要性である。

ジェニーンの歩みは，どの時代にどの国でどの企業においてFP&Aプロフェッショナルとしてのキャリアを歩んでいても，FP&Aプロフェッショナルに必要とされるマインドセットは不変であることを示唆している。

FP&Aプロフェッショナルの役割の根幹にはマインドセットがある。FP&Aプロフェッショナルに必要なスキルセットは，マインドセットなくしては育たないのである。

事例紹介①　松下電器の経理社員制度

日本企業において事業部制は導入されていても，コントローラー制度（事業部コントローラーが事業部長と本社コントローラーにマトリックスでレポートする制度）が導入されている企業は，ほとんどない。事業部制とともにコントローラー制度が導入されている例外的事例として松下電器の事例を紹介する。

松下電器では，経理部門が決算機能だけでなく，予算管理などの事業計画機能を担っている。松下電器には有名な「経理社員本社直轄制度」がある。本社経理部が一括管理して経理社員の身分保障を行うことで，経理部長が事業部長の暴走を止め，経理社員として守るべき職務に専念できる体制を確立している。

1930年代に松下電器で「経理社員本社直轄制度」を確立したのは，松下幸之助自身が松下電器の大番頭と呼んだ高橋荒太郎である。著書の『語り継ぐ松下経営』で，本制度が必要な理由を以下のとおり，説明している（高橋，1983）。

> 「なぜそれが必要かといえば，別にこれは監視するためではなくて，私は経験的に，経理が乱れると経営そのものが乱れるという考え方が強かったので，その乱れを防止するために，経理をまず厳正にしようと考えたからである。もちろん経理部員は，各事業部長の指揮に従って日常勤務しなければならないが，もし仮に事業部長が経理準則に反するような要求をした場合，はっきりと『それはできません』と断ることができねばならない。そのためには，経理社員の身分を本社が保障する形にしておかないと，なかなか事業部長に直言するというわけにはいかなくなってしまう。」

高橋荒太郎が「経理社員本社直轄制度」に取り組んだ理由は，内部統制強化にあった。しかし，松下幸之助は経理のあるべき姿に関して，「経理というものは，単に会社の会計係ではなく，企業経営全体の羅針盤の役割を果たすいわゆる経営管理，経営経理でなければならない」という考えを持っていた（松下，1978）。

グローバル企業のFP&A組織と松下電器の経理組織には，①経理機能と経営管理機能の両方を持つ，②本社と事業部をマトリックス組織でつなぐコントローラー制度，③社員のキャリア作りを支援する業績評価制度や社員背番号制度，という共通点が見られる。

しかし，グローバル企業のFP&A組織と松下電器の経理組織には相違点も見受けられる。管理会計研究者である吉田ほかは以下のように説明する（吉田ほか，2012）。

>「米国的管理会計がコントローラー部門主導のトップダウン型計数管理だとすると，事業部門経理担当主導の日本的管理会計は様相が異なる。実際に，三菱電機など数社は戦前から予算統制や標準原価計算等の計数管理を実施していた。しかし，当時から日本企業におけるコントローラーに米国企業のような強い権限はなかった。」

"*The Art of Japanese Management*"（Pascale，1981）では，松下電器における経理組織の役割をジェニーンが築いたITTにおけるFP&A組織の役割と比較している。

>「松下の財務管理体制の最前線にいるのが，コントローラーたちだ。コントローラーたちは担当の事業部内にしっかり根を下ろしている。２人の主人の納得がいくような働きをするという綱渡り的な行為には熟練が必要である。コントローラーたちは事業部長らに対しあまり多くの助言をすることはつつしみ，事実を示し事実をもって語らせるようにと言われている。」

>「コントローラーは自らの役割を次のように説明する。『私たちは経営側の番人と言われるようなことはまずありえません。毎月発表される営業業績報告とか，事業部トップの反省会とか，非常に多くのことによって，現状が一目でわかるような環境ができ上がっています。情報体制はたいへんうまくいっていて，隠し利益などもまずありません。ですからコントローラーは何かを密告するスパイとして設けられているのではないのです。どちらかと言うと，昔ながらの日本の家庭における女房役みたいなものです。女房と同じで外から見えないような仕事をしていながら，家庭の財政状態をおさえ，事業部トップに現状を忘れないよう気づかせるのです。』」

松下電器における経理組織の役割を家庭の主婦にたとえたのは，高橋荒太郎とともに松下の経理を創った樋野正二であった。著書の中で経理社員と事業部長の関係を，事業計画制度を例に以下のように説明している（樋野，1982）。

「松下電器の経理は，松下電器の経営に参画するという重大な職責をもっている。経理という職能によって，自ら経営を行っているといっていい。これを『経営経理』という。家庭の主婦が，主婦という立場で家庭の健全な維持成長に努めるように，いわば経営の主婦，女房役に徹しているのである。」

「松下電器には事業計画制度というものがあり，これが月次決算制度と表裏一体となって，事業部制を支えている。事業計画は今日の事業部長が持っている力，それに来期の予測，それからさらに自分の理想，自分の念願，悲願をこめてつくりあげたもので，これは尊いもの。他人が一指も指せない。経理本部でも修正できない。そのまま社長のところに届く。」

松下電器では「松下経理の役割」を「事業場長の経営遂行補佐」と位置づけている。今日のパナソニックにおいてもこの位置づけは引き継がれている。

ジェニーンは，コントローラーの役割を「経営者の一員」であると考えていた。

インテルのFP&A組織は自らの役割を「経営者と対等なビジネスパートナー」と定義しており，意思決定プロセスにおいて支援者に留まらず，当事者になることを目指すべきだとしてきた。

パナソニックの経理組織とグローバル企業のFP&A組織の最大の相違点は，「組織としてのFP&A」のビジネスパートナーとしての位置づけの違いにあるのではないだろうか。

『企業会計』2016年12月号の特集「パナソニックの本社改革」では，経理・財務担当代表取締役専務の河合英明氏が経理社員の意識改革に関して以下のように述べられている。

「語弊をおそれずに申し上げますと，日本の会社には，役員であれ部長職であれ，経理担当とは『アカウンティング・スペシャリスト』でもよいといった意識が根強いのではないかと思います。それは弊社も例外ではありません。もし経理部門を変革できるとしたら，仕事の視点改革が不可欠です。経理を長く担当しますと，ご指摘戴いたように過去の固まった数字，事実としての数字以外は気持ち悪いのでしょうね。」

「経理社員がもっとファイナンスの要素を持った暁には経営を担うCFO人財が育つのではないかと考えています。そこで経理部と財務部を１年前に融合し，物理的にも同じフロアにしました。ただ，思うようには進みませんでした。これは正直，がっかりしましたね。日常の業務が忙しいせいもあるかと思いますが，財務の特色が失せ，固まった数字だけで考えるようになってしまったのです。」

筆者は，FP&Aプロフェッショナルとして河合氏のコメントに複雑な思いを抱かざるを得ない。

経理社員の意識改革，仕事の視点改革とは，経理社員がFP&Aプロフェッショナルとしての役割を果たすために必要とされるマインドセットを持つことにあるのではないだろうか。

経理プロフェッショナルと財務プロフェッショナルを物理的に融合しても，この目的は決して実現できない。AFPの「FP&A組織の成熟度モデル」では，FP&A組織は，経理組織，財務組織と並ぶ，CFO組織内の独立した組織として位置づけられている。

経理社員の意識改革，仕事の視点改革には，松下電器の経理部門の役割をグローバル企業におけるFP&A部門の役割として定義し直すことが必要ではないだろうか。

経理部門の役割をFP&A部門であると再定義することによって初めて，経理社員のマインドセットはFP＆Aプロフェッショナルのマインドセット（経営者でありたいという強い想い）に変わるのではないだろうか。

パナソニックは，2022年４月に社内カンパニー制から持株会社制へ移行する予定である。第５章で紹介するように，社内カンパニー制および持株会社制は事業部の遠心力が大きくなる組織構造である。今こそ，松下の伝統である経理組織と経理社員制度を見直すべきではないだろうか。

日本企業におけるFP&A組織とFP&Aプロフェッションの発展のために，パナソニックの経理社員の方々と議論を深めていきたいテーマである。

第5章

外部環境および内部環境の分析

本章では，戦略の開発・実行に必要である企業の外部環境および内部環境の分析に関して説明する。持続可能な戦略を開発・実行するために，FP&Aプロフェッショナルは，以下を考慮しなければならない。

- マクロ環境（Macro Environment）
- 業界（Industry）
- 組織が保有する文化（Culture），組織の構造（Structure）および独自能力（Distinctive Competencies）

最初に，外部環境および内部環境の分析の道具であるSWOT分析を紹介する。次に，**図表5－1**のとおり，外部環境の分析対象としてマクロ環境および業界，内部環境の分析対象として組織を取り上げる。

［図表5－1］外部環境と内部環境

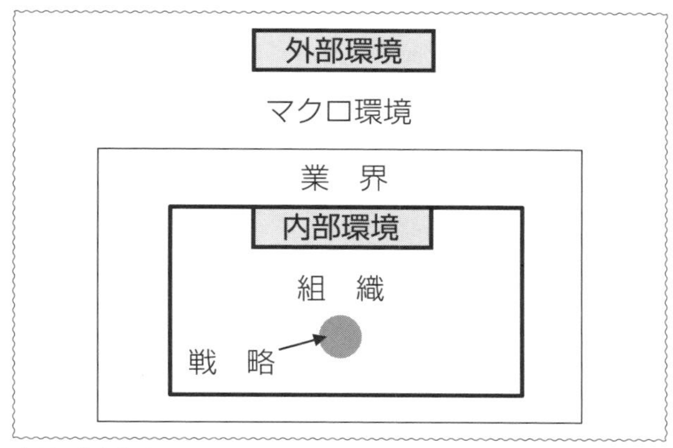

出所：筆者作成。

I　SWOT分析

(1) SWOT分析とは

SWOT分析とは，**図表5－2**のとおり，組織の強み（Strengths）と弱み（Weaknesses）を理解し，組織が直面する機会（Opportunities）と脅威（Threats）を識別するための道具である。

[図表5－2] SWOT分析

出所：筆者作成。

SWOT分析の強みと弱みの象限は，組織の内部環境を検討するために使うことができる。SWOT分析の機会と脅威の象限は，組織の外部環境を検討するために使うことができる。SWOT分析の2つの軸は，①内部か外部かと②有利な点か不利な点かを表している。

SWOT分析は以下の4つの象限から構成される。

- 組織内部における強みは，組織が業界において競争する能力を強化する属性に関連するものである。
- 組織内部における弱みは，組織の業績に影響を与える識別可能なギャップに関連するものである。
- 組織外部における機会は，組織にとって有利となる業界およびマクロ環境の状況に関連するものである。

- 組織外部における脅威は，組織の業績を悪化させる可能性のある業界およびマクロ環境が有するリスクに関連するものである。

（２）SWOT分析の目的

SWOT分析は，以下の目的で使用される。

- 組織が直面する環境を評価し，行動の選択肢の中から最善のものを決定する。脅威と機会を理解することにより，行動の方向性と選択肢を明確にする。
- 組織にとり，何を変える必要があるのかを識別する。強みと弱みを理解することにより，組織の可能性と優先度を明確にする。
- **図表５－３**のとおり，組織の戦略を戦略実行の途中において修正し，もしくは拡張する。新しい機会は組織にとり戦略の新しい選択肢を与えるかもしれない。新しい脅威は組織の戦略を失敗させるかもしれない。

［図表５－３］SWOT分析と戦略

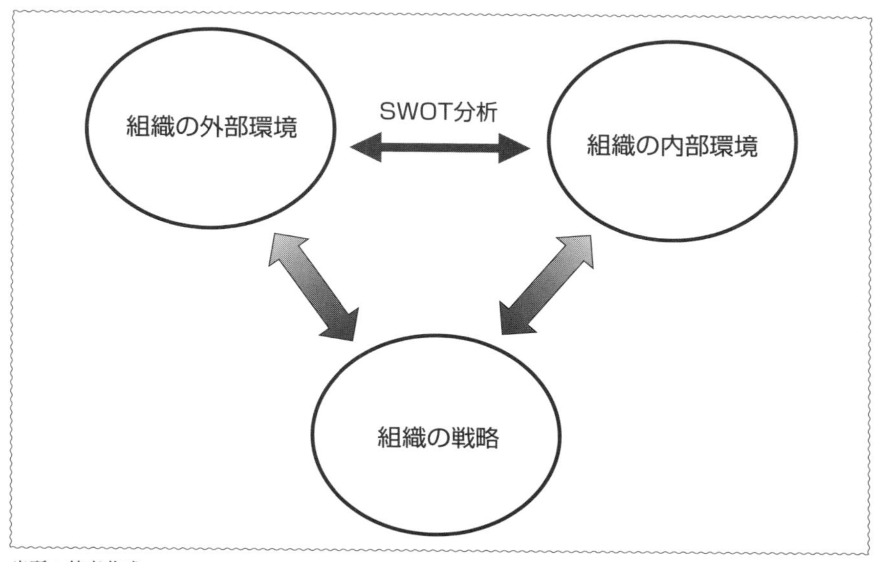

出所：筆者作成。

業界における変化は，どのように組織が事業を運営するかに深刻な影響を与える。業界の変化に対処するために組織が戦略を変更することができるか否かが，変化が組織にとって脅威なのか機会なのかを決める。イノベーション，変化，成長，市場の状況は，組織にとって脅威と機会のどちらにもなり得る。

SWOT分析を行う際に，組織の内部環境の分析として，GAP分析が行われる。GAP分析は，組織のビジョン（Vision）に基づく組織のあるべき姿と組織がビジョンの実現に向けて変化を起こすことができなかった場合の姿を明確にする。GAP分析には，組織の実際の業績とあるべき姿における業績（Performance）との比較が含まれる。GAP分析は，組織が現状の資源配分および将来の投資プロジェクトの優先順位をいかに調整すべきかを明らかにする。

Ⅱ　外部環境の分析

（1）マクロ環境

①　環境スキャンと外部環境分析

環境スキャン（Environmental Scanning）という言葉をご存知だろうか。外部環境の脅威と機会を識別するために，関連性のあるデータを調査し，解釈する体系的なプロセスを指す。

環境スキャンを入れ子で実施すること（Nested Scanning）は，組織の外部環境を見ることから始まる。最初に外部環境をマクロ的な視点（いわゆるBig Pictureを見る）から眺め，次に外部環境を組織に関連する市場や競争企業などのミクロ的な見地から眺め，最後に外部環境を組織内部からの視点で眺める。

組織の外部環境分析には，組織の競合企業，組織が属する業界，組織を取り囲む，より大きなマクロ環境の検討が必要である。マクロ環境には，国家や政治に関する要因や組織の営業活動に影響を与える経済的・社会的な要因が含まれる。

②　STEEP分析とPESTEL分析

STEEP分析は，組織の競合企業，業界および営業活動に関わるマクロ環境要因を評価するために使われる。STEEP分析には，組織の戦略に影響を与える５つの要因が含まれる。STEEPは，社会的（Social），技術的（Technological），経済的（Economic），環境的（Environmental），政治的（Political）の５つの要因の頭文字である。

- ●社会的（Social）には，社会の構成員の性格や価値観が含まれる。人口統計（Demographics）が重要である。
- ●技術的（Technological）には，新しいテクノロジーがどのような影響を社会に与えるかが含まれる。
- ●経済的（Economic）には，需要と供給の関係，雇用，金利，税法，経済成長，インフレーション，為替レートなどが含まれる。
- ●環境的（Environmental）には，地球温暖化やコロナ禍のような環境変化が社会にどのような影響を与えるかが含まれる。
- ●政治的（Political）には，政府の変更，貿易障壁，政府の政策がどのように組織に影響を与えるかが含まれる。

PESTEL分析は，STEEP分析と同様に，組織の競合企業，業界および営業活動に関わるマクロ環境要因を評価するために使われる。**図表５－４**のとおり，STEEP分析の５つの要因に，法律的（Legal）の６つめの要因を加えている。

- ●法律的（Legal）には，社会，業界，組織を取り巻く法律な環境の変更が含まれる。

［図表５－４］PESTEL分析

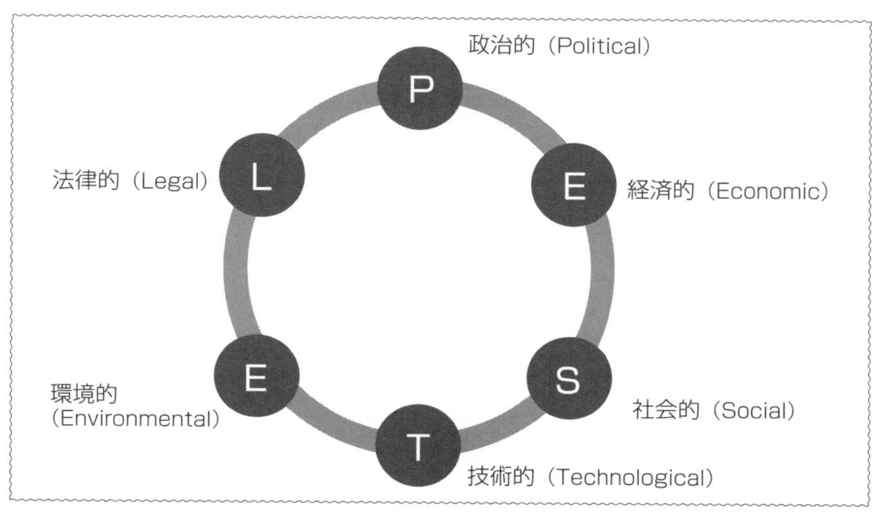

出所：日本CFO協会（2020）を基に筆者作成。

(2) 業界構造の5つの力モデル

ミクロ環境は，企業がその顧客に価値を提供し，利益を生み出す能力に影響を与える要因に関するものである。ミクロ環境における変化は，企業が営業活動を行う業界を再評価することを要求する。業界における競争状況を形成する要因を理解することは，戦略を開発することの出発点である。

ポーター（Michael Porter）の「業界構造の5つの力モデル（Porter's Five Forces Model）」には，**図表5－5**のとおり，「新規参入の脅威（Threat of Entry）」，「売り手の交渉力（Bargaining Power of Suppliers）」，「買い手の交渉力（Bargaining Power of Buyers）」，「代替品の脅威（Threat of Substitution）」，「競合の程度（Rivalry among Existing Competitor）」の5つの力がある。業界の魅力度および業界全体の収益率を5つの力によって分析する。

［図表5－5］業界構造の5つの力モデル

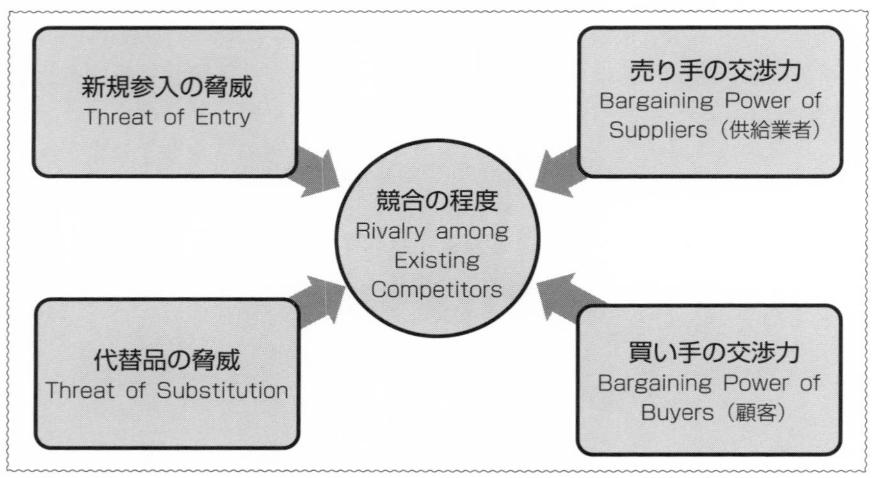

出所：Mintzberg（1998）を基に筆者作成。

新規参入の脅威（Threat of Entry）は，業界への新規の参入を防ぐ参入障壁の高さに左右される。業界への新規参入が容易であるほど，業界内部での競争は激しくなり，業界全体の収益率が低下する。

新規参入の脅威の決定要因には，①絶対的なコスト優位性，②特異な学習曲線，③規模の経済性，④ブランド・アイデンティティ，⑤スイッチングコスト，

⑥必要資本額，⑦流通チャネルの確保，⑧参入に対して予想される報復措置が含まれる。

売り手の交渉力（Bargaining Power of Suppliers）は，供給業者が業界内で有する価格を高く維持する交渉力である。供給業者が商品およびサービスの価格が下落しないように影響を与える能力が強いほど，業界全体の収益率が低下する。

売り手（供給業者）の交渉力の決定要因には，①売り手の集中度，②売り手にとってのボリュームの重要性，③業界の総仕入れ量，④資源の差別化，⑤代替資源の有無が含まれる。

買い手の交渉力（Bargaining Power of Buyers）は，顧客である買い手が業界内で有する価格を低くする交渉力である。買い手が商品およびサービスの価格が高くならないように影響を与える能力が強いほど，業界全体の収益率が低下する。

買い手（顧客）の交渉力の決定要因には，買い手の交渉力に関する決定要因と買い手の価格への感度に関する決定要因がある。買い手の交渉力に関する決定要因には，①買い手の集中度，②買い手の購入量，③買い手が仕入れ先を変えるコスト，④需要の低迷が含まれる。買い手の価格への感度に関する決定要因には，①品質・性能への影響，②買い手の利益，③製品の差別化，④ブランド・アイデンティティが含まれる。

代替品の脅威（Threat of Substitution）は，業界外の競争企業が顧客のニーズを代替品で満たしてしまう脅威である。代替品が顧客のニーズを満たす程度が同等であるほど，顧客を失うことを防ぐために価格を下げる必要がある。

代替品の脅威の決定要因には，①代替品の価格対性能比，②代替品へのスイッチングコストが含まれる。

競合の程度（Rivalry among Existing Competitor）は，業界における既存企業間の競争状況によって左右される。需要が大きい場合，既存企業間の競争の激しさが緩和される。需要が小さい場合，競争が激しくなる可能性が高い。需要が小さいと，既存企業は価格競争に陥り，業界全体の収益率が低下する可能性が高い。

競合の程度の決定要因には，①製品の差別化，②ブランド・アイデンティティ，③スイッチングコスト，④業界の成長性，⑤競争相手の多様性，⑥撤退障壁，⑦固定費（あるいは在庫コスト）と付加価値が含まれる。

（３）業界における製品ライフサイクルの分析

企業の競争戦略を開発するために，業界における製品ライフサイクルの分析が行われる。製品ライフサイクルには，**図表５－６**のとおり，導入期（Introduction），成長期（Growth），成熟期（Maturity），衰退期（Decline）の４つの期がある。

［図表５－６］製品ライフサイクル

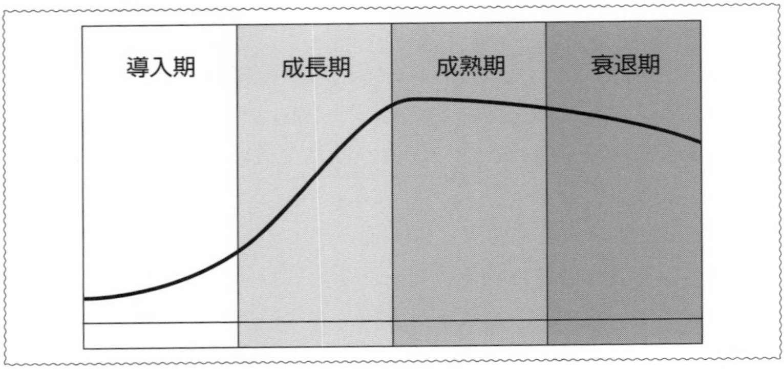

導入期　成長期　成熟期　衰退期

出所：日本CFO協会（2020）を基に筆者作成。

導入期（Introduction）は，製品が市場に導入される時期である。この期の業界における企業の成功要因には，イノベーションを起こし，ブランドを築く能力がある。

成長期（Growth）は，製品に対する需要が急激に増加する時期である。この期の業界における企業の成功要因には，効率的なプロセスをデザインし，生産規模を拡大する能力がある。

成熟期（Maturity）は，市場が飽和し，製品の需要の多くが更新目的になる時期である。この期の業界における企業の成功要因には，需要に合わせてコスト競争力を高め，資本を効率的に運用し，品質を高める能力がある。

衰退期（Decline）は，市場の規模が縮小する時期である。この期の業界における企業の成功要因には，需要に合わせて生産能力を調整し，製品ラインを最適化する能力がある。

（4）業界の不確実性の4段階

企業の競争戦略を基にした中期の経営計画を作成するために，リスク分析を行う。この際に検討されるのが，**図表5－7**の業界の不確実性の4段階である。業界の不確実性のレベルに合わせて，感度分析，シナリオ分析，シミュレーション分析を選択する。

［図表5－7］業界の不確実性の4段階

レベル1	レベル2	レベル3	レベル4
業界の将来ははっきり予測可能である。	業界の将来に関して，実現する可能性のあるシナリオが複数（2つか3つ程度）ある。	業界の将来の予測は一定の数の変数に基づいて，一定のレンジに収束する。	業界の将来に関する予測は一定のレンジに収束せず，変数は多く，かつ予測不可能である。

出所：日本CFO協会（2020）を基に筆者作成。

Ⅲ　内部環境の分析

内部環境分析とは，組織の強みと弱みを識別するために，**図表5－8**のとおり，組織目的・ミッション，ビジョン，戦略，組織文化，価値観，組織構造および組織能力を分析するプロセスである。

（1）ミッション，ビジョン，長期目標

①　ミッション

組織のミッション（Mission）は，戦略の形成と実行において必要とされる最初の，そして最も重要な要素である。ミッションは組織目的（Purpose）および組織が存在する理由を規定する。組織は何をするべきか，組織はどのような存在であるべきか，組織は長期的に何を目指すべきかを決めるためのフレームワークとなる。

組織のミッション・ステートメントは，マーケティング目的のスローガンで

［図表5－8］内部環境分析

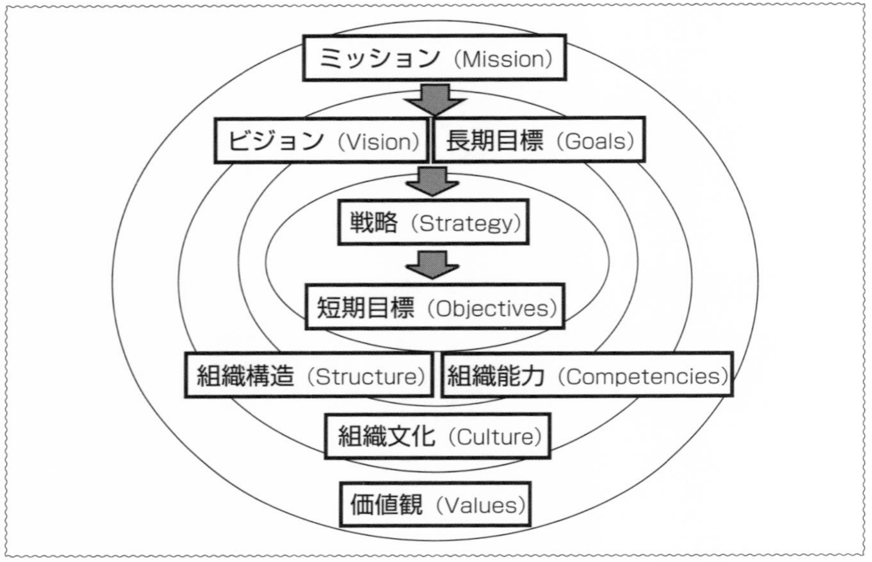

出所：筆者作成。

あってはならない。組織目的を記述する考え抜かれたステートメントとして，組織の行動を導き，組織の戦略を明確にし，経営意思決定を支援しなければならない。

ミッション・ステートメントの特徴には，

① 組織目的の意味を伝える

② 組織構成員の関心を集めたいことを明瞭に伝える

③ 組織がミッションをどのようにして追求するかを伝える

④ 組織の営業活動のやるべきこととやるべきでないことの境界線を伝える

⑤ 組織のビジョン（Vision）のステートメントが設定した方向性を確認する

の5つがある。

筆者が優れたミッションの事例として紹介したいのが，アイリスオーヤマの「いかなる時代環境においても利益の出せる仕組みを確立する」という経営理念である。大山健太郎会長は，創業者として「利益の出せる仕組み」という言葉に込めた想いを，以下に述べている。

「これは，アイリスにおける『憲法第１条』です。経営理念というと，多くの会社では『顧客第一』や『社会貢献』の文言が最初に来るのではないでしょうか。利益を出すためには顧客や社会に貢献しなければならず，それを後回しにするつもりはありません。ただ，（オイルショックの際に経験した）リストラを二度としないよう，利益を出し続けることが私の中で絶対条件でした。仕組みという言葉にこだわったのは，個々の製品は重要でないことをオイルショックで学んだからです。ヒット商品に頼っていると，製品開発力が弱まり，時代の変化に適応できなくなるというリスクも生じます。それを防ぐのが仕組みです。経営者人生をかけて，今にいたるまで仕組みづくりに没頭しています。」

②　ビジョン

組織のビジョン（Vision）は，戦略の形成と実行において必要とされる２番めの要素である。ビジョンは，組織が将来においてどのようになりたいかという問いに答える。ビジョンは，企業が目指すべき将来像を描く。10年間という時間軸でビジョンを策定する企業が多い。しかし，変化の速度が速くなる中で，ビジョンの時間軸を短くする例も増えている。ビジョンとは，将来における組織の望ましい姿を記述したものであり，組織の長期的な方向性を規定する。ビジョンは，組織のミッションの実現を支援するべきである。

ビジョンのステートメントは，インスピレーションを与えるものであるべきであり，企業の将来における成功を測る判断基準になるべきである。米国企業では特定の競争企業に勝利すること（例／創業時のナイキがアディダスに勝つことを掲げた）および特定の市場セグメントにおいて最大の市場占有率を獲得することを記述する例もある。多くの企業のビジョンのステートメントは，これほど特定的ではないが，すべての企業が長期的な戦略の指針となる将来像を描いている。

ビジョンのステートメントの特徴には，

①　組織が将来，達成することが可能である
②　組織が継続的な努力を行うための基盤になる
③　組織のすべての利害関係者（Stakeholders）にビジョンが実現する便益を伝える
④　組織の構成員に組織目的と方向性を伝え，動機づける

の4つがある。

ミッション・ステートメントとビジョンのステートメントとには大きな違いがある。まず，ビジョンのステートメントが将来に関するものであるのに対して，ミッション・ステートメントは組織の過去からのこれまでの歩みと現在に根ざしている。ビジョンのステートメントは，時間の経過に従って変化する。次に，ビジョンのステートメントは将来に関するものであるので，企業がそのビジョンを達成した段階で変更される必要がある。企業のビジネスモデル，主要製品および基幹技術が変更される場合も，ビジョンのステートメントは変更の検討が必要になる。ミッション・ステートメントは，組織構成員に組織目的を伝え，意図する戦略や行動の方向性を示すものであり，原則として，変更されることはない。

③　長期目標

長期目標（Goals）とは，組織が達成に向けて努力する長期的な目標である。長期目標は，組織の長期的な成功の度合いを測る指標になる。組織のビジョン（Vision）とともに使われることが多いが，長期目標はビジョンに比べて，内容がフォーカスされている。長期目標は，①組織の構成員にインスピレーションを与え，動機づけ，②組織のビジョンやミッションと同期している。

（2）価値観と組織文化

①　価値観

組織の価値観（Values）は，ミッションとビジョンを前進させる。価値観は基本的なもので，組織内のマネジャーや従業員が仕事をする際の基盤になる。組織および従業員それぞれが果たすべき役割と責任を決める際に，価値観は重要な役割を果たし，戦略の選択肢を選ぶ際にフィルターの役割を果たす。

価値観の特徴には，

①　組織にとって実体のある，関連性が高い信念である

②　組織の構成員の間で広く共有され，長期にわたり保持されている

③　組織文化の開発，維持の中心にある

④　行動に反映することが十分に可能な程度に特定することができる

⑤　組織が利害関係者に対してどのように関わるかを規定している

の5つがある。

価値観のステートメントは，組織が大事に守る基本的な原則（Principles）を記したものである。組織内のマネジャーや従業員の行動の指針となり，顧客，供給業者，および他の利害関係者との仕事の進め方の指針となる。価値観は時間の経過とともに変わるかもしれない。しかし，組織が成功し続けるには組織のその時点での価値観を文書に記し，組織内で伝える必要がある。

②　組織文化

組織文化は，組織の個性を決める組織構成員によって共有される信念，規範，価値観に関するものである。組織文化には，**図表５－９**のとおり，公式の組織文化と非公式の組織文化が存在する。組織文化は，時間の経過とともに発達する。

本章末に事例紹介②として，筆者がFP&Aプロフェッショナルとして勤務し

［図表５－９］組織文化

公式の組織文化	非公式の組織文化
• はっきり見える。 ➢文書で示された規則やプロセス ➢組織図 ➢カレンダー ➢地位を示すシンボル	• 組織外からは見えない。 ➢文書で示されない伝統や儀式 ➢地位や役割が示されない。
• 静的である。公式の変更プロセスに沿って変更される。	• 適応しながら常に変わっている。
• 組織としての統合は，正式の文書，ビジョンおよび目標で示される。	• 組織としての統合は，信頼と相互のやりとりで示される。
• コミュニケーションは，命令系統に沿って垂直に，同じレベルの部門間で水平に行われる。	• コミュニケーションは，命令系統や職能部門のたこつぼ（Silo：サイロ）を越えてネットワークで行われる。
• コミュニケーションは，定例会議や定例報告書などにより計画的に行われる。	• コミュニケーションは，自然発生的に行われる。
• コミュニケーションに関して，定例会議の議題，検討資料の様式，定例報告書の様式など厳密な様式が設定され，スタイルや正確さにこだわる。	• コミュニケーションは，カジュアルに行われる。

出所：日本CFO協会（2020）を基に筆者作成。

たインテルの組織文化を紹介する。

（3）戦略と短期目標

① 戦　　略

戦略（Strategy）は，２年から５年の特定の期間を対象にした中期もしくは長期の計画である。戦略は，組織のミッション，ビジョン，長期目標を支援しなければならない。戦略は「どのようにビジョンと長期目標を実現するか」という問いに答える。

効果的な戦略の特徴には，

①　組織の構成員の間で共有され，深く理解されている
②　変化し続ける環境に適応するための柔軟性を与える
③　競争優位の確率・維持に関連する

の３つがある。戦略の詳細に関しては，第６章で説明する。

② 短期目標

短期目標（Objectives）は，戦略の実行を支援する。短期目標は，戦略を実行するために必要なマイルストーンの期日や量的な指標である。

効果的な短期目標の特徴には，

①　「主要な成果（Key Results）」と組み合わせて使用される
②　特定の戦略が選択された後に策定される
③　戦略を実行するためのプロジェクトが年度予算に織り込まれる前に策定される

の３つがある。

短期目標（Objectives）とともに使用される「主要な成果（Key Results）」には，「SMART」と呼ばれる特徴がある。

- 「SMART」のSは，特定できる（Specific）である。短期目標は，何をする必要があるかを正確に伝える必要がある。
- 「SMART」のMは，測定できる（Measurable）である。短期目標は，達成できたか否かを測定できなければならない。
- 「SMART」のAは，達成の可能性がある（Attainable）である。短期目標は，時間や資源を考慮のうえ，ストレッチした目標であっても達成できる可能性がある目標でなければならない。

- 「SMART」のRは，関連している（Relevant）である。短期目標は，戦略の実行に関連していなければならない。
- 「SMART」のTは，時間の制限がある（Time-Bound）である。短期目標には，目標を達成する時期に関する締め切りがなければならない。

組織の業績目標と報酬体系は，組織のミッション，ビジョン，長期的目標，戦略，短期的目標と明確に連携する必要がある。組織の業績目標の管理と報酬体系の詳細は，**図表１－９**で示したマネジメントコントロールシステムをテーマにした第９章で説明する。

組織の報酬体系は**図表５－10**のとおり，金銭的報酬や非金銭的報酬を基に組織の構成員が戦略を成功裏に実行することの動機づけを与える。

［図表５－10］マネジメントコントロールシステムの概念図（2）

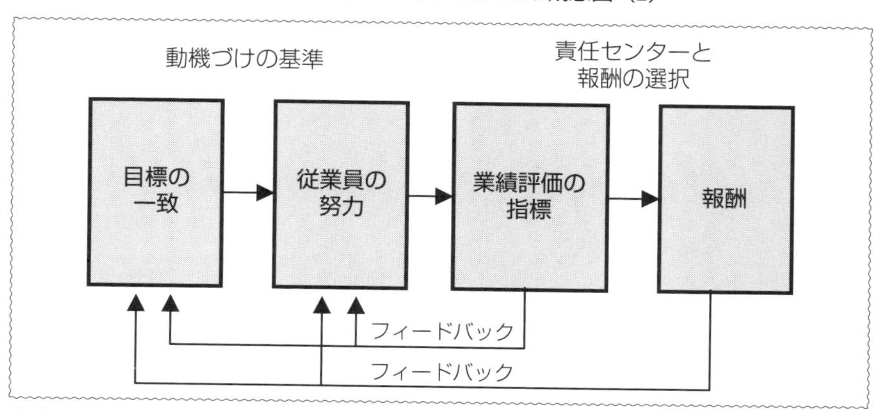

出所：Horngren（2002）を基に筆者作成。

（４）組織構造

①　職能別組織と事業部別組織

組織構造の基本形には，職能部門別組織と事業部門別組織の２つがある。**図表５－11**の職能部門別組織において，生産，販売などの売上や利益の獲得に直結した職能を「ライン職能」，ライン職能を支援する職能を「スタッフ職能」と呼ぶ。

[図表5－11] 職能部門別組織

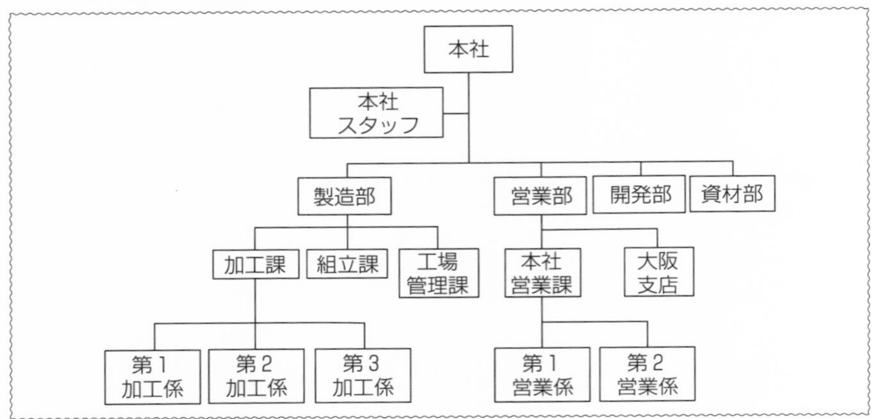

出所：谷（2013）を基に筆者作成。

図表5－12の事業部門別組織は，事業部制組織とも呼ばれる。業種別，事業別，地域別などの市場別に自己充足的な事業部に組織を部門化し，業務的決定の権限を事業部長に委譲する分権的組織である。自己充足的とは，市場環境に分権的に対処できるように，その市場に関わる生産・販売のライン機能を包括的に事業部に帰属させることを指す。

[図表5－12] 事業部門別組織

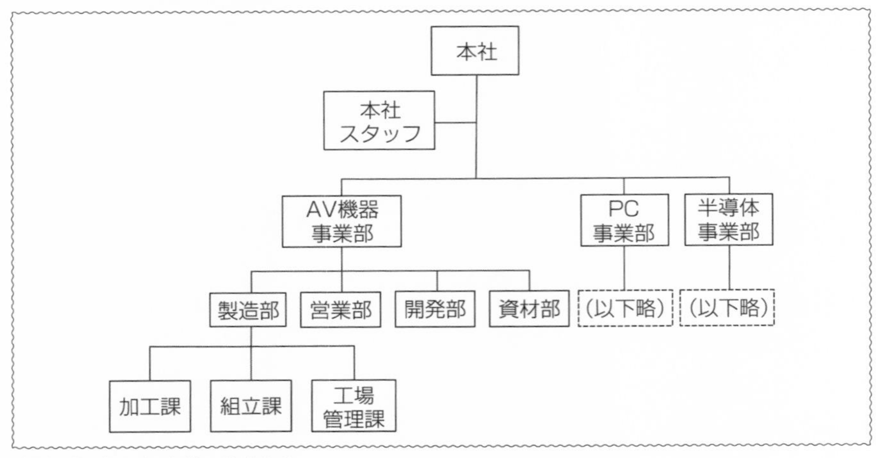

出所：谷（2013）を基に筆者作成。

事業部制組織の特徴には，(1)市場責任を有する，(2)自己充足性を有する，(3)分権的である，(4)利益責任を負う，の4つがある。

組織構造を設計することに関して，2つの普遍的な原則がある。第1の原則は「組織の最上層においては，市場別に分権化した市場別組織になる」である。第2の原則は「組織の最下層においては，すべての業務活動が職能別に括られる」である。

市場別組織のメリットは，市場における顧客や競合への対応力の向上にある。職能別組織のメリットは専門化にある。しかし，市場別組織と職能別組織の両方のメリットを同時に達成することはできない。2つの原則が以下のとおり，適用される。

- 「市場対応力によるメリットが専門化のメリットを上回る場合，経営者は市場別の事業部を編成する」：組織の階層が上がるほど当てはまる。
- 「専門化によるメリットが市場対応力によるメリットよりも大きいとき，経営者は職能別組織を編成する」：組織の中枢から遠いほど当てはまる。

②　グローバル企業と日本企業の組織設計

グローバル企業と日本企業には，組織の設計思想に大きな違いがある。

橋本・昆・日置（2020）によれば，グローバル企業の組織設計には，

(1)　1つの会社（One Company）

(2)　機能ベース（Function-Based）

(3)　マトリックス（Matrix）

という3つの特徴がある。

1つの会社とは，親会社および国内子会社・海外子会社の法人格を無視して，グローバルで1つの会社として経営することである。機能ベースとは，上記①で掲げた2つの原則を適用した市場別組織と職能別組織の組み合わせである。マトリックスとは，事業部制組織を敷衍したマトリックス組織である。例としては，縦目の軸が事業単位，横目の軸がFP&A組織のような職能単位である。

グローバル企業の経営管理組織としての組織設計には，日本企業特有の社内カンパニー制および持株会社制の発想は存在しない。

経営管理組織の基本は事業部制であり，事業の多角化などで経営管理組織として事業部制が機能しない場合には，分社化を検討することになる。

グローバル企業が持株会社制を選択する場合，その理由は税務上，もしくは

ガバナンスに関連した理由であることが多い。

日本企業の組織設計には,

(1) グループ会社（Group Company）

(2) 法人格ベース（Entity-Based）

(3) 「ハコの議論に終始」

という3つの特徴がある。

グループ会社とは，グローバルでの経営を複数企業のグループとして行うことである。法人格ベースとは，子会社の法人格を重視し，個社の積み上げで経営することである。「ハコの議論に終始」とは，事業部制を廃止して，社内カンパニー制および持株会社制を導入したり，分社化した子会社を上場させたり非上場化したりする議論に終始していることである。

日本企業独自の組織設計の例として，社内カンパニー制を取り上げる。社内カンパニー制は，ヒト・モノ・カネの経営資源を事業部に割り振り，社内カンパニーを独立した会社のようにみなす組織形態である。独立採算の徹底による利益志向の強化や意思決定の迅速化を目的として，1990年代に多くの企業で採用された。

しかし，事業部制組織に不可欠なマトリックスの横目の軸（FP&A組織）が未発達である日本企業において，社内カンパニー制は機能しなかった。2000年代に多くの会社で社内カンパニー制を見直し，事業部制への回帰が実施された。

- ソニー（2005年）：製品間の連携を重視
- ティアック（2006年）：工場の稼働率向上などが目的
- 東芝情報機器（2006年）：間接部門のスリム化などが狙い
- 楽天（2006年）：全社的な新規事業創出が狙い
- タワーレコード（2007年）：社長の意思決定が明確に反映できる
- メルシャン（2007年）：親会社の経営戦略の円滑な浸透が目的

一方，パナソニックは2022年に現在の社内カンパニー制から持株会社制に移行することを発表している。事業部制から社内カンパニー制，社内カンパニー制から持株会社制に移行すると，事業部の遠心力は非常に大きくなる。企業戦略の全体最適のためにマトリックスの横目の軸であるFP&A組織が果たすべき役割はより重要になる。筆者はFP&Aプロフェッショナルとして，パナソニックの経理社員組織がこの難局にどのように立ち向かっていくかに注目している。

③　組織設計とマネジメントコントロールシステム

組織設計の目的は，組織目的を達成するためにマネジメントコントロールシステムを機能させることにある。

マネジメントコントロールシステムを機能させるには，**図表5－13**のとおり，組織構造とマネジャーにどのような管理範囲と会計責任範囲を与えるべきかを検討しなければならない。マネジメントコントロールシステムの詳細については，第9章で説明する。

[図表5－13] 組織設計の視点から見たマネジメントコントロールシステム

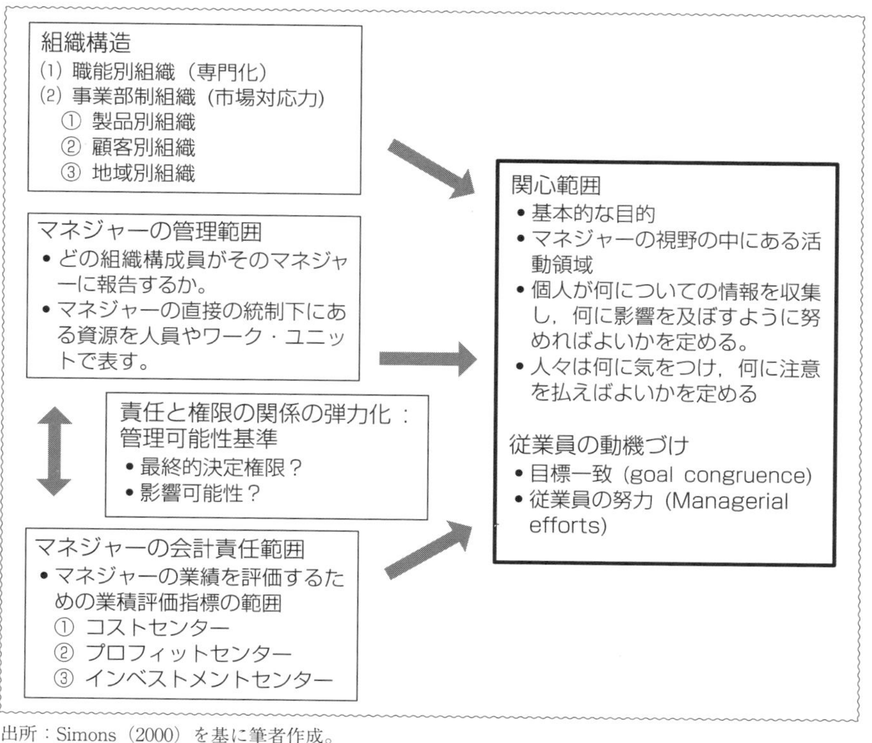

出所：Simons（2000）を基に筆者作成。

（5）組織の独自能力

①　独自能力分析

組織の内部環境分析を行う際には，企業が有する独自能力（Core Competencies）を明らかにする必要がある。独自能力は，組織が学んだ基本的な内部活動に関するものである。独自能力は，企業の戦略，競争優位および収益性に対して非常に大きな影響を与える。独自能力は，モノやヒトなどの見える資源および技術や無形資産などの見えない資源を組み合わせて生み出される。

組織の独自能力の価値を高める要因には，**図表５－14**のとおり，①希少性，②模倣性，③顧客デマンド充足性，④占有可能性の４つがある。これら４つの要因が重なる組織の能力は，組織の独自能力として大きな価値を生む。

［図表５－14］何が組織の独自能力の価値を高めるか？

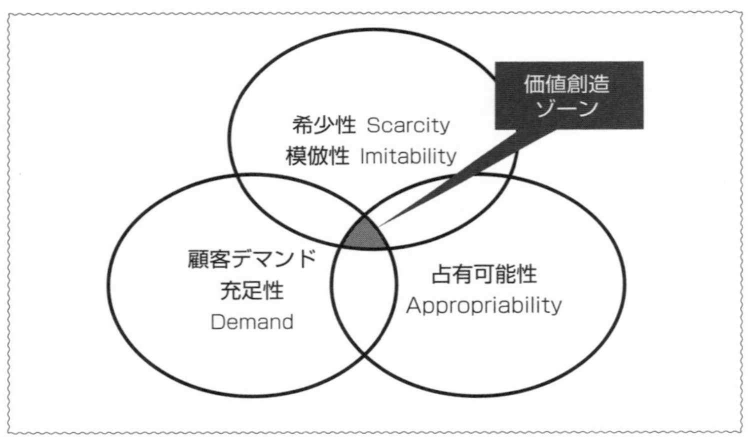

出所：Mintzberg（1998）を基に筆者作成。

組織の独自能力を識別するには，以下の問いに答えるとよい。

- その能力は，複数のことに利用できるか？（言い換えれば，１粒で２度美味しいか？　一石二鳥か？）
- その能力は，さまざまな種類の異なる市場へのアクセスを与えるか？
- その能力は，企業の製品やサービスの顧客にとっての価値を高めるか？
- その能力は，製品の最終消費者が感知する製品の便益を高めるか？
- その能力は，競争企業が模倣することができるか？
- その能力は，競合企業が模倣により競争を始めることの脅威を減少させるか？

②　バリュー・チェーン分析

組織の独自能力を分析する際に使用されるのが，バリュー・チェーン分析（Value-Chain Analysis）である。戦略分析のツールとして，顧客が受け取る価値のどこを上げることができるか，顧客が支払うコストのどこを下げることができるかを識別する。企業が業界における供給企業，顧客企業，およびその他の企業といかに連繋しているかを理解することができる。

バリュー・チェーンという名前は，企業内部の活動の１つ１つが企業の製品やサービスの顧客にとっての価値を増加させることから使用されている。企業の営業活動を活動単位に分けることで，企業の競争優位を分析する。もし，企業の成功がコスト・リーダーシップに基づくのであれば，企業の営業活動のそれぞれの活動がコスト・リーダーシップに基づく戦略に適合しているかどうかを検討すべきである。１つ１つの活動を注意深く分析することは，企業が最も高い競争力を有する活動やそうでない活動を識別するのに役立つ。

ポーターのバリュー・チェーンは，**図表５－15**のとおり，主活動と支援活動の２種類の活動から構成される。主活動は，購買や出荷の物流，製造，販売，

[図表５－15]　ポーターのバリュー・チェーン

出所：日本CFO協会（2020）を基に筆者作成。

サービスが含まれる。支援活動は，主活動を支援して企業の営業活動を支える。企業のバリュー・チェーンを競合企業のそれと比較のうえで最適化することは，コスト・リーダーシップを確立することにつながる。

バリュー・チェーン分析は，以下の２つのステップで実施される。

- ステップ１：バリュー・チェーンを構成する活動を識別する。製品の設計，製造，および，顧客に提供するサービスに関して，企業が業界において価値を創造する活動を特定する。
- ステップ２：識別された活動のコストを下げるか，価値を上げるかのどちらかにより，競争優位を確立する。バリュー・チェーンを構成する活動とそのコストドライバーを分析することにより，現時点における競争優位と将来に確立できる可能性のある競争優位を検討し，以下を実施する。
  - 競争優位は何か（コスト・リーダーシップか差別化か）を識別する。価値創造活動に関する分析は，企業の競争優位となる活動と全体のバリュー・チェーンの中でその活動をいかに位置づけるかを理解するのに役立つ。
  - 付加価値を上げることのできる機会を識別する。価値創造活動に関する分析は，企業がいかに顧客にとっての価値を上げることができるかを理解するのに役立つ。
  - コストを下げることのできる機会を識別する。価値創造活動に関する分析は，バリュー・チェーンの中で競争力に劣る活動を決めるのに役立つ。

事例紹介②　インテルの組織文化

筆者がFP&Aプロフェッショナルとしてのキャリアを歩んだ米国企業インテルの組織文化を紹介する。

1968年に米国シリコンバレーでロバート・ノイス（Robert Noyce）とゴードン・ムーア（Gordon Moore）という２人の技術者が，インテルを創業した。インテルの名前の由来は，Integrated Electronics（集積された電子部品）であった。２人はベンチャー・キャピタルから創業資金を得た。最初の従業員として２人が勤務していたフェアチャイルド・セミコンダクター社の部下であったアンディ・グローブ（Andy Grove）が入社した。

インテルは３人の会社であった。ロバート・ノイスが1968年から1975年まで，ゴードン・ムーアが1975年から1987年まで，アンディ・グローブが1987年から1998年まで，それぞれCEOを務めた。

ロバート・ノイスは，半導体集積回路の発明者である。ノイスと同時期に半導体集積回路の特許を取得したジャック・キルビー（Jack Kilby）はノーベル賞を受賞したが，ノイスはそれ以前に亡くなったので，ノーベル賞を受賞できなかった。ノイスは天才技術者であるだけではなく，米国シリコンバレーにおいて起業家の代名詞として知られており，シリコンバレーの市長と称されることもあった。ノイスの有名な言葉が，「楽観的であることは，イノベーションの基本的な要素である。そうでなければ，どうして人は安全に対して変化を歓迎し，安全な場所から冒険に旅立つのだろうか？（Optimism is an essential ingredient of innovation. How else can the individual welcome change over security, adventure over staying in safe places ?)」である。

ゴードン・ムーアは，ムーアの法則で有名な天才技術者である。1965年にムーアの法則として知られる，「半導体の集積度は約12カ月ごとに２倍になる」という予測を発表している。ノイスのパートナーとして，創業時のインテルが遭遇した技術的な問題を次々と解決した。ムーアの法則は，半導体企業であるインテルのDNAになり，現在のミッション・ステートメントにも反映されている。

アンディ・グローブは，若くしてハンガリーから米国に亡命した。苦学して米国で博士号を取得し，シリコンバレーで就職したフェアチャイルド・セミコンダクター社でムーアの部下になった。グローブは優秀な技術者であるが，同時に優秀な経営者であった。“*High Output Management*”（Grove，1983）に代表される経営書を数冊執筆し，スタンフォード大学経営大学院で技術戦略論を教えた。インテルがベンチャー企業（今の言葉で言えば，スタートアップ）から大企業になる過程において，グローブがインテルの組織文化を作り上げた。第９章で説明する「目標管理手法，OKRs（Objectives and Key Results）」の先駆者でもある。

◈インテルの組織文化

グローブはインテルの組織文化を，組織の構成員同士が率直に本音を言うことができる文化にすることを目指した。具体的には，①「地位の力（Position Power）ではなく，知識の力（Knowledge Power）」を重視する，②「建設的対立（Constructive Confrontation）」を推奨する，③建設的対立をしたうえで，意思決定に関しては「同意しないがコミットする（Disagree and Commit）」を推奨する，があった。

組織文化には，公式の組織文化と非公式の組織文化がある。本来，組織文化は非公式のものである。インテルの組織文化はグローブが作った６つの価値観に代表される公式の組織文化を中心に形成された。インテルでは，以下の６つの価値観（Core Values）が標語としてカードに印刷され，社員は社員証とともに携帯していた。

- Quality（品質）：品質と継続的改善に対する強いコミットメントである。「Do the right things right！（正しいことを正しくやろう！）」という標語も多用されていた。
- Risk Taking（リスクを取ることを奨励する）：イノベーションを起こすためには失敗を避けることはできないということが認識されていた。成功とともに失敗から学ぶことが奨励されており，プロジェクトが終わると，プロジェクトの結果にかかわらずその振り返りを「Post Mortem」として文書化して回覧した。
- An Inclusive, Great Place to Work（多様性を重んじる，働きがいのある職場）：オープンで率直で個人に敬意を払う職場環境が組織の成功に欠かせないと考えられていた。元来は，単に「働き甲斐のある職場（Great

Place to Work)」であったが，職場環境のDiversityとInclusionの要請から近年，「多様性を尊重する（Inclusive)」という言葉が付け加えられた。

- Discipline（規律）：グローブの提唱で始まった「遅刻者名簿」は，この価値観を象徴していた。朝の８時５分に１分でも遅れた場合，CEOを含む社員全員が遅刻者名簿に署名させられた。この名簿は，1971年から1988年まで実施されていた。
- Customer Orientation（顧客志向）：顧客志向は市場における外部の顧客を満足させることに留まらず，社内でのチームメンバーを含むすべての利害関係者の意見を傾聴し支援することが求められた。
- Results Orientation（結果志向）：挑戦的，かつ測定可能な目標を設定し，結果にフォーカスすることが重視された。このプロセスにおいて，チームメンバー同士がチームの成功に向けて当事者意識を持つことが求められた。

インテルの６つの価値観の中で筆者にとり印象が強かったのは，Results OrientationおよびDisciplineであった。ムーアの法則を実現するために，必要とされる価値観であった。

2020年時点でのインテルのミッションとビジョンは，以下のとおりであった。

- ミッション：地球上のすべての個人がつながるためのスマートな機器を届けることを目的として，ムーアの法則を活用せよ。(Utilize the power of Moore's Law to bring smart connected devices to every person on earth.)
- ビジョン：つながるためのスマートな機器には，インテル，入ってる。(If it's smart and connected, it's best with Intel.)

◇インテルのCFO組織の組織文化

ここまでインテルの組織文化を紹介してきた。この組織文化を前提にした，インテルのCFO組織の組織文化も紹介する。筆者が監訳した「インテルの戦略」は，インテルのCFO組織について以下のように記述している。

- インテルの歴史を通して，インテルは強い利益志向と株主価値志向があった。(Throughout its history, Intel always had a strong profit and shareholder-value orientation.)

- 強い利益志向と株主価値志向は，CFO組織が社内における独自の地位，ラインである事業部と同等のビジネスパートナーに反映されていた。(This is reflected in the prominent position - an equal partner to operations - that the finance function had held throughout Intel's history.)

インテルのCFOは，CFO組織のビジョンを以下のとおりとした。CFO組織には，FP&A部門だけでなく，経理・財務部門も含まれる。

- ビジョン：株主価値を最大化するために，経営意思決定において真のビジネスパートナーになる。(Intel finance is a full partner in business decisions to maximize shareholder value.)

インテルのCFOは，CFO組織のビジョンをより具体的に説明するために，以下のチャーターを作成した。CFO組織のメンバーの研修教材として，第1章で紹介した図表1－4，図表1－5，図表1－6を作成した。

- チャーター
  - ビジネスパートナーとして効果的な分析，影響力，リーダーシップ，およびコントロールを提供することにより，利益を最大化する。(Maximize profits by providing effective analysis, influence, leadership, and control as business partners.)
  - プロフェッショナリズムと誠実さの高い水準を保ちながら，世界のどこにおいてもインテルが法律を守ることを維持する。(Keep Intel legal worldwide while maintaining high standards of professionalism and integrity.)
  - インテルの資産を守ることにより，株主利益を保護する。(Protect shareholder interests by safeguarding the assets of the Corporation.)
  - 世界最高水準のサービスと生産性を提供する。(Deliver world-class services and productivity.)
  - 業績を上げ，プロフェッショナルとして成長することを促すキャリアの機会を提供することにより，有能なリーダーやビジネスパートナーを育てる。(Develop effective leaders and partners through career opportunities that foster improved performance and professional growth.)

第6章

戦略の分析

Ⅰ 戦略とは何か

戦略とは，企業が自社の競争優位を構築して維持するため，競争企業に対して自社をどのように位置づけ，資源をどのように展開し，活動をどのように指揮するかということである。

(1) 戦略の機能

戦略の機能には，①経営意思決定の根拠を明確にする，②組織のガバナンスを明確にする，③組織の調和と一体化を高める，④組織をより高い目標に向けてストレッチすることの4つがある。

(2) 競争優位の構築と維持

持続的な競争優位を構築し，維持するための戦略には，①他社が占有していない自社独自の地位を構築すること，②自社が何をすべきか，何をすべきではないかのトレードオフ（Trade-Offs）を行うこと，③自社のさまざまな事業活動の適合性（Fit）を確保することの3つが含まれる。

自社が何をすべきか，何をすべきではないかのトレードオフを行うことには，どの戦略を選び，どの戦略を選ばないかの決定が含まれる。事業活動の適合性とは，事業活動のそれぞれが互いに影響し合い，強化し合う関係性を意味している。適合性（Fit）は，戦略的な調整（Strategic Alignment）と呼ばれる。

(3) 戦略を成功させるために理解しておくべき事項

戦略を成功させるには，自社の①長期目標（Goals），②競争（Competition），

③資源（Resources），④長期目標を達成するのに必要な戦略の効果的な実行の4つを理解する必要がある。

① 長期目標は，戦略計画の一部として3年間から5年間までの時間軸を前提に作成される。長期目標には，財務的目標と非財務的目標の両方が含まれる。

② 自社がどの市場で競争するべきか，およびこの競争をどのように戦うべきかという競争に関する方策が，戦略計画プロセスから生み出される。

③ ヒトやモノやカネなどの経営資源を短期的に最適配分する目的と，長期的に戦略の実現を目指す目的の2つの折り合いを付けざるを得ない場合に，計画プロセスは戦略的な意味を持つ。

④ 戦略計画を効果的に実行するには，組織のリーダーの支援，関係者の支援・評価と報酬が必要である。評価と報酬の基盤には，明確に定義された短期目標（Objectives）と測定できる主要な結果（Key Results）がある。

（4）プロセスとしての戦略

プロセスとしての戦略には，①戦略をマネジメント（Management）するプロセス，②戦略を計画（Planning）するプロセス，③戦略を実行（Implementation）するプロセス，④戦略を評価（Evaluation）するプロセス，および⑤戦略のフィードバック・ループ（Feedback Loops）のプロセスの5つがある。

①戦略をマネジメントするプロセスとは，自社がその短期目標（Objectives）を達成するために必要なすべてのプロセスを継続的にマネジメントするプロセスである。継続する計画プロセス，モニタリングのプロセス，分析のプロセス，評価のプロセスが対象に含まれる。戦略をマネジメントすることの目的は，将来における新しい機会を見つけ，利用することにある。

②戦略を計画するプロセスには，(1)自社の外部環境と内部環境を対象とする環境スキャン，(2)SWOT分析，(3)ギャップ分析，および(4)戦略の形成プロセス（戦略および短期目標を含む）の4つがある。

戦略計画とは，自社のゲーム・プランであり，自社の目指す方向，戦略，資源配分の方針を示すものであり，3年間から5年間までの時間軸を前提に作成される。戦略を計画するプロセスの目的は，以下のとおりである。

- 自社が目指す目的地へのロードマップを提供する。
- 自社の資源の最適配分を促進する。

- 現状（Status Quo）に関する質問をする機会を与える。
- 価値観に基づく共有できるビジョンを構築する。
- 経営意思決定に参加できるプロセスを通して当事者意識を醸成する。
- 説明責任および結果責任（Accountability）を与える。
- 財務計画の基盤となるフレームワークを作る。

③**戦略を実行するプロセス**とは，自社が戦略計画を実行するために必要な組織内部における活動である。戦略の実行プロセスを成功裏に行うには，以下が要求される。

- さまざまな異なる種類のチャネルを通したビジョンについての頻繁なコミュニケーション
- 戦略マップと呼ばれる自社の戦略計画の共有
- 戦略計画の実行に関する，すべての従業員の支援の獲得
- 予算の調整，リスク・マネジメント，チェンジ・マネジメントの実施
- 戦略計画の実行を促進する報酬制度の構築

④**戦略を評価するプロセス**とは，自社の戦略的な短期目標を達成するためのプログラム，プロジェクト，および活動を評価するプロセスであり，自社のマネジャーに業績に関する情報を与えるプロセスである。戦略を評価するプロセスは，最も重要な成功要因（CSFs：Critical Success Factors），主要な業績指標（KPIs：Key Performance Indicators），財務指標（Financial Metrics）を含む。

⑤**戦略のフィードバック・ループのプロセス**とは，戦略が実行された段階において，実行自体を外部および内部からのフィードバックを基に見直し，評価するプロセスである。

（5）戦略プロセスの全体像

FP&Aプロフェッショナルの実務の視点から戦略プロセスをまとめたのが，**図表6－1**の戦略計画フレームワークである。

FP&Aプロフェッショナルが戦略計画プロセスの実施において考慮すべきことは，以下のとおりである。

- 主体的にSWOT分析を実施する。
- 主体的に対象期間における目標を設定する。
- 戦略的なイニシアチブを実行する。
- 戦略的優先順位で予算を配分する。

●所属する部門の業績を検討し，経営陣に報告するためのプロセスを構築する。

［図表６－１］戦略計画フレームワーク

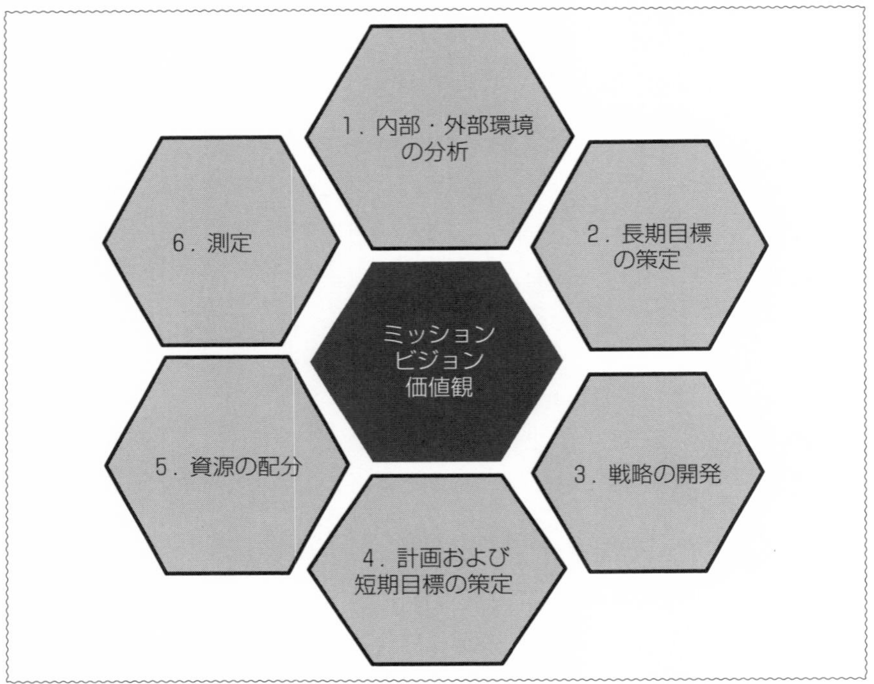

出所：日本CFO協会（2020）を基に筆者作成。

Ⅱ　戦略の階層

企業の戦略には，階層（Hierarchy）が存在する。**図表６－２**のとおり，企業戦略（Corporate Strategy）と事業戦略（Business Strategy）の２つである。

企業戦略は，企業の経営資源の価値を最大化するための企業全体の方向性に関する方策である。事業戦略は，企業の事業単位が特定の製品市場でいかに競争するかに関する方策である。最初に事業戦略，次に企業戦略を説明する。

[図表6－2] 戦略の階層

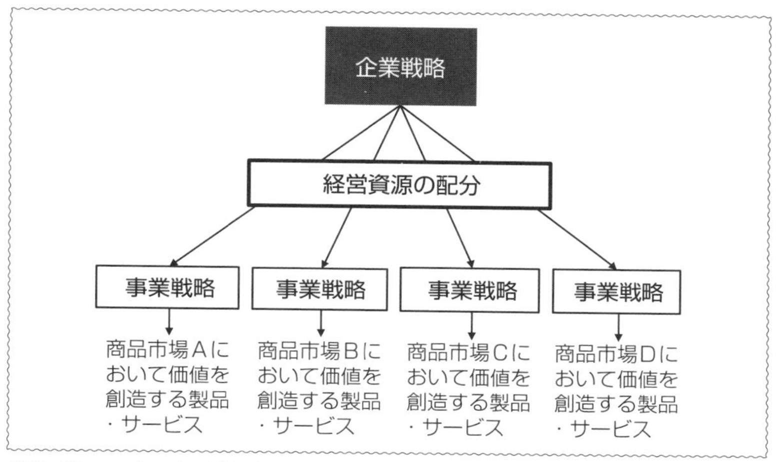

出所：Simons（2000）を基に筆者作成。

（1）事業戦略

事業戦略は大きく分けると，競争戦略（Competitive Strategy）と協業戦略（Cooperative Strategy）の2つがある。

- 競争戦略は競合企業との競争に勝つための戦略である。筆者が勤務した米国企業インテル社は，米国企業アドバンスト・マイクロ・デバイス（AMD）社とマイクロプロセッサ市場において市場占有率を拡大するために競争している。
- 協業戦略は競合企業との間に協力関係を構築する戦略である。同じくインテル社は，ウィンドウズなどのオペレーティングシステムを提供する米国企業マイクロソフト社とパーソナルコンピュータ市場およびサーバー市場において協業関係を構築することで，AMD社とマイクロプロセッサ市場において差別化してきた。

競争優位は，自社が競合企業に対して構築する差別化の切り札である。競合企業が顧客に提供する価値と同等の価値を自社がより低い価格で提供できる場合，もしくは競合企業が顧客に提供する価値より高いものを同等の価格で自社が提供できる場合に，競争優位が存在する。競争優位を構築するには，自社の独自能力を外部環境で見つけた機会に適合させる必要がある。

ポーター（Michael Porter）の基本戦略（Generic Strategies）の中心には，コストリーダーシップ（Cost Leadership）戦略と差別化（Differentiation）戦略の2つがある。

- コストリーダーシップは，自社が自社の製品を企画・製造・販売することを効率的に行う能力を有しており，競合企業より低い価格で自社製品を販売できる場合に存在する。コストリーダーシップ戦略は，最も低いコスト構造を基盤に競争優位を構築することにフォーカスする。
- 差別化は，自社が製品の品質・機能・顧客サービスに関して独自の優れた価値を顧客に提供できる場合に存在する。差別化戦略に成功すると，自社製品が高いブランド・ロイヤルティーを生み出し，競合企業が市場に新規に参入することを難しくする。

ポーターの基本戦略は，**図表6－3**のとおり，①競争優位の種類（コストリーダーシップと差別化），および②競争範囲（広いか狭いか）の2つの選択の組み合わせから成る。競争範囲が広いか狭いかの選択は，業界が対象とする市場全体で競争するか，市場の1つのセグメントにフォーカスして競争するかの選択である。フォーカスすることにより，自社製品を市場全体ではなく選択した市場セグメントのニーズに適応させることが可能になる。

基本戦略における①競争優位の種類と②競争範囲の2つの選択の組み合わせから，以下の4つの組み合わせ戦略が考えられる。

- コストリーダーシップ戦略（Broad Low-Cost Strategy）は，同様の製品を競合企業より低い価格で市場全体の顧客に提供するために，業界で最も低いコスト構造を構築することを目指す戦略である。
- 差別化戦略（Broad Differentiation Strategy）は，市場全体の顧客に独自の特徴を有する製品やサービスを提供するために，差別化した製品やサービスを提供できる能力を構築することを目指す戦略である。
- コスト集中（Focused Low-Cost Strategy）は，市場の1つのセグメントの顧客に集中して，競合企業に対して低いコスト構造で勝つ戦略である。
- 差別化集中戦略（Focused Differentiation Strategy）は，市場の1つのセグメントの顧客に集中して，競合企業に対して差別化した独自の製品やサービスで勝つ戦略である。

［図表６－３］ポーターの基本戦略

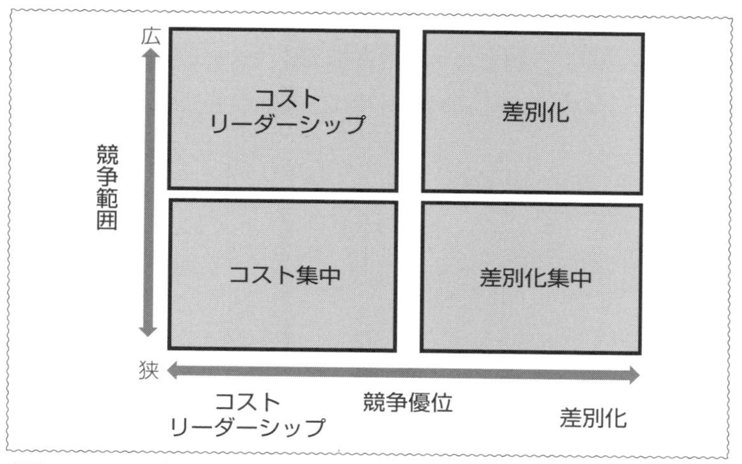

出所：Mintzberg（1998）を基に筆者作成。

（２）企業戦略

①　企業戦略とVRIOフレームワーク

企業戦略は全社的な視点から，自社が抱える複数の事業の成長や経営について焦点を当てる。全社レベルの戦略の焦点は，自社のビジネスモデルを検討し，どの事業で競争するかを決定し，経営資源の最適配分を行うために特定の価値を創造する活動を決めることである。全社レベルの戦略は，以下の問いに答える。

- 自社が利益を長期的に最大化するために，どの事業で競争するべきか？
- これらの事業で競争することは，自社が競争優位を構築することを可能にするか？

企業戦略とは，企業が複数の市場における活動を組み立てて調整することによって，価値を創造する方法である。企業戦略は事業戦略の理解のもとに成り立ち，同時に事業戦略の分析には企業戦略の理解が不可欠である。

企業戦略は，企業の全体と部分の間の関係に焦点を当てる。企業戦略は本社だけが策定・実行するものではない。企業価値のほとんどは，全社の視点で強化された「製品やサービスを生産し，顧客に提供する」個々の事業能力によって，個々の事業単位の中で生まれる。

全社レベルの戦略は，自社の差別化のための独自能力の基盤となる経営資源や能力を構築するものである。企業戦略は自社が全社の視点で取り組むべき方針に関するものである。企業戦略の究極の目標は，複数の製品群，事業群および職能部門群の間から生まれるシナジーを得ることにより，全社レベルの企業価値が個々の事業部門の価値の総和を上回ることである。

資源ベースの経営戦略（RBV：Resource-Based View）においては，競争優位の基盤として自社の有形資産（Tangible Assets）と無形資産（Intangible Assets）を使用する。

- 有形資産とは，土地，建物，製造設備，機器，在庫および金銭などの物理的な資産である。
- 無形資産は，自社や製品のブランド，自社の名声，特許権を含む知的財産などの物理的ではない資産である。

自社の差別化における資産の価値を評価するためにVRIOフレームワークを利用する。VRIOフレームワークは，第５章に示した**図表５－14**のとおり，以下の４つの要因から構成される。

- 顧客デマンド充足性（Demand）：その資産は，顧客に価値を与えるか？
- 希少性（Scarcity）：その資産は競合企業が保有していないものか？
- 模倣性（Imitability）：その資産は競合企業が模倣できないものか？
- 占有可能性（Appropriability）：その資産は自社で占有することが可能か？

②　企業戦略の種類

企業戦略には，成長戦略（Growth Strategies）と事業のポートフォリオを最適化するための再編戦略（Restructuring Strategies）の２つがある。

- 成長戦略は，自社の成長へのニーズに専念する。本業による自然な成長（Organic Growth），水平統合および垂直統合（Horizontal & Vertical Integration），多角化（Diversification）などがある。
- 再編戦略は，企業戦略のフォーカスする方向性を変更する際に実施される。アウトソーシング（Outsourcing），インソーシング（Insourcing），売却（Divesture），破産（Bankruptcy），および清算（Liquidation）などがある。

③　事業ポートフォリオ分析

事業ポートフォリオを分析するツールには，「BCGの市場成長率と市場占有率のマトリックス（BCG Growth-Share Matrix）」，および「マッキンゼーの9つの箱のマトリックス（GE/McKinsey Matrix）」の2つがある。

2つのツールは，「自社の事業ポートフォリオにどの事業，もしくはどの製品ラインを含めるべきか？」および「自社のポートフォリオに含まれる事業は，どのような形で互いに関係すべきか？」という問いに答えるのに有用である。

また，事業ポートフォリオに関連した3つめの分析ツールとして，「マッキンゼーの成長の3つのホライゾン」を紹介する。

【BCGの市場成長率と市場占有率のマトリックス】

図表6－4のとおり，自社の事業ポートフォリオを「市場成長率（Market Growth Rate）」および「相対的市場シェア（Relative Market Share）」の2軸で分析するツールである。

［図表6－4］BCGの市場成長率と市場占有率のマトリックス

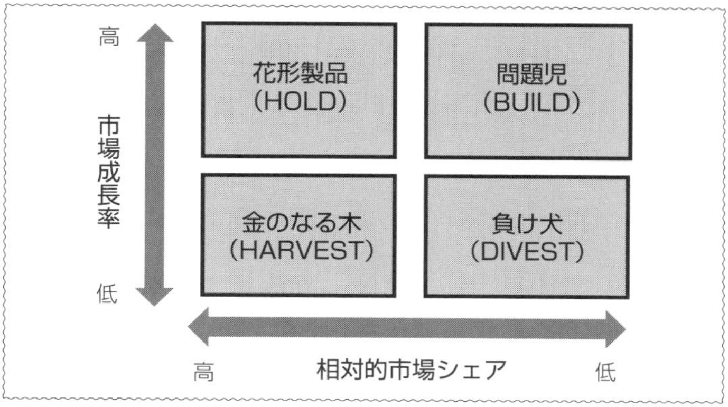

出所：山本ほか（2015）を基に筆者作成。

横軸の相対的市場シェアの左右は，1.0から1.5の線（つまり，自社の市場シェアが第1位で，第2位の競合企業のシェアの1.0倍から1.5倍以上大きい）で区分される。縦軸の市場成長率の上下は，10%前後で区分される。

4つの象限の呼称と定義は以下のとおりである。

●問題児（Question Mark）は，高成長する業界において低い市場シェアにとどまる事業部である。問題児は成長のための資源を必要とする（BUILD）。

- 花形製品（Star）は，高成長する業界において高い市場シェアを誇る事業部である。将来は，金のなる木になる可能性がある。花形製品は投資を必要とする（HOLD）。
- 金のなる木（Cash Cow）は，成熟した，低成長の業界において高い市場シェアを誇る事業部である。金のなる木は新たな投資を必要とせず，自社の他の事業部への投資に必要なキャッシュを生み出す（HARVEST）。
- 負け犬（Dog）は，成熟した，低成長の業界において低い市場シェアにとどまる事業部である。負け犬は新たに大きな投資を必要としない。しかし，負け犬に使うキャッシュは，より利益を生む他の事業部に投資するべきである。負け犬に戦略的な目的を有していなければ，清算を検討するべきである（DIVEST）。

BCGの市場成長率と市場占有率のマトリックスには，以下の限界がある。

- 事業部の相対的市場シェアと事業部の収益性との間に直接的な相関関係があることを前提に置いている。
- 業界の魅力度を市場の成長率のみで評価している。
- 事業部を業界シェア第1位の競合企業とのみ比較している。市場シェアを伸ばしつつある規模が大きくない競合企業を無視している。
- 複数の事業部の間における相互依存関係やシナジーを無視している。

【マッキンゼーの9つの箱のマトリックス】

マッキンゼーがコングロマリット企業であった米国企業GE社（General Electronics）のために作成したマトリックスである。

図表6－5のとおり，自社の事業ポートフォリオを「業界の魅力度（Attractiveness of Industry）」と「事業部の競争力（Strength of Business Unit）」の2軸で分析するツールである。2つの軸を高低の3段階で分けた9つの象限から成る。

図表6－4のBCGの市場成長率と市場占有率のマトリックスと比較していただきたい。2つのマトリックスの構造が非常に似ていることに気づかれると思う。マッキンゼーの9つの箱のマトリックスは，BCGの市場成長率と市場占有率のマトリックスの拡張版である。BCGのマトリックスが先に考案され，BCGのマトリックスの限界を克服する意図で作成された。

「業界の魅力度（Attractiveness of Industry）」と「事業部の競争力（Strength of Business Unit）」の２軸の高低を評価する際に，以下のインプットを使用する。

- ●業界の魅力度を決める要素には，①市場成長率，②市場規模，③マクロ環境要因（PESTEL），④ポーターの業界構造の４つの力を含む。
- ●事業部の競争力を決める要素には，①市場占有率，②競合企業と比較した市場シェアの成長率，③ブランド価値，④事業部の収益性，⑤顧客のロイヤルティ，⑥独自能力の価値（VRIO）を含む。

［図表６－５］マッキンゼーの９つの箱のマトリックス

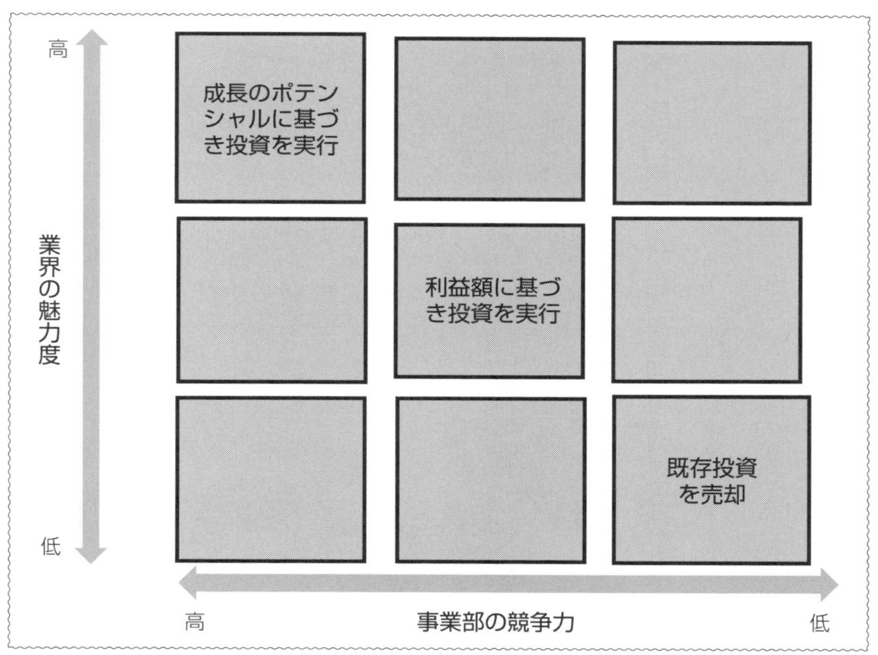

出所：日本CFO協会（2020）を基に筆者作成。

【マッキンゼーの成長の３つのホライゾン】

マッキンゼーの９つの箱のマトリックスを補完するのが，**図表６－６**のマッキンゼーの成長の３つのホライゾンである。成長に向けた企業戦略として，時間軸とともに自社の経営資源を投入する優先順位が示されている。最初に現在の中核事業を守り，拡大する投資を行い，次に現時点での新規事業に投資し，最後に将来の新規事業に投資するというフレームワークである。

[図表6－6] マッキンゼーの成長の3つのホライゾン

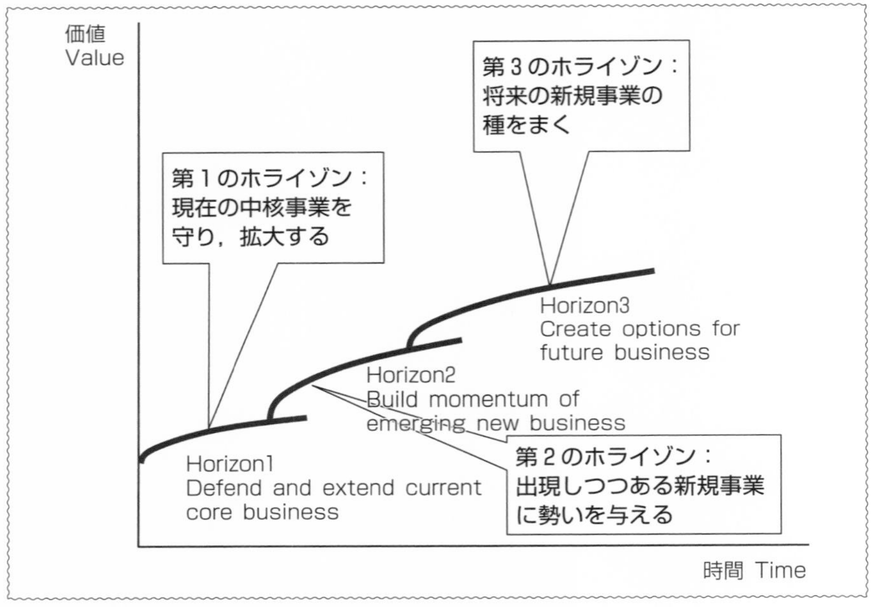

出所：日本CFO協会（2020）を基に筆者作成。

Ⅲ 計画された戦略と創発的戦略

管理会計の目的は戦略の実行にあるといわれる。しかし，戦略は常に所与のものなのだろうか？。

第1章に示した**図表1－9**の「マネジメントコントロールシステムの概念図(1)」にご注目いただきたいのは以下の2つである。まず，図の右側にある「業績を評価し，報酬を与える」と名付けられた箱から図の上部にある「目標および業績指標を設定する」と名付けられた箱へつながる太い矢印である。これは戦略が必ずしも所与のものではなく，戦略を実行する過程で既存の戦略が修正され，新しい戦略が創られる可能性を示している。

次にご注目いただきたいのが，同図表のサイクルの中央に位置する「振り返

る　学習する」という箱である。これは戦略を実行する過程で，組織が戦略の実行に関する学習だけでなく，戦略の内容そのものに関する学習が行われることを示している。組織論の研究者であるアージリス（Chris Argyris）は，この種類の学習を「ダブル・ループ型（double loop）」の学習と命名している。

FP&Aプロフェッショナルの実務を行う際に留意しなくてはならないのは，FP&Aには戦略の実行を支援するだけでなく，戦略の修正および新しい戦略の形成を支援する役割があることである。まず，2人の著名な戦略論の研究者が戦略をいかに捉えているかを紹介する。

（1）ミンツバーグの戦略論

戦略論の著名な研究者であるミンツバーグ（Henry Mintzberg）は，著書の『戦略サファリ』において，戦略には「意図された戦略（Intended Strategy）」と「創発的戦略（Emergent Strategy）」の2種類の戦略があることを紹介している。

図表6－7のとおり，トップマネジメントが実現することを意図して，公式な戦略計画として策定した戦略を「意図された戦略」と呼ぶ。意図された戦略は実現に向けて「計画された戦略（Planned Strategy）」となる。他方，最初からトップが明確に意図したものではなく，現場の行動の1つ1つが集積され，その都度学習する過程で作られる戦略が「創発的戦略」である。創発的戦略は，第一線の管理者が変化する状況や機会に応じて，意図された戦略を適応させる。

［図表6－7］計画された戦略と創発的戦略

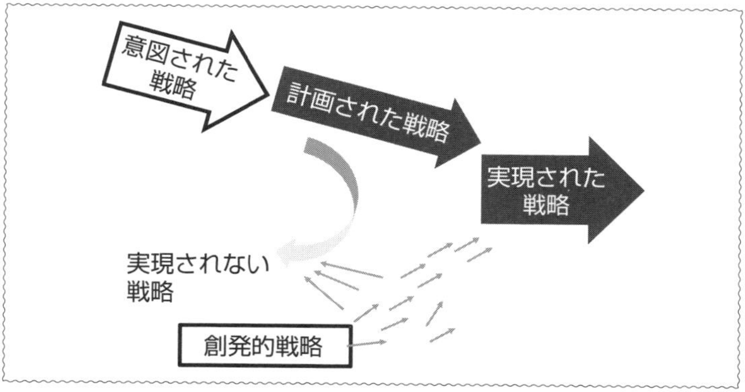

出所：Mintzberg（1998）を基に筆者作成。

(2) バーゲルマンの戦略論

スタンフォード大学の著名な戦略論の研究者であるバーゲルマン（Robert Burgelman）は，企業内部における戦略形成プロセスに焦点をあてている。インテルのグローブ（Andy Grove）と技術戦略論を十数年にわたりスタンフォード大学で教えてきた。教材としてまとめられた事例研究は"*Strategy is Destiny*"（Burgelman, 2002）として出版され，日本語版が『インテルの戦略』として出版された。

バーゲルマンは，戦略が形成されるプロセスを「トップ主導の戦略形成プロセス（Induced Strategy Process）」と「現場主導の戦略形成プロセス（Autonomous Strategy Process）」の２つに分類している。

戦略形成プロセスの理論と実践の橋渡しとして，「戦略形成に関する進化論的考察のレンズ」と題するフレームワークを３つの視点でまとめた。このフレームワークを複合的に適用することで，インテルにおける戦略形成プロセスの役割を分析している。フレームワークは，「視点Ⅰ：企業発展のダイナミクス」，「視点Ⅱ：戦略形成プロセスの進化論的枠組み」，「視点Ⅲ：新規事業のプロセス」の３つから構成されている。

「視点Ⅰ：企業発展のダイナミクス」と名付けられたフレームワークは，**図表6－8**のとおり，「ラバーバンドモデル」と呼ばれ，戦略形成プロセスを５つの要因の相互作用として捉えている。

- 業界の競争要因は，ポーターの業界構造の５つの力である。企業の外部条件としての脅威（T）と機会（O）を分析する。
- 企業の独自能力の価値は，VRIOで決定される。企業の内部条件としての強み（S）と弱み（W）を分析する。
- 公式の企業戦略は，経営陣（本社）が企業の公式な戦略として何をコミュニケートしているかである。
- 戦略行動は，経営陣がコミュニケートする公式な戦略に対して，現場である事業部はどう動いているかである。
- 内部淘汰環境には，企業の文化，経営陣のリーダーシップ，資源配分決定プロセスが含まれる。

［図表6－8］バーゲルマンのラバーバンドモデル

	業界の競争要因	
公式の企業戦略	内部淘汰環境	戦略行動
	企業の独自能力	

出所：Burgelman（2002）を基に筆者作成。

バーゲルマンのラバーバンドモデルは，「業界の競争要因」と「企業の独自能力」を対象とした静態的なSWOT分析に，「公式の企業戦略」と「現場における戦略行動」という動態的な要因を加えた。4つの要因がラバーバンド（ゴム製のバンド）でつながっており，動的（ダイナミック）に引っ張り合う。この引っ張り合いの中心で4つの要因をまとめるのが，「内部淘汰環境」である。

「視点Ⅱ：戦略形成プロセスの進化論的枠組み」は，企業レベルから見た戦略形成プロセスに焦点を当てる。**図表6－9**のとおり，戦略行動を「トップ主導の戦略形成プロセス」と「現場主導の戦略形成プロセス」に区分している。トップ主導の戦略形成プロセスと現場主導の戦略形成プロセスという概念を用いることで，戦略形成プロセスにおける変異・淘汰・維持・競争のプロセスを明らかにしている。

図表6－9の「戦略形成プロセスの進化論的枠組み」の主な概念は，以下のとおりである。

- 企業戦略のコンセプトとは，公式の企業戦略となるものであり，企業の成功基準に関するトップマネジメントの考えが反映されている。
- トップ主導の戦略行動とは，戦略形成プロセスを通じてトップマネジメントが行う現場マネジャーの戦略行動の方向づけである。
- 組織コンテクストには，組織構造，計画とコントロールのシステム，資源配分のルール，業績評価と報酬システムといったマネジメントコントロールシステムの仕組みのほかに，人材採用や社内の人間関係，明示化された行動原理といった文化的要素も含まれている。

- 現場主導の戦略行動は，現行の戦略が立案された時点ではその戦略に関わっていなかった個人あるいは小集団による戦略行動から生じる。しばしば現行の独自能力ではなく，企業にとってあまり重要でないと思われている能力を新しく組み合わせることから生じる。
- 戦略コンテクストとは，現場主導の戦略行動と現行の企業戦略との関係である。現場主導の戦略行動が起きた時点では，その行動と現行の戦略との関係は，まだはっきりしていない。トップマネジメントは，それが戦略的に重要かどうか，その戦略をうまく実行できる能力があるかどうかの確信に至っていない。戦略コンテクストは，トップマネジメントが現場主導の戦略行動に対して事後的に公式の戦略を表明して決まる。

トップ主導の戦略形成プロセスにおけるトップマネジメントの役割は，現場レベルでの戦略行動と意図された戦略を連繋させる経営管理の仕組みを通じて，

[図表6－9] 視点Ⅱ：戦略形成プロセスの進化論的枠組み

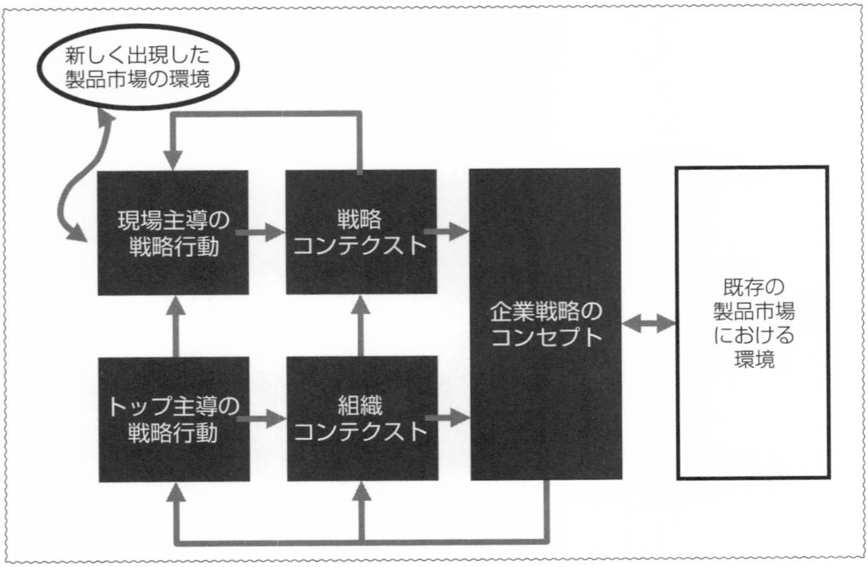

出所：Burgelman（2002）を基に筆者作成。

意図した戦略の追求を支援することにあるとしている。他方，現場主導の戦略形成プロセスにおけるトップマネジメントの役割は，戦略計画を作成するのではなく，現場の戦略行動のモニタリングに基づく戦略上の認識にあるとしている。

創発的戦略におけるトップマネジメントの役割は，戦略のコンテクスト（Context）に関する経営意思決定プロセスの活性化を容易にし，それによって現場の戦略行動のどれが自社にとって適応に値する価値を持ち，将来自社の戦略の一環とするのに値するか，という点を発見することにあるとしている。

「視点Ⅲ：新規事業のプロセスモデル」は，**図表6－10**のとおり，現場主導の戦略形成プロセスにおけるリーダーの行動を，企業内部の視点から考察する。

新規事業のプロセスモデルでは，相反する2つの力が同時に作用する。第1の力は，組織コンテクストの部分から生じる。トップマネジメントが組織コンテクストを作り出す責務を負っているため，第1の力はトップダウンに作用す

［図表6－10］視点Ⅲ：新規事業のプロセスモデル

	新規事業の事業戦略レベル		企業戦略レベル	
	戦略の明確化	戦略の推進	戦略コンテクスト	組織コンテクスト
トップマネジメント	モニタリングする	承認する	正当化する	構造化する
上級マネジメント	コーチングする	事業戦略を構築する	企業戦略に位置づける	交渉する
新規事業のマネジメント	技術とニーズを結合させる	事業戦略を推進する	密造酒を造る	問題提起する

組織的な支援獲得活動
淘汰
製品の支援獲得活動

出所：Burgelman（2002）を基に筆者作成。

る。第２の力は，戦略の明確化の部分から生じる。この明確化は，現場マネジャーの戦略行動を中心に展開されるため，第２の力はボトムアップに作用する。

新規事業を開始するための戦略コンテクストの決定は，上級マネジャーによってなされる。しかし，それは彼らがトップマネジメントを説得して，新規事業を企業戦略の中に位置づけさせ，企業からの十分な支援を引き出してこそ可能になる。このモデルは，ボトムアップ・トップダウン双方の力が互いに拮抗するものであり，それらが同時に作用していることを明らかにしている。

バーゲルマンとミンツバーグの２人の戦略論に共通しているのは，戦略には２つの側面があるということである。戦略に対する管理会計の主な役割は，トップ主導の戦略形成プロセスもしくは計画された戦略に関して，トップが意図する戦略を計画どおりに実行することにある。しかし，現場主導の戦略形成プロセスもしくは創発的戦略に関して，FP&Aはどのような役割を果たすべきなのだろうか？

トップ主導の戦略形成プロセスと現場主導の戦略形成プロセスの両方を支援することが，管理会計の実践者であるFP&Aの使命なのである。「視点Ⅰ：企業発展のダイナミクス」，「視点Ⅱ：戦略形成プロセスの進化論的枠組み」，「視点Ⅲ：新規事業のプロセス」の３つのフレームワークを参考に，計画された戦略の実行だけではなく，創発的戦略形成のリーダーになってほしい。

特に，事業部レベルのFP&Aとして新規事業に関わる機会が訪れた場合には，「視点Ⅲ：新規事業のプロセス」を参考にされたい。３つのレベルにあるマネジメントがそれぞれの役割を果たすことで，事業部レベルで創発された事業戦略が本社レベルで企業戦略になる過程をイメージしていただきたい。

筆者自身が事業部のFP&Aとして創発的戦略の形成に関わった経験を「事例紹介③」として紹介する。

事例紹介③　セントリーノの戦略形成プロセス

2000年３月から2002年６月まで，筆者が米国サンタクララのインテル本社でモバイル・プラットフォームズ事業部（MPG）のファイナンス担当コントローラーとして働いた経験を基に，セントリーノという新しいマイクロプロセッサの開発に関する戦略形成プロセスを紹介する。

◈モバイル・プラットフォームズ事業部（MPG）の誕生

2000年３月にクレイグ・バレット（Craig Barrett）は，インテル・アーキテクチャをベースとするプロセッサとチップセットの開発機能を統括するマイクロプロセッサ事業本部とインテル・アーキテクチャ製品の製品企画，価格政策，販売政策を含む業務機能全般を統括するインテル・アーキテクチャ・ビジネス事業本部を統合して，インテル・アーキテクチャ事業本部（IAG）を設立した。

IAGの傘下に，プロセッサ製品とチップセット製品の事業部として，デスクトップ・パソコン向けのデスクトップ・プラットフォームズ事業部（DPG），サーバー向けのエンタープライズ・プラットフォームズ事業部（EPG），およびノートブック・パソコン向けのモバイル・プラットフォームズ事業部（MPG）が発足した。

IAGの共同事業本部長として，ポール・オッテリーニ（Paul Otellini）とアルバート・ユー（Albert Yu）が任命された。ユーがインテルで典型的な技術者としてのキャリアを築いてきたのに対して，オッテリーニは技術者ではなかった。

オッテリーニはサンフランシスコの出身で，苦学の末にカリフォルニア大学のバークレー校の経営学修士課程をファイナンス専攻で修了している。1974年にインテルにファイナンス部門のアナリストとして入社して，できたばかりのマイクロプロセッサ事業部の事業部コントローラーとして頭角を現した。その後，IBM担当営業部長，チップセット事業部長，グローブの補佐（Technical Assistant），販売・マーケティング事業本部の本部長，インテル・アーキテクチャ・ビジネス事業本部長と社内のさまざまな部門でキャリアを築いてきた。

2000年３月のモバイル・プラットフォームズ事業部（MPG）の発足にあわせて，筆者は米国サンタクララに赴任した。赴任の最初の日にオフィスの近くのホテルの会議室で行われたのは，旧マイクロプロセッサ事業本部の傘下でティムナと呼ばれる統合プロセッサ開発に携わってきたイスラエルの開発チームと，旧インテル・アーキテクチャ・ビジネス事業本部の傘下で高クロック周波数を誇るペンティアムの一連の製品群をノートブック・パソコン用に転用することに携わってきた米国の開発チームの初顔合わせであった。

当時の状況を新規事業のプロセスモデル（図表６－10）を通して整理してみよう。マネジメントの階層のレベルから見ると，セントリーノの新規事業のチームには，共同事業部長としてディビッド・パルミュッター（David Perlmutter）とフランク・スピンドラー（Frank Spindler）がいた。

２人は共同事業部長としてMPGの利益責任を負っていたが，パルミュッターの最大の任務は2003年度以降に発売される予定の低消費電力のプロセッサ開発にあり，スピンドラーの最大の任務は2000年度のMPGの売上高と粗利益の予算を達成することにあった。

筆者の役割は，事業部コントローラーとして，パルミュッターとスピンドラーの２人の利害を調整してMPGの利益計画を策定し，達成させることにあった。筆者のオフィスは事業部長のオフィスの隣に位置し，毎週月曜日に経営チームによるスタッフ会議，毎週火曜日に製品企画・開発会議など，事業本部の週次定例会議に出席した。

上級マネジメントのレベルには，ポール・オッテリーニとアルバート・ユーがいた。トップマネジメントのレベルにはクレイグ・バレットがいた。オッテリーニが社長兼COOに任命されたのは2002年であり，2000年３月の時点では社内で最強の上級マネジャーであったが，トップマネジメントではなかった。

◈MPGの社内における立場

アニュアル・レポートによれば，インテルの2000年度の売上高は337億ドルであった。MPGの規模は，売上高で全社の１割を上回っていた。向こう５年間に予想されるデスクトップ・パソコン向けの売上高の伸長率が，数量の伸びの鈍化と価格下落が相俟って，１桁の前半であったのに対して，ノートブック・パソコン向けの売上高は向こう5年間に年率10％を優に超える成長が見込まれていた。

同時にノートブック・パソコン向けのプロセッサは粗利益率がデスクトップ・パソコン向けに比較して格段に高く，この粗利益率を維持ながら売上高を成長させる必要があった。その意味で，MPGはインテルの利益を伴った成長の牽引車としての責任を一身に背負っていた。

2000年度上期の時点におけるMPGの事業戦略は，モバイル・ペンティアムⅢの高いクロック周波数でAMDを突き放すことにあった。オッテリーニが推進していた，デスクトップ・パソコン向けの「ブレークアウェイ（クロック周波数で突き放す）」戦略を借用して，MPGの事業戦略は「モバイル・ブレークアウェイ」戦略と呼ばれた。ペンティアム4やその次世代のプロセッサのノートブック・パソコン版を時間どおりに投入することによって，MPGの将来の運命をコントロールすることができるはずだった。

2000年の春に，米国の開発チームがペンティアム4やその次世代のプロセッサをノートブック・パソコン用に転用するのが難しくなる可能性があるというレポートを出した。プロセッサから発生する熱を処理するために大きな空冷用のファンが必要になり，ノートブック・パソコンの厚さに収まらなくなる可能性があることと，プロセッサの消費電力が大きくなり，電池による使用可能時間が極端に短くなる可能性があることの2点が指摘された。オッテリーニは上級マネジャーとして，MPGがイスラエルで立ち上げたバニアスというコードネームの低消費電力のプロセッサを開発するプロジェクトを全速力で進めるように指示を出した。

元来，ノートブック・パソコンは持ち運びをしやすくするために厚さを薄くして重さを軽くする必要がある。特に外部での使用を考えると，電池による使用時間を長くし，無線通信での利用が必要になる。2000年の秋に，MPGはノートブック・パソコン用のプロセッサのビジョンをまとめた。それは，モビリティという概念であり，ノートブック・パソコンとしての処理性能，形状，無線通信，延長された電池での使用時間の4つから成り立っていた。「モバイル・ライト・ハンド・ターン（ノートブックの右向きの転回）」戦略と社内で呼ばれるようになった。

◈地獄の黙示録

2000年の秋にインターネットのバブルが崩壊した。それは皮肉にもインテルが2000年９月21日に第３四半期の業績下方修正を発表したことが引き金になった。インテルの株価は前日比で実に23％下落し，全世界の株式市場を襲った。巷ではインテル・ショックと呼ばれた。

2000年度下期から2001年度にかけて，インテルの経営成績は極端に悪化した。アニュアル・レポートによれば，インテルの売上高は2000年度の337億ドルから2001年度の265億ドルに減少し，営業利益は2000年度の103億ドルから2001年度の23億ドルへ激減した。

2000年度から2001年度に研究開発費予算が削減される中で，限られた研究開発予算をDPG，EPGとMPGの３つの製品事業部が激しく奪い合った。製品開発プロジェクトの優先順位をめぐってDPGとMPGの間で激しい議論が戦わされた。事業部コントローラーとしての筆者の役割は，感情的になりがちな議論を数字によるシナリオ分析を示すことによって，合理的な結論に導くことであった。しかし，欲望の力はしばしば理性の力を上回った。

バニアスの2003年度における発売に間に合わせるために，MPGはその半分を占めるイスラエルの開発チームの人員を，2001年度において５割以上増加させる必要があった。しかし，IAGの研究開発予算の削減で，MPG全体の開発人員は減少させなければならなかった。

３カ月周期で行われる６カ月予算の編成会議における事業部コントローラーとしての筆者の任務は，研究開発予算をゼロ・ベース予算の手法で準備し，予測キャッシュ・フローの純現在価値が負になった製品開発プロジェクトを中止させることにあった。

米国サンタクララの開発チームが手がけるブルートゥースと呼ばれる無線半導体を開発するプロジェクトなどを次々と中止にした。不況の中でプロジェクトが中止になることは，文字どおり仕事を失うことを意味した。2001年度の12カ月間で，米国サンタクララの開発チームの人員数は半分以下に削減された。やり場のない怒りと悲しみの感情が，米国サンタクララの開発拠点に充満した。

米国の開発チームは社内で非常に難しい立場にあった。モバイル・ペンティアム４によって競合企業であるAMDをクロック周波数で引き離す「モバイル・ブレークアウェイ」戦略を成功させるために，DPGとチップセットの開発プロジェクトの優先順位をめぐって激しく争わなければならない一方で，「モバイル・ライト・ハンド・ターン」戦略を成功させるために，MPG内部での開発資源の優先順位をイスラエルの開発チームに譲らざるを得なかった。

◈ティムナの失敗

この状況をさらに複雑にしたのが，ティムナの失敗であった。ティムナは，イスラエルの開発チームが開発を進めていたインテルにとって初めての統合型プロセッサの開発コード名である。

セルロン・プロセッサにチップセットやグラフィックアクセラレーター，メモリコントローラーを統合した製品で，低価格パソコンをターゲットにしていた。MTHと呼ばれる補助チップの問題から，ティムナの出荷予定時期は当初の2000年後半から2001年の第１四半期に延期され，2000年９月に開発の中止が発表された。

イスラエルの開発チームによる最初の製品が失敗したことで，イスラエルの開発チームの能力に関する懸念が社内に広がった。振り返ってみれば，ティムナの失敗については低価格パソコンをターゲットに機能を統合した低コストのプロセッサを提供するという戦略自体に問題があった。しかし，イスラエルの開発チームの能力に関する懸念は消えなかった。

この時点でイスラエルの開発チームの本当の実力を評価することは，オッテリーニを含めて誰にもできなかった。３カ月周期の６カ月予算編成会議において，オッテリーニはイスラエルの開発チームの生産性や開発のスピードを他の開発チームと比較した。しかし，彼らの仕事の質や能力を測ることはできなかった。オッテリーニは上級マネジャーとして，過去に成功の実績がないイスラエルの開発チームに大きな賭けをしていた。

◈トランスメタの登場

トランスメタ（Transmeta Corporation）は，VLIW型のコードモーフィング・マイクロプロセッサを開発した米国のベンチャー企業であった。2000年８月にX86互換マイクロプロセッサであるクルーソー（Crusoe）を発売した。これはノースブリッジを統合したプロセッサであり，初めての低消費電力向けのプロセッサであった。ソニー，NEC，富士通などの日本市場向けのB５サイズの小型ノートブック・パソコンで採用された。

MPGの米国サンタクララの開発チームは，モバイル・ペンティアムⅢの電圧を低減した低電圧版を出すことで対抗した。クルーソーの性能は，インテルのプロセッサと同じクロック周波数でベンチマークによって比較すると60％程度で，明らかに見劣りした。MPGは低消費電力のプロセッサの分野においても競争優位を保ち，トランスメタはたちまち日本のOEM顧客を失ってしまった。

この事例は，単なる低消費電力のプロセッサの脅威は，モバイル・ペンティアムⅢの電圧を調整することで，当面は対応できることを意味していた。他方，この事例は低消費電力を理由にプレミアム価格を得ることができる可能性も示していた。しかし，小型ノートブック・パソコンで起こった低消費電力プロセッサに関する現象を，ノートブック・パソコンの主力機種で近い将来に再現することができるか否かは，オッテリーニを含めて誰にもわからなかった。

◈MPGの製品ロードマップの変更

2001年の春に行われた中期経営計画の一部である製品ライン事業計画を審議する会議のために，筆者は事業部コントローラーとして，バニアスが４つのベクトルを基にプレミアム価格で販売することができるシナリオと，競合するプロセッサに対してクロック周波数で大きな差が存在するためにプレミアム価格が消失してしまうシナリオの２つのシナリオ分析を行った。

この分析は，バニアスをプレミアム価格で販売できなければ，MPGの2004年度に予想される粗利益が半分近くに減少することを示していた。４つのベクトルを基にバニアスをプレミアム価格で販売することを困難にする３つの競争相手が存在していた。

第１は，クロック周波数と価格で競争を続けるAMDであった。バニアスのクロック周波数はAMDの次世代プロセッサにクロック周波数で大きく劣ることが予想された。AMDが必ず仕掛けてくる価格競争によって，プレミアム価格が消失するだけでなく，ノートブック・パソコン市場におけるインテルの高い市場シェアを失ってしまう危険があった。

第２は，社内のDPGが販売するデスクトップ・パソコン向けのプロセッサであった。従来からMPGのプロセッサは同じクロック周波数のデスクトップ・パソコン向けのプロセッサに対して，大きなプレミアム価格を享受してきた。しかし，OEM顧客はこのコストから逃れるために，下位機種のノートブック・パソコンにデスクトップ・パソコン向けのプロセッサを使用しはじめていた。MPG内部では，この現象を「デスクトップ・アービトラージ（価格差を利用したデスクトップ・パソコン用のプロセッサによる裁定取引）」と呼んで注視していた。ノートブック・パソコンの形状が厚いままであれば，日本のOEM顧客はデスクトップ・パソコン用のプロセッサを採用するかもしれなかった。デスクトップ・パソコン向けのペンティアム４とバニアスとのクロック周波数の差はさらに拡大するので，プレミアム価格が消失してしまう危険があった。

第３は，MPG自身が販売するモバイル・ペンティアム４であった。モバイル・ペンティアム４もクロック周波数でバニアスに大きな差をつけることが計画されていた。しかし，MPGはインテルの利益を伴った成長の牽引車としての責任を一身に背負っており，バニアスが失敗する万が一のシナリオに備えて，数年間の移行期間はモバイル・ペンティアム４を成功させなければならなかった。皮肉にも，モバイル・ペンティアム４こそが，バニアスのプレミアム価格を消失させる最大の脅威であった。言い換えれば，「モバイル・ブレークアウェイ」戦略が「モバイル・ライト・ハンド・ターン」戦略の最大の障害となっていたのである。

2001年の時点では，どちらのシナリオが2004年に起こるかはオッテリーニを含めて誰にもわからなかった。しかし，オッテリーニは上級マネジャーとして，2003年以降のノートブック・パソコン用の主力プロセッサをモバイル・ペンティアム４からバニアスに変更するMPGの製品ロードマップの変更を承認した。

◈勝負に打って出て，バニアスの戦略コンテクストを決める

2001年８月に行われたインテル・デベロッパー・フォーラム（IDF）からの記事を引用する。

「IDFの初日，ポール・オッテリーニ氏は『いかにして１MHzでも多くの周波数を提供するか，という時代は過去のものだ。これからは，より良い

コンピューティング体験を提供するかが重要になる』と話し，クロック周波数のみが評価される時代の終焉を宣言した。以前のPCハードウェア業界では，価格とクロック周波数でのみ差別化が行われてきた。しかし，オッテリーニ氏は，これからのPCハードウェア業界は，価格とクロック周波数に加え，信頼性，デザイン，簡便さ，セキュリティ，消費電力といった複合的な要因によるコンピューティング体験へと，価値観が移行するとの見解を示した。」（IT mediaニュース「IDF基調講演：『スピード狂時代の終焉』を宣言したインテル」2001年８月29日付）

2001年の８月の時点でオッテリーニがここまで踏み込んだ発言をしたことは，驚嘆に値する。IDFでのオッテリーニによる明確な意思表示が，インテルの社内における新規事業としてのセントリーノの戦略コンテクストを決定づけた。

◈競争企業からの思いがけない応援

AMDは2001年10月10日に，デスクトップ・パソコン向けのプロセッサであるアスロンXPを発売した。AMDはクロック周波数がプロセッサの性能を表すものではないとして，独自の『モデルナンバー』と呼ばれる指標を提案した。当日の製品発表会に関する記事を引用する。

「発表会では米AMD社のロブ・ハーブ上席副社長兼マーケティング最高責任者が，クロック周波数に代わる性能指標に関するイニシアチブの推進について説明した。ハーブ上席副社長は『ほとんどの人はコンピュータにおいてクロック周波数が性能を示していると考えているが，より進んだユーザーはそれが真実ではないと知っている。コンシューマーにぜひ伝えたいのは，クロック周波数はもはや性能を表すものではないということだ。コンピュータの性能を比較することは以前より困難になっている』とした。すっきりしないのは，今回持ち出した『モデルナンバー』が，ペンティアム４のクロック周波数と混同しそうな数字になっていながら直接の関係はなく，またその数字を導くためのはっきりとした根拠も示していないということによる。」（ASCII 24ニュース「日本AMD『アスロンXP』発表会詳報：

もはやクロック周波数は性能を表すものではない」2001年10月11日付）

AMDはデスクトップ・パソコン向けのプロセッサ市場で，高いクロック周波数を誇るDPGのペンティアム４の攻勢に悩まされていた。AMDの窮余の策が，結果的にMPGを助けた。

MPGのマーケティングの責任者が，「どうしてトランスメタもAMDも我々を応援してくれるのだろう」と冗談を言ったのを覚えている。競合企業であるトランスメタからの低消費電力プロセッサの発売とAMDからのモデルナンバーの提案が，クロック周波数を４つのベクトルによって置き換えることの後押しになった。インテルの戦略と外部環境は，互いに影響し合いながら進化を遂げたのである。

◈トップ主導の戦略形成プロセスを作動させる

2002年の１月に，オッテリーニは社長兼COOに任命された。上級マネジャーがトップマネジメントに昇格した。オッテリーニはインテルの幹部との打ち合わせにおいて，「今こそ，インテル・アーキテクチャの事業モデルが問われている」という発言を繰り返して，社内における危機感を煽った。

オッテリーニはセントリーノの新規事業の成功に向けて次々と手を打った。2001年度に５億ドルで買収したザーコム社をインテルの一事業部にして，セントリーノのプラットフォーム用にWiFiと呼ばれる無線半導体を開発させた。

本社マーケティング事業本部（CMG）に，プロセッサではなく，プラットフォームを対象にしたブランドを構築させ，セントリーノというインテルで初めてのプラットフォームのブランドが誕生した。バニアスはプロセッサとしてペンティアムMという名称になったが，ブランドへのすべての広告宣伝活動はプラットフォームであるセントリーノが対象になった。

トップマネジメントとして，オッテリーニは社内のすべての製品事業部と職能部門がセントリーノの新規事業の成功に集中するように，戦略のベクトルを合わせた。新規事業に関して現場主導の戦略形成プロセスを推進していた上級マネジャーが，図らずもトップマネジメントとしてトップ主導の戦略形成プロセスを作動させることになったのである。

◈セントリーノの大成功

筆者は2002年夏にインテル日本法人にCFOとして帰任した。バニアスは，セントリーノとして2003年の春に発売された。インテル日本法人のフィールド・アプリケーション・エンジニア部門の責任者から「イスラエルの開発チームは良い仕事をしましたよ。ペンティアム４がアメ車だとしたら，バニアスは日本車です。小さいけれどもよく働く」と教えられた。

2004年にオッテリーニがインテル日本法人を訪れて全従業員と集会を持った。短いスピーチの後の質問の時間に，筆者はオッテリーニに，バニアスの製品ロードマップの決断をした際に４つのベクトルでクロック周波数を置き換えることに，本当に勝算を持っていたのかと尋ねた。オッテリーニは少し笑いながら，「勝算はなかった。しかし，行く先に大きな壁が立ちはだかっていることをわかっていて何もしないでいるのは，私のスタイルではない」と答えた。

2005年度のアニュアル・レポートによれば，インテルの営業利益は2001年度の22億ドルから2002年度の44億ドル，2003年度の75億ドル，2004年度の101億ドル，2005年度の121億ドルへ急増した。2005年度の経営成績がこう要約されている。

> 「2005年度はインテルにとって多くの成果が上がった年になりました。年間の売上高，粗利益，営業利益，そして純利益のすべてにおいて10％を超える成長を遂げた３年目の年となりました。2005年度における成長の多くは，ノートブック・パソコン用のプラットフォームの成功に帰するものであります。」

セントリーノの新規事業の成功がインテルの利益を伴った成長に大きく貢献したのである。

第7章

経営管理の計画プロセス

第1章において，FP&A組織の2つめの役割が「マネジメントコントロールシステムの設計者および運営者」であることを紹介した。先に示した**図表1－10**は，経営管理のプロセスの全体像である。「長期目標・戦略」，「中期経営計画」，「利益計画→予算編成」の「計画のプロセス」と年度予算を実行するための予算管理の「統制のプロセス」の2つのプロセスがPDCAの輪としてつながっていることを求めている。

戦略は組織が営業活動に集中し，内部環境における強みを活かし，外部環境における機会を追求することを支援する。企業は中期経営計画および年度予算を通じて戦略を実行する。一般的には3年程度が中期経営計画とされる。年度予算は企業の長期目標（Goals）を達成するために，中期経営計画の初年度を土台として作成される。

どんなに立派な計画を作成しても「統制のプロセス」が機能しないのであれば，絵に描いた餅である。FP&Aの役割は「マネジメントコントロールシステムの設計者および運営者」としてPDCAの輪における「計画のプロセス」と「統制のプロセス」を連繋させることにある。

I　中期経営計画

グローバル企業において，中期経営計画は**図表7－1**のローリング方式で作成される。毎年，年度予算編成プロセスの前工程として作成される。年度予算の前提であり，中期の経営成績に関する単なる予測にすぎない。中期計画自体はマネジメントコントロールシステムの一部である業績目標ではない。組織内部において業績目標として機能していないので，進捗のモニタリングおよび業績評価は行われず，業績賞与などの報酬とも結びついていない。

[図表７－１] 中期経営計画の更新方式

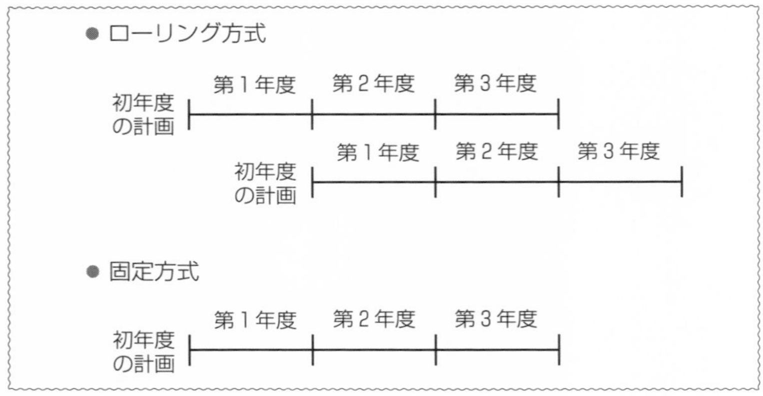

出所：谷（2013）を基に筆者作成。

日本企業において，中期経営計画の位置づけは全く異なる。第２章で紹介したとおり，上場企業の多くが中期経営計画を公表している。公表した中期経営計画を更新するタイミングで社長が交代する慣行が存在し，公表された中期経営計画は，社長にとって「在任期間における最重要の業績目標」となっている。しかし，その業績目標達成率は非常に低く，業績評価も行われず，報酬とも結びついていない。

日本企業において，中期経営計画は**図表７－１**の固定方式で作成される。

図表７－２は，筆者がCFOとして勤務した㈱ディーアンドエムホールディングスの中期経営計画の事例である。数字は加工してある。グローバル企業と同様に，年度予算の前提として中期経営計画を作成した。東証一部上場企業ではあったが，中期経営計画の公表は行わなかった。

日本企業において，本社レベルでは中期経営計画の管轄部門として経営企画部（もしくは社長室）が存在する。事業部レベルでは，事業部長とその部下である事業企画スタッフが中期経営計画を作成する。多くの企業において，経理・財務部門の責任者であるCFOは中期経営計画に直接関与していない。**図表７－３**は，本社経営企画部と事業部事業企画スタッフのそれぞれが実施する中期経営計画の作成プロセスである。

［図表７－２］中期経営計画の事例

2005年４月１日～2008年３月31日

Ⅰ　中期目標（３年後）

売上高　1,100億円

営業利益　64億円　売上高営業利益率 6.0%

Ⅱ　中期利益計画

	2004年度（実績）	2005年度（予算）	2006年度（計画）	2007年度（計画）
売上高（百万円）	91,636	89,000	100,000	110,000
営業利益（百万円）	932	3,600	5,800	6,400
営業率（%）	1.0%	4.0%	5.8%	6.0%
EBITDA（百万円）	2,744	5,700	8,200	8,900
当期純利益（百万円）	611	2,400	2,900	3,400

Ⅲ　事業戦略

1. プレミアムAV業界において強力なブランド群を構築する。
2. ３つの新規事業領域を拡大する。
   (1) 車載用ブランドAV機器事業
   (2) 業務用ブランドAV機器事業
   (3) 新興国市場
3. M&Aとそれに続く経営統合を効率的かつ効果的に成し遂げる。

出所：筆者作成。

［図表７－３］中期経営計画の作成プロセス

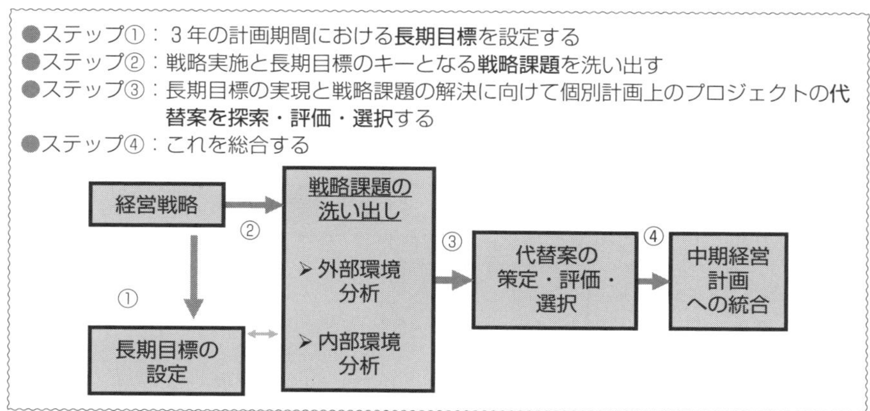

出所：谷（2013）を基に筆者作成。

中期経営計画を公表するのは，日本企業独自の慣行である。「マネジメントコントロールシステムの設計者および運営者」としてのFP＆Aプロフェッショナルの視点から，日産自動車の中期経営計画の歴史を本章末の「事例紹介④」において検討する。

Ⅱ　年度予算

（1）年度予算の利点と問題点

年度予算は組織の戦略（Strategy）と長期目標（Goals）を達成するために，必要な資源（Resources）とコミットメントを明示した数量的な計画である。

年度予算作成は，**図表7－4**のとおり，「長期目標・戦略」，「中期経営計画」，「利益計画→予算編成」の「計画のプロセス」の最後に位置する。言い換えれば，年度予算は経営管理の計画プロセスの最終的なアウトプットである。

年度予算は，原則として1年間を対象とするが，統制（Controlling）を目的として四半期および月に細分される。

［図表7－4］年度予算

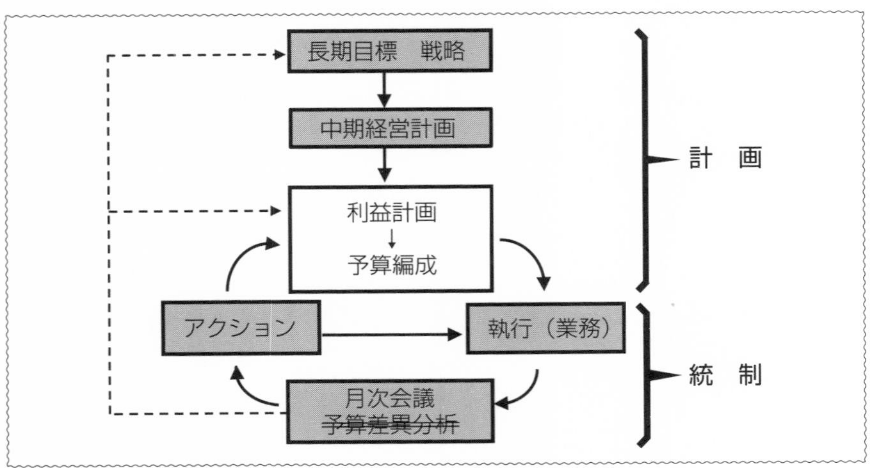

出所：谷（2013）を基に筆者作成。

①　年度予算の利点

年度予算の利点には以下の3つがある。

●計画作成の公式化である。年度予算は組織の長期的な目標とそれを達成する手順を数字で表現したものである。予算編成によって，計画作成に対する責任が公式化され，マネジャーは将来について考えなければならなくなる。年度予算は組織の長期目標を公式化し，数値化する。
●コミュニケーションと調整である。予算編成は，企業全体の目標に部分目標を整合させるように，マネジャーの努力を調整するのに役立つ。年度予算は目標に向けた取り組みを本社レベルから事業部レベルへ伝える。組織が直面する機会と課題に関してオープンなコミュニケーションを奨励する場合，年度予算は組織構成員の現在や将来の行動を調整する。
●業績を評価するためのフレームワークである。予算編成が提供する明確な予測が，その後の業績を評価するための最良のフレームワークになる。年度予算は業績を評価することや動機づけ・報酬の手段を提供する。

②　年度予算の問題点

年度予算の問題点には以下の４つがある。
●年度予算の編成は手続が複雑で，時間がかかりすぎ，多額のコストがかかる。予算編成は企業の年間行事として，４カ月から５カ月の時間を費やす。多数の人手も要し，シニア・エグゼクティブの時間の20％から30％を占有している。
●年度予算は事業環境の変化に対応することができない。製品のライフサイクルは短くなり，技術革新は急速になり，顧客は簡単に他社に乗り換えることができるようになった。市場の変化は不連続，頻繁かつ予測不能である。
●年度予算は予測として不正確である。年度予算を基準に業績評価を行うことが年度予算にバイアスを与えてしまう。マネジャーが自分の所属する事業部への資源配分を増やしてほしい場合，もしくは自分の業績が年度予算を基に評価される場合，年度予算編成に使用される情報にバイアスを加える動機が生まれる。
●年度予算は組織構成員に誤った行動をとる動機を与える。組織構成員の報酬が年度予算に基づいて決まる場合，実績数値を事実より良く見せようとする圧力を与えたり，組織の長期的な利益に反する短期的な意思決定を行う動機を与えたりするかもしれない。このような動機は誤った行動を導くだけではなく，組織内において高い倫理水準（Ethical Standards）を維持しようとする努力を阻害する。

③　年度予算と組織構成員の行動

年度予算の成功は，組織構成員の反応に依存するところが大きい。年度予算に対して従業員が否定的な態度を取れば，年度予算が有する多くの効用が失われる。

予算編成プロセスはトップダウン，ボトムアップのどちらでも実施することができる。トップダウンによる予算編成プロセスでは，経営トップが企業全体の予算だけではなく，事業部レベルの予算まで作成する。この予算編成プロセスは，権威型予算編成プロセス（Authoritative Budgeting）と呼ばれる。

ボトムアップによる予算編成プロセスは参加型予算編成プロセス（Participative Budgeting）と呼ばれる。管理職ではない従業員も含む，予算の影響を受ける利害関係者を予算編成プロセスに参加させる。年度予算は，影響を受けるすべての利害関係者が作成プロセスに参加することによって，より有効になる。

年度予算が組織の構成員の行動に与える影響に関する概念には，以下のものがある。

- 目標の一致（Goal Congruence）である。企業の目標，部門の目標，従業員の目標の一貫性を確保することである。従業員が独立して行う行動が，従業員個人の目標と企業・部門の目標を同時に達成する状況を指す。目標の一致はマネジメントコントロールシステムとしての年度予算の目的である。第５章で紹介した組織設計においても，目標の一致はマネジメントコントロールシステムとしての組織設計の目的であった。
- 固定業績契約（Fixed-Performance Contract）である。年度予算は経営陣や従業員の報酬を決める役割を伝統的に担ってきた。この伝統的な方式は成果連動型報酬と呼ばれ，報酬支払額は年度予算上の業績目標値と業績実績値の差異を基に決める。昇給や昇格などの非金銭的な成果も目標値が達成できたかどうかで決定される。この方式は，シニア・エグゼクティブとマネジャーとの間の予算契約である。固定業績契約の狙いは，上司が部下に事前に合意した成果を達成するように確約させることにある。この結果，上司が事前に設定された成果に対して結果をコントロールすることができるのである。

④　固定業績契約

固定業績契約は，マネジャーに業績目標をめぐる駆け引きをする動機を与える。以下に典型的なコメントを列挙する。

- 「必ず最低の目標値で交渉せよ。そうすれば報酬は最大となる」――このコメントは売上高予算目標や利益予算目標に関するものである。マネジャーが予算上の業績目標を必ず達成できるように予算の業績目標に組み込むクッションのことを指す。予算上の緩み（Budgetary Slack）と呼ばれる。
- 「削減されたときに備えて，常に必要以上の資源を要求せよ。予算は必ず使い切れ」――このコメントは経費予算目標，人員数予算，設備予算目標に関するものである。マネジャーが予算上の業績目標を必ず達成できるように予算の業績目標に組み込むクッションのことを指す。こちらも予算上の緩み（Budgetary Slack）と呼ばれる。
- 「目標数値は必ず達成せよ。未達であってはならない。どのような手段を使ってでもボーナスは必ず手に入れよ」――このコメントは非常に危険である。第8章で紹介する東芝の不正会計事件では，「チャレンジ」という言葉が世に広まった。違法行為には該当しなくても，業績指標は良く見えるが企業価値を増加させない行動に走るリスクがある。

⑤　相対的改善契約

年度予算の問題点の多くは，マネジメントコントロールシステムとしての年度予算が固定業績契約であることに依拠している。国際的な研究団体，脱予算経営ラウンドテーブルは，年度予算を廃止して，報酬制度を固定業績契約ではなく，相対的改善契約（Relative Performance Contract）を基に実施することを提唱している。

- 相対的改善契約とはマネジャーの報酬の決定を，年度予算で固定した業績目標との比較ではなく，事前に特定したベンチマークとの比較で行う契約である。
- 事前に特定したベンチマークとは，たとえば，対象となるマネジャーと同じ職位レベルのマネジャーから構成される集団を選び，この集団の上位25%の業績実績値である。事前に特定したベンチマークと事後に比較することで，事前に業績目標を設定するための計画のプロセスにかかる時間やコストを削減し，マネジャーが数字のゲームに走るリスクを減らすことができる。

理論的には相対的改善契約の使用によって，年度予算が有している問題の多くを避けることができる。しかし，年度予算を廃止して，相対的改善契約に移行した企業はほとんどない。

この背景には，「組織目的の達成」を目的とするマネジメントコントロールシステムとしての年度予算の役割がある。経営トップは戦略の計画から実行に至るトップダウンの経営管理プロセスにおいて，年度予算を計画プロセスの中心に置き，年度予算を達成するために統制のPDCAの輪を回している。相対的改善契約の使用は，トップダウンの経営管理プロセスにはそぐわないのである。

FP&Aプロフェッショナルの実務において，計画プロセスとしての年度予算自体が変更・廃止されることは考えにくい。相対的改善契約の概念を利用して統制プロセスを改善することにより，固定業績契約によって引き起こされる年度予算の問題点に取り組む必要がある。

（2）総合予算

年度予算は総合予算（Master Budget）とも呼ばれる。年度予算は，計画（Planning）と統制（Controlling）を目的として四半期および月に細分される。

総合予算は，業務予算（Operating Budget）と財務予算（Financial Budget）の２つから構成される。

業務予算は利益計画であり，損益計算書予算（budgeted income statements）である。売上高予算（sales budget），仕入予算（purchase budget），売上原価予算（cost-of-goods-sold budget），営業費用予算（operating expenses budget）から構成される。

財務予算は業務予算が資金に与える影響に焦点を当て，資本予算（capital budget），資金予算（cash budget），貸借対照表予算（budgeted balance sheets）から構成される。

第１章に示した**図表１－12**は，筆者が米国企業インテルの日本法人CFOを務めた際に作成した年度予算書の目次であり，年度予算として，売上高予算，経費予算，設備予算などが記載されている。

グローバル企業と日本企業の年度予算の違いは，業績目標とのつながりのみではない。もう１つの違いは，年度予算の要素に人員数予算（Headcount Budget）が含まれていることである。**図表７－５**は，人員数予算の様式例である。四半期末時点における目標人員数が部門ごとに示されている。

グローバル企業において人員数の計画および統制は，FP&A組織が担当する。人員数（Headcount）は，**図表７－６**のとおり，売上高および経費のドライバー

［図表７－５］人員数予算

部門名	前年度 実績				今年度 予算			
	第１ 四半期	第２ 四半期	第３ 四半期	第４ 四半期	第１ 四半期	第２ 四半期	第３ 四半期	第４ 四半期
A部								
B部								
C部								
D部								
E部								
F部								
合計								

出所：筆者作成。

［図表７－６］人員数の計画・統制のプロセス

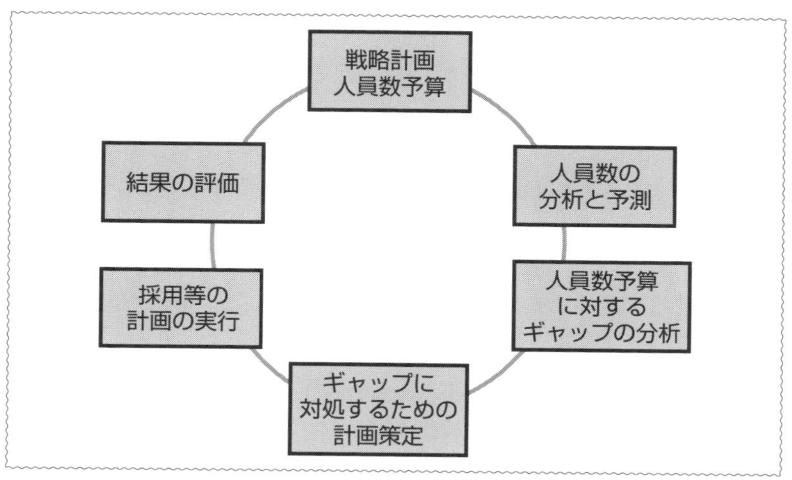

出所：日本CFO協会（2020）を基に筆者作成。

であり，最も重要な非財務指標である。人事部門の支援を得て，人員数の分析と予測に多くの時間を費やす。

日本企業においては人員数の計画・報告は人事部門の担当業務であり，年度予算書に人員数予算が記載されることは一般的ではない。

売上高予算，経費予算および資本予算に関しては，グローバル企業と日本企業の間に大きな違いはない。**図表7－7**が売上高予算，**図表7－8**が経費予算

[図表7－7] 売上高予算の様式例

事業部名	前年度 実績					今年度 予算				
	第1 四半期	第2 四半期	第3 四半期	第4 四半期	前年度 合計	第1 四半期	第2 四半期	第3 四半期	第4 四半期	今年度 合計
A事業部										
B事業部										
C事業部										
D事業部										
合計										

出所：筆者作成。

[図表7－8] 経費予算および資本予算の様式例

部門名	前年度 実績					今年度 予算				
	第1 四半期	第2 四半期	第3 四半期	第4 四半期	前年度 合計	第1 四半期	第2 四半期	第3 四半期	第4 四半期	今年度 合計
A部										
B部										
C部										
D部										
E部										
F部										
合計										

出所：筆者作成。

および資本予算の様式例である。

売上高予算は事業部別で記載されている。人員数予算，経費予算，資本予算の様式は，部門別で対になっている。資本予算の詳細は，第12章で説明する。

（3）総合予算の作成プロセス

総合予算，もしくは年度予算を作成する手順は組織により異なるが，大まかな流れは同じである。**図表7－9**は，総合予算の作成手順である。総合予算作成の最初のステップは，売上高を予測し，予測売上高を基に売上高予算を設定することである。

次のステップは，売上高予算を基にコストのドライバーとなる活動（Cost-Driver Activity）の量を予測することである。売上高予算，コストの動き方，売掛金回収のパターンを基に，業務予算と財務予算を作成する。

[図表7－9] 総合予算の作成手順

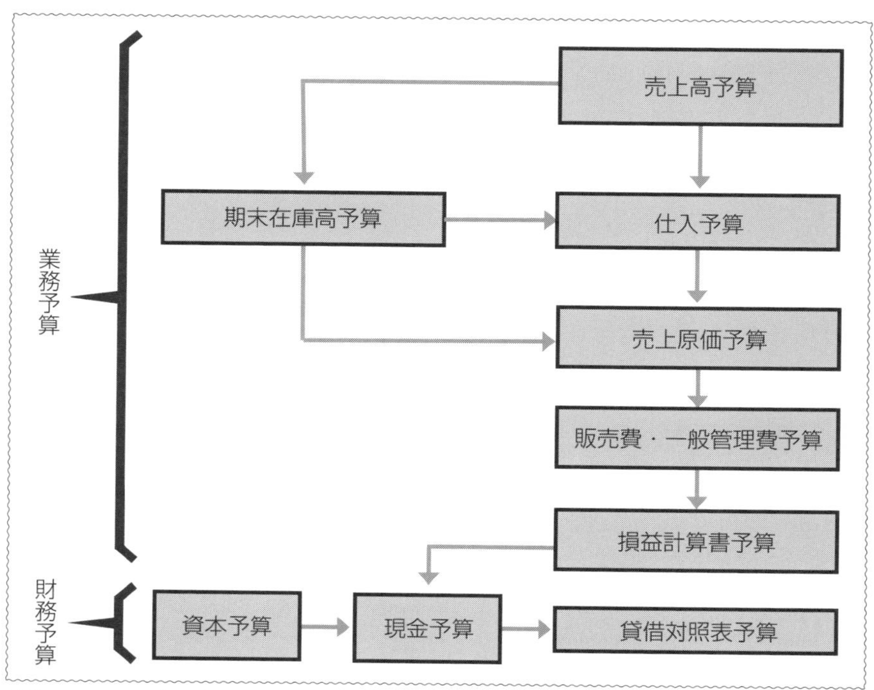

出所：Horngren（2002）を基に筆者作成。

売上高予算は総合予算全体の基礎である。業務予算である仕入予算や販売費・一般管理費予算が適正であるか否かは，売上高予算が適正であるか否かに依存している。売上高予算の適正さは，売上高予測の正確さに依存している。

売上高予測と売上高予算は関連しているが異なる概念である。売上高予測は，所与の条件の下での売上高の予測である。問われるのは，予測として正確であるか否かである。売上高予算は，経営陣の目標を反映した，経営陣が承認した「最終版の予測」である。問われるのは，目標として適正であるか否かである。

経営トップは組織構成員を高い業績に向けて動機づけるために，売上高の当初予測額を上回る額で予算を設定することがある。これはストレッチされた予算（Stretched Budget）と呼ばれる。

FP&Aの役割は，売上高予測額と売上高予算額のギャップを行動に反映することができる是正措置で埋めることである。ギャップを埋めることができない場合，売上高予算は目標として適正ではない。経営トップに再考を促さなければならない。

ストレッチされた予算の運用を誤ると，事例紹介⑥で紹介する不正会計問題当時の東芝の「チャレンジ」に類似する問題を引き起こす。

（4）売上高予測の作成プロセス

①　考慮すべき要因

正確な売上高予測の重要性はいくら強調しても，しすぎることはない。**図表7－10**は，売上高予測において考慮すべき要因である。

図表7－10の②サプライチェーン，③競争環境，④顧客ベースの分析については，第5章で示した**図表5－5**のポーター（Michael Porter）の「業界構造の5つの力」モデルが有用である。⑤マクロ環境の分析については，第5章で示した**図表5－4**のPESTELのフレームワークが有用である。

［図表７－10］売上高予測作成において考慮すべき要因

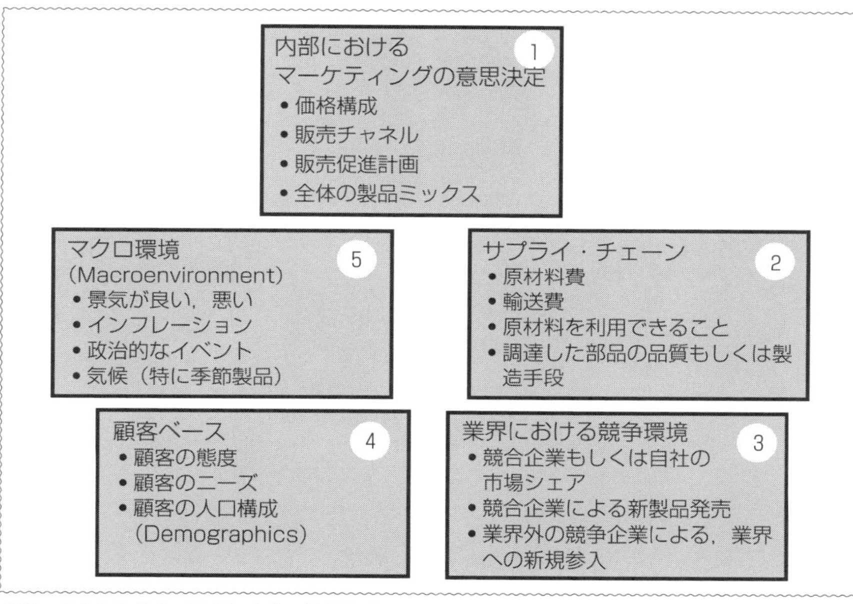

出所：日本CFO協会（2020）を基に筆者作成。

②　売上高予測の手法

売上高予測には，定性的予測手法（Qualitative Methods）と定量的予測手法（Quantitative Methods）がある。

【定性的予測手法】

定性的予測手法には，複数のセグメント担当者による予測の集計（Sales Force Composite Polling）がある。**図表７－11**のとおり，売上高のセグメントごとに担当者それぞれが売上高を予測する。それぞれの予測が合算されて全社の売上高予測になる。

本手法の利点は，顧客に直接，関与している従業員の知識が反映されることである。一方，本手法の欠点は，担当者の予測は過度に楽観的であったり，悲観的であったりする可能性があり，業界動向などを十分に考慮していない可能性があることである。

[図表７－11] 売上高のセグメンテーション（Segmentation）

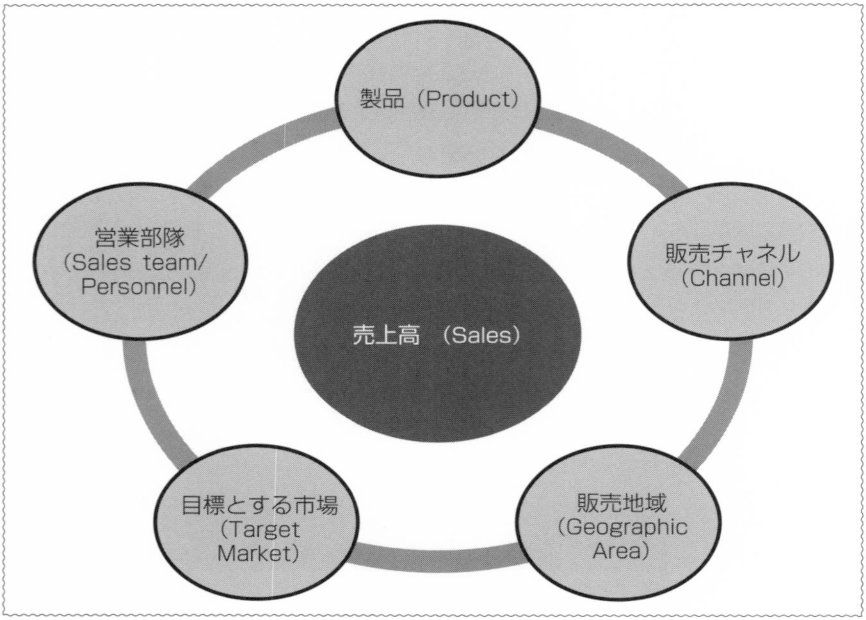

製品（Product）
営業部隊
(Sales team/
Personnel)
販売チャネル
(Channel)
売上高 (Sales)
目標とする市場
(Target
Market)
販売地域
(Geographic
Area)

出所：日本CFO協会（2020）を基に筆者作成。

【定量的予測手法】

定量的予測手法とは，過去の成長の軌道を吟味し，軌道を将来へ外挿するための統計的手法である。その前提は，歴史的に有効であった基本的なパターンおよび関係は継続するであろうということである。定量的予測手法には，過去データを使用する時系列分析と結合データを使用する回帰分析の２つがある。

【時系列分析】

時系列分析は過去データを検討することにより，基本的な関係，方向および変化率を識別する。これらの要素が将来のイベントを予測するという仮定に基づいている。

時系列分析における平滑化手法（Smoothing Techniques）は，過去データのトレンドの形を定義することを意図している。傾向線を引くためにー定の長さの期間における売上高の平均を計算する。

時系列分析における分解手法（Time Series Decomposition Techniques）は，全体的なトレンドを季節要因やランダムな変動から分離することを意図している。

【回帰分析】

結合データの回帰分析手法（Regression Techniques）は，１つの従属変数（Dependent Variable）ともう１つの独立変数（Independent Variable）の関係を定義する。この関係は従属変数の動きに影響を与える。たとえば，従属変数である売上数量と独立変数である価格の関係である。

回帰分析によって識別される相関関係は，必ずしも因果関係ではない。しかし，識別された相関関係は，予測を提供するのに有用である。回帰分析は結果を決める価値ドライバー（Value Drivers）を識別し，追跡するための手法である。回帰分析において最も使用される手法が，最小二乗法（Least Squares Method）である。

【時系列分析の４つの要素】

定量的手法である時系列分析について説明する。時系列データには４つの要素がある。長期トレンド（Secular trend（T_t）），周期的変動（Cyclical variation（C_t）），季節変動（Seasonal variation（S_t）），不規則な変動（Irregular variation（I_t））の４つである。

- 長期トレンド（Secular Trend）とは，過去データの長期間にわたる基調的な傾向である。
- 周期的変動（Cyclical Variation）とは，長期間にわたり繰り返されるが，異なった期間において異なる大きさで発生する，長期トレンドに対する変動である。
- 季節変動（Seasonal Variation）とは，年間における季節の変化に応じて，月ごともしくは四半期ごとに定常的に繰り返される予測可能な変動である。
- 不規則な変動（Irregular Variation）には，①製品の安全性に関するリコールの発生による売上高減少のように予測不可能ではあるが識別可能な変動であり，エピソードによって説明可能な変動（Episodic Fluctuations），および②予測不可能かつ識別不可能の変動であり，機会変動（Chance Fluctuations）とも呼ばれる，残余の変動（Residual Fluctuations）の２つがある。

③　季節変動の影響を反映させる７つのステップ

FP＆Aプロフェッショナルの実務において，売上高予測の作成において季節変動の影響を売上高予測に反映させる７つのステップを紹介する。

- ●ステップ１：季節性を確認する。
- ●ステップ２：年度ごとに平均を計算する。
- ●ステップ３：年度ごとに各月のインデックスを計算する。
- ●ステップ４：各月の季節インデックスを標準化する。
- ●ステップ５：売上高実績データを非季節化する。
- ●ステップ６：非季節化された売上高実績データを基に売上高予測を作成する。
- ●ステップ７：再び季節化された売上高予測を作成する。

ステップ１は「季節性を確認する」である。売上高の複数年度における実績データを基に折れ線グラフを作成し，売上高の季節性を確認する。

［図表７－12］季節性を確認する

	売上高		
	2015	2016	2017
1月	¥21,929	¥27,541	¥34,508
2月	¥24,453	¥28,779	¥35,204
3月	¥26,985	¥29,683	¥33,707
4月	¥25,343	¥30,203	¥38,528
5月	¥28,055	¥32,939	¥39,979
6月	¥26,822	¥33,399	¥35,965
7月	¥29,887	¥33,780	¥38,528
8月	¥32,059	¥36,505	¥43,520
9月	¥34,407	¥38,609	¥45,364
10月	¥35,603	¥41,068	
11月	¥34,343	¥39,479	
12月	¥33,493	¥36,097	

出所：日本CFO協会（2020）を基に筆者作成。

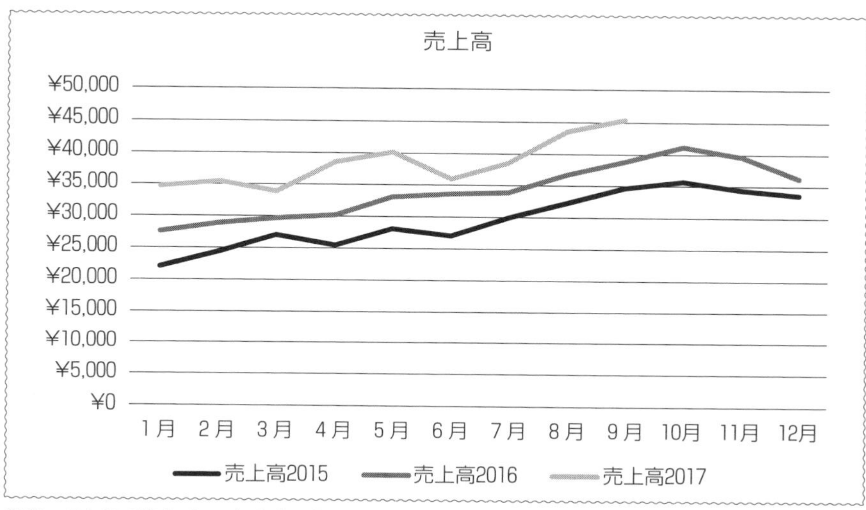

出所：日本CFO協会（2020）を基に筆者作成。

ステップ２は「年度ごとに平均を計算する」である。年度ごとの月当たり平均売上高は，各月の売上高を合計して年度の月数で除して求める。

［図表７－13］年度ごとに平均を計算する

	売上高		
	2015	2016	2017
1月	¥21,929	¥27,541	¥34,508
2月	¥24,453	¥28,779	¥35,204
3月	¥26,985	¥29,683	¥33,707
4月	¥25,343	¥30,203	¥38,528
5月	¥28,055	¥32,939	¥39,979
6月	¥26,822	¥33,399	¥35,965
7月	¥29,887	¥33,780	¥38,528
8月	¥32,059	¥36,505	¥43,520
9月	¥34,407	¥38,609	¥45,364
10月	¥35,603	¥41,068	
11月	¥34,343	¥39,479	
12月	¥33,493	¥36,097	
	¥29,448	**¥34,007**	**¥38,367**

出所：日本CFO協会（2020）を基に筆者作成。

ステップ３は,「年度ごとに各月の季節インデックスを計算する」である。各月の売上高を年度ごとの平均で除して求める。

[図表７－14] 年度ごとに各月の季節インデックスを計算する

	売上高			インデックス		
	2015	2016	2017	2015	2016	2017
1月	¥21,929	¥27,541	¥34,508	0.745	0.810	0.899
2月	¥24,453	¥28,779	¥35,204	0.830	0.846	0.918
3月	¥26,985	¥29,683	¥33,707	0.916	0.873	0.879
4月	¥25,343	¥30,203	¥38,528	0.861	0.888	1.004
5月	¥28,055	¥32,939	¥39,979	0.953	0.969	1.042
6月	¥26,822	¥33,399	¥35,965	0.911	0.982	0.937
7月	¥29,887	¥33,780	¥38,528	1.015	0.993	1.004
8月	¥32,059	¥36,505	¥43,520	1.089	1.073	1.134
9月	¥34,407	¥38,609	¥45,364	1.168	1.135	1.182
10月	¥35,603	¥41,068		1.209	1.208	
11月	¥34,343	¥39,479		1.166	1.161	
12月	¥33,493	¥36,097		1.137	1.061	
	¥29,448	**¥34,007**	**¥38,367**			

出所：日本CFO協会（2020）を基に筆者作成。

ステップ４は「各月の季節インデックスを標準化する」である。各月の年度ごとの季節インデックスを年度数で除して求める。

[図表７－15] 各月の季節インデックスを標準化する

	売上高			インデックス			各月のインデックス
	2015	2016	2017	2015	2016	2017	
1月	¥21,929	¥27,541	¥34,508	0.745	0.810	0.899	0.818
2月	¥24,453	¥28,779	¥35,204	0.830	0.846	0.918	0.865
3月	¥26,985	¥29,683	¥33,707	0.916	0.873	0.879	0.889
4月	¥25,343	¥30,203	¥38,528	0.861	0.888	1.004	0.918
5月	¥28,055	¥32,939	¥39,979	0.953	0.969	1.042	0.988
6月	¥26,822	¥33,399	¥35,965	0.911	0.982	0.937	0.943
7月	¥29,887	¥33,780	¥38,528	1.015	0.993	1.004	1.004
8月	¥32,059	¥36,505	¥43,520	1.089	1.073	1.134	1.099
9月	¥34,407	¥38,609	¥45,364	1.168	1.135	1.182	1.162
10月	¥35,603	¥41,068		1.209	1.208		1.208
11月	¥34,343	¥39,479		1.166	1.161		1.164
12月	¥33,493	¥36,097		1.137	1.061		1.099
	¥29,448	**¥34,007**	**¥38,367**				

出所：日本CFO協会（2020）を基に筆者作成。

ステップ５は「売上高データを非季節化する」である。 非季節化された売上高は，売上高（元データの値）を各月のインデックスで除して求める。非季節化された各月の売上高の近似曲線の回帰式を求める。

[図表７－16] 売上高データを非季節化する

	売上高			各月のインデックス	非季節化された売上高		
	2015	2016	2017		2015	2016	2017
1月	¥21,929	¥27,541	¥34,508	0.818	¥26,809	¥33,669	¥42,187
2月	¥24,453	¥28,779	¥35,204	0.865	¥28,278	¥33,281	¥40,711
3月	¥26,985	¥29,683	¥33,707	0.889	¥30,346	¥33,380	¥37,905
4月	¥25,343	¥30,203	¥38,528	0.918	¥27,617	¥32,914	¥41,986
5月	¥28,055	¥32,939	¥39,979	0.988	¥28,402	¥33,347	¥40,474
6月	¥26,822	¥33,399	¥35,965	0.943	¥28,430	¥35,401	¥38,121
7月	¥29,887	¥33,780	¥38,528	1.004	¥29,764	¥33,641	¥38,369
8月	¥32,059	¥36,505	¥43,520	1.099	¥29,176	¥33,222	¥39,607
9月	¥34,407	¥38,609	¥45,364	1.162	¥29,609	¥33,225	¥39,039
10月	¥35,603	¥41,068		1.208	¥29,465	¥33,988	
11月	¥34,343	¥39,479		1.164	¥29,515	¥33,929	
12月	¥33,493	¥36,097		1.099	¥30,465	¥32,833	
	¥29,448	**¥34,007**	**¥38,367**				

出所：日本CFO協会（2020）を基に筆者作成。

[図表7－17] 非季節化された売上高データの近似曲線

月	非季節化された売上高
1	26,809
2	28,278
3	30,346
4	27,617
5	28,402
6	28,430
7	29,764
8	29,176
9	29,609
10	29,465
11	29,515
12	30,465
13	33,669
14	33,281
15	33,380
16	32,914
17	33,347
18	35,401
19	33,641
20	33,222
21	33,225
22	33,988
23	33,929
24	32,833
25	42,187
26	40,711
27	37,905
28	41,986
29	40,474
30	38,121
31	38,369
32	39,607
33	39,039

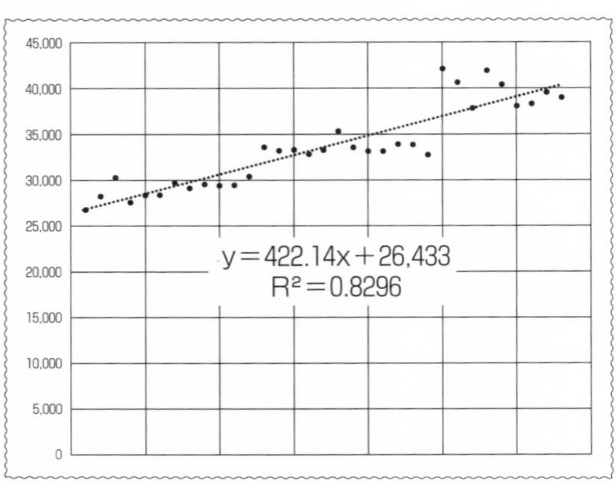

出所：日本CFO協会（2020）を基に筆者作成。

ステップ6は「非季節化された売上高実績データを基に売上高予測を作成する」である。2017年10月から2018年9月までの非季節化された予想売上高をステップ5で求めた近似曲線の回帰式（Y＝422.14X＋26,433）を基に計算する。

［図表７－18］非季節化された売上高実績データを基に売上高予測を作成する

	売上高	各月のインデックス	非季節化された売上高
2017年５月	¥39,979	0.988	¥40,474
2017年６月	¥35,965	0.943	¥38,121
2017年７月	¥38,528	1.004	¥38,369
2017年８月	¥43,520	1.099	¥39,607
2017年９月	¥45,364	1.162	¥39,039
2017年10月	¥49,281	1.208	¥40,784
2017年11月	¥47,946	1.164	¥41,207
2017年12月	¥45,767	1.099	¥41,629
2018年１月	¥34,397	0.818	¥42,051
2018年２月	¥36,728	0.865	¥42,473
2018年３月	¥38,144	0.889	¥42,895
2018年４月	¥39,750	0.918	¥43,317
2018年５月	¥43,204	0.988	¥43,739
2018年６月	¥41,664	0.943	¥44,161
2018年７月	¥44,768	1.004	¥44,583
2018年８月	¥49,452	1.099	¥45,005
2018年９月	¥52,788	1.162	¥45,428

ステップ５

ステップ６

出所：日本CFO協会（2020）を基に筆者作成。

ステップ７は「再び季節化された売上高予測を作成する」である。非季節化された予想売上高に各月のインデックスを乗じて，再び季節化された売上高予測を作成する。

[図表7－19] 再び季節化された売上高予測を作成する（1）

	売上高	各月のインデックス	非季節化された売上高
2017年5月	¥39,979	0.988	¥40,474
2017年6月	¥35,965	0.943	¥38,121
2017年7月	¥38,528	1.004	¥38,369
2017年8月	¥43,520	1.099	¥39,607
2017年9月	¥45,364	1.162	¥39,039
2017年10月	**¥49,281**	1.208	**¥40,784**
2017年11月	**¥47,946**	1.164	**¥41,207**
2017年12月	**¥45,767**	1.099	**¥41,629**
2018年1月	**¥34,397**	0.818	**¥42,051**
2018年2月	**¥36,728**	0.865	**¥42,473**
2018年3月	**¥38,144**	0.889	**¥42,895**
2018年4月	**¥39,750**	0.918	**¥43,317**
2018年5月	**¥43,204**	0.988	**¥43,739**
2018年6月	**¥41,664**	0.943	**¥44,161**
2018年7月	**¥44,768**	1.004	**¥44,583**
2018年8月	**¥49,452**	1.099	**¥45,005**
2018年9月	**¥52,788**	1.162	**¥45,428**

ステップ7
ステップ6

出所：日本CFO協会（2020）を基に筆者作成。

[図表7－20] 再び季節化された売上高予測を作成する（2）

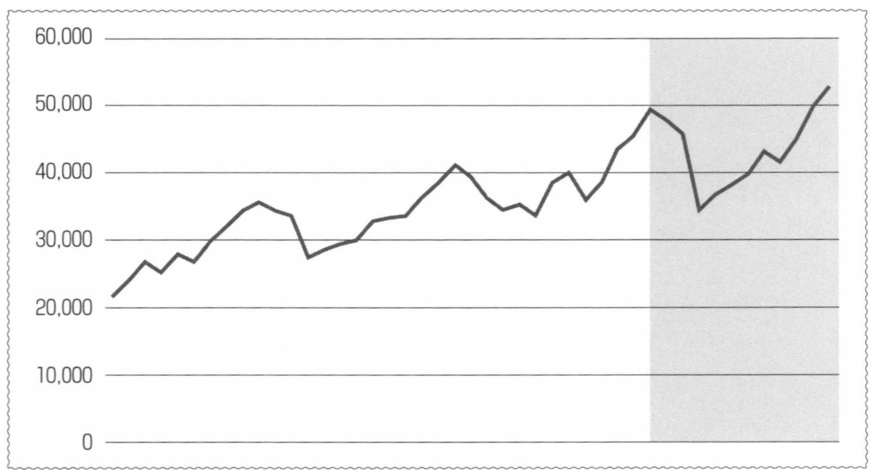

出所：日本CFO協会（2020）を基に筆者作成。

FP&Aプロフェッショナルの実務においては，定性的手法で求めた売上高予測と定量的手法で求めた売上高予測の両方を作成する。両方の予測を比較・対照することにより，差異発生原因を検討し，予測の正確性を高める。マイクロソフト米国本社は機会学習を利用して売上予測の精度向上に取り組んだ。本章末の「事例紹介⑤」を参考にされたい。

事例紹介④　日産自動車の中期経営計画

日本企業において，上場企業の多くが中期経営計画を公表している。公表した中期経営計画を更新するタイミングで社長が交代する慣行が存在し，公表された中期経営計画は，社長にとって「在任期間における最重要の業績目標」となっている。しかし，その業績目標達成率は非常に低く，業績評価も行われず，報酬とも結びついていない。日本企業史に残る中期経営計画の成功と失敗の事例として，日産自動車の中期経営計画への取り組みを紹介する。

◈日産リバイバルプラン

1990年代を通して，日産自動車は経営不振に苦しんでいた。国内シェアは26年連続で下降線を辿り，1999年まで８年間に７回の営業赤字を計上した。1999年当時，販売していた43種類の車のうち，黒字を出していたのは４車種のみであった。有利子負債は２兆円を超えていた。３年ごとに３年間の中期経営計画を作成していた。しかし，常務会で承認されると，そのままお蔵入り。その後のフォローアップはされていなかった。

1999年３月，日産自動車はフランスの自動車メーカー，ルノーとの資本提携に踏み切った。日産側の強い要請でルノーから派遣されたカルロス・ゴーン氏（Carlros Ghosn）が日産社長に就任した。1999年10月にゴーン氏が発表したのが，日産リバイバルプラン（NRP）である。NRPは日本企業が公表する中期経営計画として異例の「必達目標（コミットメント）」を設定した。必達目標は，①１年後の2000年度に連結当期利益の黒字化を達成する，②2002年度に連結売上高営業利益率4.5%を達成する，③2002年度末までに自動車事業の連結有利子負債を7,000億円以下に削減する，の３つである。ゴーン氏は人々に信じてほしいとお願いする代わりに，「コミットメントの１つでも達成できなければ，経営者全員が辞任する」と公約した。

図表７－21は，日産自動車の1999年度から2002年度への業績推移である。業績のV字回復は，文字どおり，世間をあっと言わせた。業績V字回復の主な原因は，売上高の伸長ではなく，限界利益率を上げ，固定費を下げることにより営業利益率と経常利益率を上げたことにある。1999年度に１%であった営

業利益率は，2002年度に11%に改善し，トヨタとホンダを上回っている。1999年度に経常損失を計上していたのが，2002年度には経常利益率10%を達成している。

［図表７－21］日産自動車の業績V字回復

1999年度から2002年度への推移

- 売上高：6.0兆円から6.8兆円へ（14%成長）
  - トヨタ（25%），ホンダ（31%）の売上高成長には見劣り。
- 売上総利益：1.4兆円から2.0兆円（売上総利益率29%）へ
  - トヨタ（24%）を凌駕，ホンダ（32%）に迫る。
- 営業利益：826億円から7,372億円へ（営業利益率11%）へ
  - トヨタ（9%），ホンダ（9%）を凌駕。
- 経常利益：－16億円から7,101億円（経常利益率10%）へ
  - 支払利息は740億円から250億円へ減少。
- 税前当期純利益：－7,127億円から6,946億円（税前当期純利益率10%）へ
- 当期利益：－6,844億円から4,952億円（当期純利益率７%）へ

出所：筆者作成。

日産自動車が業績のV字回復を達成した原因について，ゴーン氏は「日産自動車には経営管理に不可欠な２つの機能である，コントローラー機能と全社的なコミュニケーション機能が欠けていた」と語っている。

ゴーン氏はルノーからティエリー・ムロンゲ氏（Thierry Moulonguet）を派遣してもらい，日産自動車副社長兼CFOに据えた。ムロンゲ氏は2005年にルノーに復帰，2010年までルノーのCFOを務めた。

図表７－22は，ハーバード大学経営大学院と一橋大学経営大学院の事例研究を基に，ゴーン氏の社長就任前後で日産自動車がどのように変わったのかをまとめたものである。

[図表７－22] 日産自動車の業績V字回復の原因

日産自動車はなぜV字回復できたか

●ゴーン氏以前
- ２つの必要不可欠な経営機能の欠如：コントローラー機能と全社的なコミュニケーション機能
- コンセンサスを尊重する文化
- ポジションパワーを先に考える文化
- 危機感を待たない文化（VS. 偏執狂だけが生き残る）
- 数字で議論できない文化
- 利益責任をはっきりさせない環境
- 目標にコミットしない環境
- 自分の属する機能集団の利益を優先する環境
- 報酬が実績と連動しない環境

●ゴーン氏以後
- 議論する文化
- すべての提案は数字でのサポートが必要
- 利益責任をはっきりさせる
- Stretch Targetの設定
- 目標達成状況のフォローアップ
- 年齢にとらわれない新経営陣の登用
- 従業員への直接コミュニケーション
- NRP，NISSAN180などのビジョンへのコミットメント
- CFTの導入によるセクショナリズムの排除
- 業績に連動した報酬体系

出所：筆者作成。

◈リバイバルプラン後の迷走

2002年に，ゴーン氏は二度目の中期経営計画「日産180」を発表する。総販売台数100万台増，営業利益率８％達成，有利子負債０（ゼロ）をコミットメントにした３カ年計画を設定した。日産自動車の中期経営計画は，日産のコミットメント経営の代名詞になった。

2005年に，ゴーン氏は三度目の中期経営計画「日産バリューアップ」を発表する。総販売台数420万台の実現，投資資本利益率（ROIC）20%以上の達成，業界最高レベルの営業利益率の維持をコミットメントにした３カ年計画を設定した。2005年５月には，ルノーの取締役会会長兼CEOにも就任する。

2008年に，ゴーン氏は四度目の中期経営計画「日産GT2012」を発表する。ここでは，「日産リバイバルプラン」以降，初めての５カ年計画を設定した。振り返ってみれば，５カ年計画への移行は，日産のコミットメント経営が変質したことの表れであった。５カ年計画は，2009年９月に起こったリーマンショックを理由に凍結される。2011年まで暫定的な計画で代替することになった。

2011年に「日産パワー88」が発表される。ゴーン氏の言葉によれば「数字

を追うことよりも重要なこと」である，ブランド力と販売力の強化をテーマに，初めての６カ年計画を設定した。世界市場シェア８％および売上高営業利益率８％を柱に掲げた。６カ年計画の結果は，10個の数値目標のうち，８個の数値目標が未達成に終わった。

2017年に２回目の６カ年計画が発表された。2019年５月に６カ年計画の見直しを発表し，売上高の拡大から収益性の重視へと舵を切った。しかし，2020年５月に６カ年計画の中止を発表し，新たに2023年までの４カ年の中期経営計画，「事業構造改革計画 / NISSAN NEXT」を発表した。内田誠新社長は，「これまで向き合ってこなかった失敗を認め，集中と選択を徹底する」と述べている。

◈ゴーン氏逃亡

ゴーン氏は，2018年11月，東京地検特捜部に金融商品取引法違反の容疑で逮捕され，2019年12月にレバノンに逃亡した。

ゴーン氏の報酬過小記載事件の公判における証人尋問で，ゴーン氏と共同会長を務めた小枝至氏は，来日したころのゴーン氏の様子を，「日産の日本人の名前を一生懸命覚え，さまざまな事務所を訪ねた。真面目な努力家だった。」と語っている。小枝氏は「長年の成功体験で自信過剰になり，何を言っても無駄だと思った」と語った。

ゴーン氏の報酬過小記載事件の証人尋問で明らかになったのは，経営のチェック体制が骨抜きになっていたことである。志賀敏之COOは，ゴーン氏から「ものを言わない監査役を探してこい」と言われ，「（法務室にも）グレーゾーンを攻めることを期待し，『これはできない。無理』という回答は毛嫌いしていた」と説明した。

法務室長は，ゴーン氏がルノーの社長も務め，オーナーのような権限を持っていたとし，報酬委員会の制度として社外の役員で構成される委員会がゴーン氏の報酬を決めることを説明した際に，ゴーン氏に「あり得ない（No Way）」と言われたと述べた。

◈日産自動車の中期経営計画への疑問

日産自動車の中期経営計画は，FP&Aプロフェッショナルにとって何を意味するのだろうか。筆者の疑問を以下にまとめてみる。

- 第２章において，経営管理のプロセスとして計画プロセスと統制プロセスがつながっていることが必要であることを説明した。３年間の中期経営計画を５年間，もしくは６年間に延長した時点で，経営管理のプロセスとして破綻していた。それにもかかわらず，コミットメントであった日産リバイバルプランの幻影を引きずり，投資家を長年にわたり惑わし続けた。
- 2020年に発表された４カ年の中期経営計画，「事業構造改革計画 / NISSAN NEXT」は，コミットメントであるように見える。現在の日産の状況は1999年に似通っており，第２のNRPが必要であるように思える。それならば，なぜ「NISSAN NEXT」は４年間という中途半端な期間なのか。なぜ，ゴーン氏のように，人々に信じてほしいとお願いする代わりに「コミットメントの１つでも達成できなければ，経営者全員が辞任する」と公約しないのか。
- 第２章で，マネジメントコントロールシステムの設計において，経営管理のプロセスとして計画プロセスと統制プロセスが報酬制度につながっていることが必要であることを説明した。ゴーン氏の下で，日産自動車の経営幹部の報酬制度は中期経営計画にまったくつながっていなかったことが明らかになった。ゴーン氏を中心とする当時の経営陣は中期経営計画の達成の成否にかかわらず，多額の株価連動報酬を受け取っていた。ゴーン氏が去った今，日産自動車の経営陣の報酬は「NISSAN NEXT」とつながっているのだろうか。

事例紹介⑤　マイクロソフトの売上高予測

マイクロソフト米国本社における売上高予測の精度向上への取り組みの事例を紹介する。筆者は2018年11月４日から７日にかけて米国シカゴで開催された「AFP 2018」に参加した。

AFPは毎年，ファイナンス職業人のネットワーキングを目的とした世界最大規模のカンファレンスを主催している。

ワークショップの１つが，マイクロソフト社のFP&A組織において，機械学習（Machine Learning）が予測を改善するためにいかに使われているかを紹介するものであった。

講演者のメッセージは，「ファイナンス職業人は，予測に関して最も正確な予測作成プロセスを実行したいと願う一方，プロセスに投入する時間と資源をコントロールしなければならない。予測はバイアスがかかっているかもしれないし，作成に時間がかかる。予測は現状の予測を新しいデータを反映して作成し直すことが難しい。機械学習によって予測プロセスを強化することは，機械と人間のインテリジェンスを融合して，より正確かつ動的な最新の予測を作成することを可能にする」というものであった。

2015年当時，マイクロソフト社の本社CFOは売上予測の正確性の低さに不満を募らせていた。外部から２名のデータ・サイエンティストを起用して機械学習を活用して売上予測プロセスの改善を図るプロジェクトを立ち上げた。

当時，100カ所を超える子会社，顧客セグメント，製品グループからの売上予測を四半期ごとに吸い上げて統合していた。この作業はスプレッドシートを使って行われ，２週間から３週間を要した。

新しい売上予測プロセスの概要は，以下のとおりである。

- 直近３カ月の売上予測に関しては，機械学習からのインプットではなく，顧客からの受注やプロジェクトの進捗状況を売上高予測に数値化したパイプラインメソッド（Pipeline Method）からのインプットを使用した。
- 直近３カ月以降の期間における売上予測として，機械学習からのインプットを使用した。100カ所を超える子会社や顧客セグメントのそれぞれの過去の実績値に対し，96個のモデルを適用したうえで，歴史的な実績に関して正確性が最も高い予測を採用した。

１つの成果として，機械学習を活用した売上予測プロセスにより，マイクロソフト社は正確性の高い予測を得ることが可能になった。予測作成のリードタイムは，２週間から３週間を要していたのが，２日で作成できるようになった。

もう１つの成果として，ビジネス・ファイナンス部門は，売上予測の作成に多くの時間をかけることなく，ビジネス・インサイト（事業内容の洞察）に関連したビジネスパートナーとしての役割により多くの時間をかけることができるようになった。

講演者が最後の質疑応答で強調したのは，売上予測プロセスにおける組織の「人間的な側面」であった。子会社や事業部における子会社社長や事業部長は，売上予測を提出する際に常に予算数値を提出する動機を有している。特に，直近四半期以降の期間の売上予測を提出する際には，その傾向が強い。売上予測が売上予算を上回っていれば，良いニュースは最後まで出さないようにする。売上予測が売上予算を下回っていれば，悪いニュースは最後まで出さないようにする。

正しい売上予測を提出するのが子会社CFOや事業部CFOの役割であるが，子会社社長や事業部長を正しい方向へ導くのは容易ではない。機械学習からのインプットによって子会社レベルや事業部レベルの売上予測に関してより正確なデータを持つこと，特に，本社がそのデータを有していることは，子会社社長や事業部長が誤った動機で売上予測を提出することを抑制する効果があるとのことであった。

最後に，「正しい売上予測を得ることでFP&A組織として何ができるようになるのか」との質問が出た。「本社と子会社・事業部が正しい売上高予測を共有することは，全社のどの事業に資源をより多く配分し，どの事業において資源配分を抑制するかを話し合うためのベースになっており，事業部レベルでは最新の予測を基に機動的なアクションを取ることのベースになっている」との回答が講演者からあった。

筆者は，米国企業と日本企業の本社サイドと子会社サイドの両方で業績管理を経験してきた。全社業績の業績管理の要諦は，（当然であるが）いかに事業部業績を管理できるかにある。機械学習を活用した売上予測の導入が売上予測の正確性向上に貢献する過程において，組織の「人間的な側面」がカギになったという知見は，実務家として大変に興味深い。

第８章

経営管理の統制プロセス

第１章において，FP&A組織の２つめの役割が「マネジメントコントロールシステムの設計者および運営者」であることを紹介した。先に示した図表１－10は，経営管理のプロセスの全体像である。「計画のプロセス」と年度予算を実行するための「統制のプロセス」の２つのプロセスがPDCAの輪としてつながっていることを求めている。

第７章において，年度予算は経営管理の計画プロセスの最終的なアウトプットであることを説明した。経営管理の「統制のプロセス」の第１の役割は，「計画のプロセス」と「統制のプロセス」の２つのプロセスをつなげるために，年度予算目標を達成することにある。

本章では，経営管理の「統制のプロセス」として，①実行予算，ローリング予測，ゼロ・ベース予算，バランス・スコアカード，および②月次会議，③予算差異分析を説明する。最後に，経営管理の「統制のプロセス」の第２の役割として，月次会議が創発的戦略の開発に果たす役割を紹介する。

Ⅰ　実行予算，ローリング予測，ゼロ・ベース予算，バランス・スコアカード

FP＆Aプロフェッショナルの実務において，年度予算の達成に関して考慮すべき課題は，年度予算が抱える問題点である。年度予算が抱える問題点は，以下のとおりであった。

①　年度予算の編成は手続が複雑で，時間がかかりすぎ，多額のコストがかかる。

②　年度予算は事業環境の変化に対応することができない。経営環境の不確実性により，年度予算が業務活動の指針として期中に機能しなくなる。

③　年度予算は予測として不正確である。年度予算を基準に業績評価を行うことが年度予算にバイアスを与えてしまう。
④　年度予算は組織構成員に誤った行動をとる動機を与える。

④の問題点に関し，年度予算が引き起こした東芝の不正会計問題を，本章末に「事例紹介⑥」として紹介する。

(1) 実行予算とローリング予測

年度予算を達成し，年度予算が抱える上記の問題点の②と③に対処する「統制のプロセス」として，実行予算とローリング予測（Rolling Forecast）がある。

実行予算は，継続予算（Continuous Budget）とも呼ばれる。向こう２四半期を対象とする利益予測であり，四半期ごとに作成される。たとえば，第２四半期の期初に作成される実行予算は，第１四半期の実績を考慮して設定される。第３四半期の期初に作成される実行予算は，第２四半期の実績を考慮して設定される。

ローリング予測は，向こう12カ月を対象とする利益予測であり，月ごとに作成される。12カ月間の新しい月をころがし予算に加える際には，他の11カ月についても同様に更新する。それによって，ローリング予測を年度予算および前月に作成したローリング予測の両方と比較することができる。

実行予算とローリング予測は，業績評価および報酬とは切り離して，年度予算の達成に向けた統制目的で使用される。組織の構成員に当該年度の固定業績目標にのみ意識を集中させる傾向を緩和し，外部環境の変化に対応して常に向こう２四半期もしくは向こう12カ月を考えさせる効果がある。

筆者が日本法人CFOを務めたグローバル企業では，インテルが実行予算とローリング予測の組み合わせ，トイザらスがローリング予測を採用していた。外部環境の変化が激しいIT業界では，FP&Aの仕事の多くは年度予算の作成ではなく，実行予算の作成に割かれる傾向があった。

(2) ゼロ・ベース予算

ゼロ・ベース予算（ZBB：Zero-Base Budgeting）は，経費予算および人員数予算を各期，ゼロ・ベースからの積み上げによって作成する手法である。年度予算の従来の作成プロセスは，前期の実績を出発点にして，足したり引いたりするものであった。その前提には，現在実施されている活動の多くは将来にも継続して実施されるというものがあった。したがって，従来の予算作成プロセスは，前期の業務予算に対して追加的（Incremental）な変更を加えることに重点を置いていた。

ゼロ・ベース予算の作成プロセスは，いかなる活動であれ，その必要性が正当化されなければ，その活動を予算に含めることを認めない。ゼロ・ベース予算は，すべての活動を慎重に見直すことを必要とする。これによって，目的を果たすことができなくなった活動や資源の無駄使いになっている活動をあぶり出すことができる。

経営管理の「統制のプロセス」において，ゼロ・ベース予算と実行予算を併用することにより，年度予算が抱える問題点の②「年度予算は事業環境の変化に対応することができない」に対処することが可能になる。

ゼロ・ベース予算の問題点は，年度予算の①の問題点，「年度予算の編成は手続が複雑で，時間がかかりすぎ，多額のコストがかかる」をより深刻にする点である。実行予算のプロセスにおいてゼロ・ベース予算を作成する場合には，すべての活動を同様に見直すのではなく，活動間の優先順位づけを行い，ゼロ・ベースラインの近くにある活動を中心に見直しを行う。

（3）バランス・スコアカード

バランス・スコアカード（Balanced Scorecard）は，経営管理の計画プロセスとして説明されることが多い。本社レベルで計画された戦略を事業部に伝えるためのツールである。グローバル企業のFP&Aの実務においては，実行予算およびローリング予測とともに，経営管理の統制プロセスとして事業部レベルで使用されることが多い。

バランス・スコアカードは，**図表8－1**のとおり，1．戦略目標，2．成果指標，3．パフォーマンスドライバーの組み合わせで構成される。

戦略目標とは，戦略実施にとって重要な中期的な課題である。

戦略目標ごとに成果指標が設定される。戦略目標の達成によって期待される数量的な成果である。成果指標はすぐには結果に現れない指標，遅行指標である。

成果指標の目標を達成するうえで組織構成員の行動指針となるとともに，彼らの行動を通じて影響を及ぼすことができる指標として，パフォーマンスドライバーを設定する。パフォーマンスドライバーは先行指標である。

バランス・スコアカードの戦略目標は，①財務の視点，②顧客の視点，③社内ビジネスプロセスの視点，④学習と成長の視点の４つの視点から構成される。①は財務的指標であり，②，③，④の３つは非財務的指標である。

組織の戦略を組織構成員に明示的に示すツールとして，戦略マップがあり，４つの視点の戦略目標の間の因果連鎖と呼ばれる，戦略遂行のためのロジックを示す。

[図表８－１] バランス・スコアカード：小売企業の事例

視点	1．戦略目標	2．成果指標	3．パフォーマンスドライバー
①財務	• 売上の増加 • 収益性の上昇 • 資産効率の上昇	• 対前年同月比売上高増加率 • 対売上高売上総利益率 • 棚卸資産の交差比率（商品回転率と粗利益率の乗数）	
②顧客	• 顧客獲得 • 顧客維持 • 信頼のブランド	• 新規顧客獲得件数 • 月に１回以上買い上げのある顧客の割合 • ネットプロモータースコア	• チラシ広告の本数 • ポイントカード導入 • レジにおける子供さんへのコミュニケーション
③社内ビジネスプロセス	• 機会の認識 • 顧客との関係構築 • 迅速な商品提供 • 店舗運営コスト低減	• 新規店舗の開店 • ポイント会員顧客の増加数 • 商品の店舗からの出荷数 • 開店時間の最適化	• 商圏調査 • CRMプログラムの導入 • 実店舗におけるオンライン店舗での受注商品出荷プロセスの改善 • 店舗閉店時間の前倒し
④学習と成長	• 顧客価値創造のスキル • 情報システム活用 • 知識共有の組織風土	• 専門知識を持つ従業員の割合 • 在庫関係報告資料の作成にかかる時間数 • 従業員の提案件数	• 資格取得助成制度 • 在庫関係報告資料作成プロセスの自動化プロジェクト • 懸賞制度

出所：筆者作成。

バランス・スコアカードには，以下の５つの利点がある。

●長期目標の達成に向けた進捗を観測するための手段

●組織構成員の関心を戦略上，関連する重要な成功要因（Critical Success Factors）に向けさせ，戦略の成功要因に関する組織構成員の貢献に報酬を与えることにより，戦略を実行するための手段

●戦略に関して組織が意図する変化を実現するためのフレームワーク。バラ

ンス・スコアカードは，意図する変化の方向性と内容をすべての組織構成員に伝える。

- 組織構成員の報酬と昇格を決めるための，公正かつ客観的な基盤
- 重要な成功要因を達成するために，組織内部における組織構成員の努力の方向性を調整するフレームワーク。バランス・スコアカードは，組織構成員が自分の活動がどのように組織の成功に貢献するかを伝え，チームの成功に向けて動機づける。

FP&A実務においてバランス・スコアカードを効果的に実施するには，以下の点を考慮すべきである。

- バランス・スコアカードをどのように使うにせよ，経営トップおよび事業部長の支持を得る。
- 組織の戦略を正確に反映している。
- すべての組織構成員がバランス・スコアカードを理解し，受け入れるように，組織の戦略を組織構成員に明確に伝える。
- 組織の戦略は変化するので，バランス・スコアカードの内容を見直し，修正するプロセスを構築する。
- バランス・スコアカードを組織構成員の報酬制度にリンクする。
- バランス・スコアカードに含まれる情報の正確性や信頼性を保証するプロセスを構築する。
- バランス・スコアカードの情報を関連する指標の責任者が利用できるようにし，アクセス権限のある組織構成員のみが利用できるようにする。
- バランス・スコアカードの実行に関わるマネジャーが指標の選定にも関わることを必要とする。
- バランス・スコアカードの４つの視点の戦略目標間の関係性を説明する手段として，戦略マップ（Strategy Map）の使用を検討する。

（4）インテル米国本社での経験：四半期ごとの統制プロセス

筆者は2001年にインテル米国本社に赴任し，製品事業部において事業部コントローラーを経験した。研究開発費予算の統制プロセスとして四半期ごとに実施していたのが，実行予算とゼロ・ベース予算の組み合わせである。

米国本社赴任直後にITバブルが崩壊した。インテルの業績が著しく悪化し

たために，研究開発費の総額を大きく削減せざるを得ない状況に陥った。すべての新製品開発プロジェクトの優先順位を実行予算プロセスにおいて見直し，ゼロ・ベース予算の手法で優先順位の低いプロジェクトを中止することが，事業部コントローラーの役割であった。

図表８－２は，2001年３月に実行予算を作成した際に使用した実行予算兼ゼロ・ベース予算のテンプレートである。2001年３月末に作成されたので，第１四半期に実績値が入っており，第２四半期と第３四半期に最新の予測である実行予算が入っている。

［図表８－２］実行予算およびゼロ・ベース予算

		エンジニア人員数				研究開発費（千米ドル）				
プロジェクト	優先順位	2001年3月末実績	2001年6月末実行予算	2001年9月末実行予算	2001年12月末予測	第１四半期実績	第２四半期実行予算	第３四半期実行予算	第４四半期予測	2001年度予測
年度予算目標										
ZBB Lineより上のプロジェクト										
Project A	1									
Project B	2									
Project C	3									
Project D	4									
Project E	5									
Project F	6									
Project G	7									
ZBB LINEより上の小計										
年度予算目標との差異										
ZBB Lineより下のプロジェクト										
Project H	8									
Project I	9									
Project J	10									
小計										
合計										

出所：筆者作成。

図表8－2の目的は研究開発費の統制（コントロール）なので，エンジニア人員数と研究開発費が左右に示されている。研究開発費の多くをエンジニアの人件費が占めるので，研究開発費の大小を決めるドライバーとしてエンジニア人員数が先に示され，研究開発費が後に示されている。

研究開発費のコントロールのドライバーとして，人員数が検討対象になることにご注目いただきたい。インテルだけでなく，多くのグローバル企業において，人員数管理は経費予算管理プロセスの中核になっている。

図表8－2で上から下に並べられているのが，研究開発費が投入される新製品開発プロジェクトである。新製品開発プロジェクトが優先順位の順番で並べられている。

図表8－2の下段には，ZBB（Zero Base Budget）ラインより下にプロジェクトを表示する欄があり，すでに資源投入を中止したプロジェクトが示されている。

事業部コントローラーとしてのミッションは，優先順位の高いプロジェクトに限られた資源を優先的に配分し，優先順位の低いプロジェクトの存続を事業部長と決めることにあった。

実行予算とゼロ・ベース予算の組み合わせは，年度予算で予定している研究開発費の資源配分を四半期ごとに見直して最適化するプロセスであった。米国本社の事業部コントローラーとして学んだことは，この四半期ごとの研究開発資源再配分プロセスが本社レベルと事業部レベルの両方で並行して回っていることだった。

（5）インテル米国本社での経験：月次の統制プロセス

実行予算とゼロ・ベース予算を研究開発費予算の統制プロセスとして四半期ごとに実施していたのに対し，月次の統制プロセスとして実施していたのが月次決算とバランス・スコアカードであった。

図表8－3は，**図表8－2**の新製品開発プロジェクトの優先順位の7番目に表示されているプロジェクトGのバランス・スコアカードである。

財務的な指標である「財務上の目標」だけでなく，非財務的な指標である「顧客の目標」，「品質の目標」，「目標とするスケジュール」，「製品性能の目標」が示されている。毎月，それぞれの指標の目標と予測を比較して，是正措置を講じた。

[図表8－3] プロジェクトGのバランス・スコアカード

財務上の目標（Financial Goals）		
	目標	現時点の予想
材料コスト(BOM, US$)	$9	$10
平均製品売価 (ASP, US$)	$15	$15
粗利益率（Margin %）	40%	18%
2001年度売上高 (Revenue, US$)	50M	14M
2001年度出荷個数 (Shipments, Units)	2M	0.5M
損益分岐点(Breakeven) 達成時期	2001年第4四半期	2003年第2四半期
正味現在価値 (NPV, US$)	41M	9M
設備投資額 (Capital Spend, US$)	6M	5M

顧客の目標（Market Goals）		
	目標	現時点の予想
デザインウィン数 (Design Wins)	35	0
デザインロス数 (Desing Losses)	0	11

品質の目標（Quality Goals）		
	目標	現時点の予想
緊急のソフトウェアのバグ数 (Urgent SW Bugs)	0	11
OEM顧客の品質基準達成率（%）	100	78
品質ゲート数 (Quality Gates)	2	2

目標とするスケジュール(Target Schedule)		
	目標	現時点の予想
CSRからの初出荷	2001年第37週	2001年第39週
SMTDからの初出荷	2001年第45週	2001年第46週
エンジニアリングサンプル第1版完成	2001年第51週	2001年第52週
エンジニアリングサンプル第2版完成	NA	2002年第06週
Design Validation完了	2002年第03週	2002年第06週
PDC制作開始	2002年第10週	2002年第13週
ソフトウェア完成	2002年第11週	2002年第13週
OEM顧客用サンプル完成	2002年第13週	2002年第15週
通信関係規格等の承認完了	2002年第13週	2002年第16週
製品仕様の最終確認(PTQ)	2002年第19週	2002年第22週
顧客への初出荷（FCS）	2002年第19週	2002年第24週

製品性能の目標（Performance Goals）		
	目標	現時点の予想
データレート (Data Rate)	450	480

出所：筆者作成。

「財務上の目標」の下から2番めに表示されている正味現在価値（NPV）に関して，**図表8－4**のモンテカルロ・シミュレーション分析を，毎月，実施した。リスク分析であるモンテカルロ・シミュレーション分析の詳細は，第13章で紹介する。

事業部コントローラーとしての筆者の役割は，月次の統制プロセスにおいてプロジェクトの進捗をモニタリングし，四半期ごとに行われる実行予算の編成プロセスにおいて，優先順位が低いプロジェクトの存続を検討することだった。

「本プロジェクトを中止にします」という意思決定の検討は，当該プロジェクトのエンジニアのチームのリーダーと事業部コントローラーである筆者が共同で行った。

管理会計の教科書には，正味現在価値が負の値である投資プロジェクトは却下すべきであると書かれている。FP&Aプロフェッショナルの実務において，投資プロジェクトの正味現在価値が負になったことのみを理由に，進行中の投資プロジェクトを中止することは難しい。正味現在価値の値は，将来における予測キャッシュ・フローに基づいており，予測値に幅があるキャッシュ・フローを基に計算される正味現在価値の値には，当然，幅があるからである。

投資プロジェクトごとにバランス・スコアカードを作成することで，財務的指標のみではなく，非財務的指標を検討することにより，投資プロジェクトの中止の検討をより戦略的な視点で行うことが必要であった。

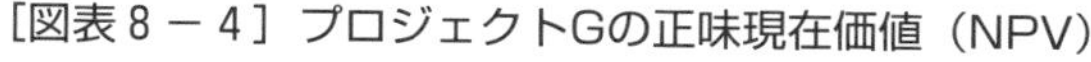

[図表8－4] プロジェクトGの正味現在価値（NPV）

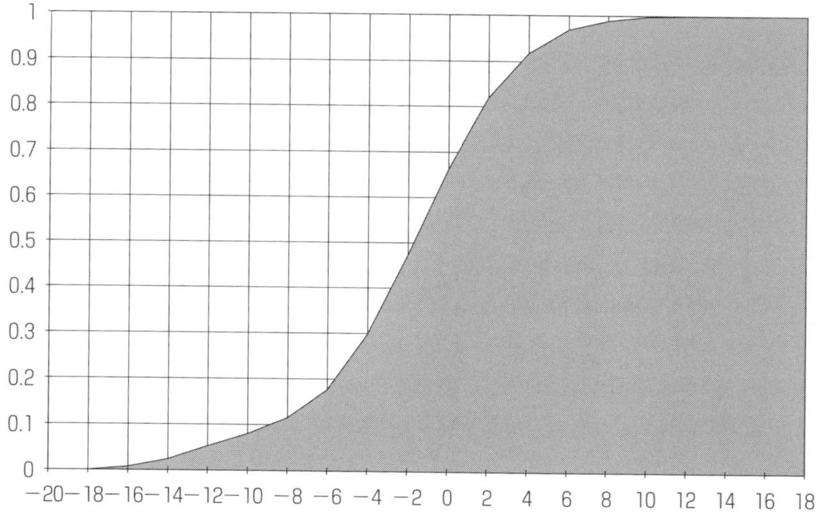

- NPVが負の値になる確率は60%である。
- NPVが900万ドル以上の負の値になる確率は10%である。
- NPVが400万ドル以上の正の値になる確率は10%である。

出所：筆者作成。

Ⅱ　月次会議

（1）グローバル企業における月次会議

月次会議は，第7章で示した**図表7－4**のとおり，経営管理プロセスにおけるPDCAの輪の中で，統制プロセスのアンカーの役割を果たしている。計画のプロセスのアウトプットである年度予算が達成できるかどうかは，月次会議にかかっている。

同図表の下部に「予算差異分析」と名付けられたボックスがある。予算差異分析は重要なプロセスではあるが，予算差異分析は予測を作成し，予測と年度予算のギャップを埋めるための是正措置を検討するための「準備のプロセス」なので，ボックスの名前はすべてのプロセスを包含する「月次会議」とした。

月次会議は年度予算目標の達成を目的とする経営管理のPDCAサイクルの一部である。年度予算と実績の差異分析を行い，目標値と実績値の差異が発生した場合に是正措置を行うことを「予実分析（予算実績差異分析）」という。

グローバル企業においては予実分析の実施と同時に，予実分析の内容を考慮して，予測のアップデートを作成する。年度予算とアップデートされた予測の差異分析を行い，目標値と予測値の差異が発生した場合に是正措置を取る。このプロセスを，本書では「予予分析（予算予測差異分析）」と呼ぶ。

FP&Aプロフェッショナルの実務において，予測のアップデートには「ローリング予測（Rolling Forecast）」と「年度内における予算のアップデート」の2つの手法がある。

ローリング予測は，毎月，向こう12カ月の予測を更新する。もう1つの年度内における予算のアップデートは，毎月，年度予算の期間のうち，実績が判明した期間を実績で置き換え，残りの期間は現時点での予測を使用して年度の予測をアップデートするものである。

「予予分析」と並行して，「予実分析（予算と月次実績の差異分析）」と「対前年度同月実績差異分析（本年度当月実績と前年度同月実績の差異分析）」を行う。

予算差異分析の目的が予算目標を達成するための是正措置を講じることにあるので，「予予分析」，特に正確な予測の作成と是正措置の検討に多くの時間が割かれる。

予予分析において正確な利益予測を行うことが重要である。利益予測の出発点は，第7章で説明した売上高予測である。売上高予測の精度を高めることが利益予測の精度を高め，ひいては予算管理プロセスの成否を決める。

予測売上高の作成は，すべての事業計画作成の出発点である。予測売上高は，生産高，人員配置，設備の稼働率，材料購入高，広告・宣伝費用，販売促進費等の予測額に大きな影響を与える。特に，変動費部分は予測売上高に連動する。また，予測売上高は，必要となる運転資本（売掛金・棚卸資産等）の額や外部からの資金調達必要額に影響を与える。正確な利益予測の要諦は正確な売上高予測にある。

（2）トイザラスにおける月次会議

筆者が9年間，CFOを務めたトイザラスの事例を使って，月次会議の実際を説明する。

月次会議には，米国本社のCEO，CFO，米国本社コントローラー，子会社CEO，および子会社CFOが出席した。重要だったのは，米国本社および子会社からCEOとCFOの両方がペアとなって出席することであった。

毎月，月次決算が出るタイミングで，3時間の電話会議が開催された。司会は本社CFOが務め，各子会社CFOが15分の持分時間に，月次報告書の要点を報告する。本社CEOと本社CFOの役割は良い質問をすることであった。子会社CEOと子会社CFOがチームとして，本社CEOの質問に答えた。

月次報告書の目的は，営業利益（EBITDA）の年度予算目標達成に向けたモニタリングである。子会社CFOに求められるのは，正確な事実に基づいた予測（Rigorous Forecast）を作成したうえで，目標達成のために必要な是正措置を子会社CEOのビジネスパートナーとして講ずることであった。

本社CFOは子会社CFOが正確な予測を提出することを奨励するために，「予測の正確性ランキング（Forecast Accuracy Contest）」というプロセスを実施していた。全世界の子会社CFOが毎月，作成する「ローリング予測」を実績と比較し，正確度で子会社を順位づけして月次報告書の最初の頁に掲載した。

トイザラスの月次報告書の様式は，**図表8－5**のとおりである。月次報告書の縦軸は，損益計算書項目が並んでいる。横軸は最初に「XX年4月（当月実績）」が表示される。次に，直近の四半期の予測と次の四半期の予測が示され，最後に今年度の予測が表示される。

[図表8－5] トイザラスの月次報告書

XX年4月					XX年5月				
実績		差異－有利差異/(不利差異)			予測		差異－有利差異/(不利差異)		
金額(百万円)	対前年同月成長率(%)	対前月作成の予測	対年度予算	対前年同月実績	金額(百万円)	対前年同月成長率(%)	対前月作成の予測	対年度予算	対前年同月実績
損益計算書項目									
売上高（百万円）									
売上原価（百万円）									
売上総利益（百万円）									
売上総利益率（%）									
店舗　販売・一般管理費（百万円）									
物流センター　販売・一般管理費（百万円）									
本社　販売・一般管理費（百万円）									
販売・一般管理費合計（百万円）									
EBITDA（営業利益）（百万円）									
年度業績賞与（百万円）									
業績賞与控除後のEBITDA（営業利益）（百万円）									
臨時的利益もしくは損失（百万円）									
臨時的利益もしくは損失を控除後のEBITDA（営業利益）（百万円）									

出所：筆者作成。

「XX年4月」の「実績：金額」は，当月実績である。

- 「差異：対前月作成の予測」は，当月実績と前月に作成したローリング予測と当月実績の差異である。
- 「差異：対年度予算」は，当月実績と年度予算との差異である。
- 「差異：対前年同月実績」は，当月実績と前年同月実績との差異である。

「XX年4月」の横に，翌月の「XX年5月」が表示される。

- 「XX年5月」の「予測：金額」は，当月に作成したXX年5月に関するローリング予測である。
- 「差異：対前月作成の予測」は，当月に作成したXX年5月に関するローリング予測と前月に作成したXX年5月に関するローリング予測との差異である。
- 「差異：対年度予算」は，当月に作成したXX年5月に関するローリング予測と年度予算との差異である。
- 「差異：対前年同月実績」は，当月に作成したXX年5月に関するローリング予測と前年5月実績との差異である。

月次報告書には，当四半期の予測，次四半期の予測，当年度の予測が表示される。現状に関する分析として予実差異分析は必要である。しかし，多くの時間と努力を要したのは，当月のローリング予測と前月のローリング予測との差異を分析することであった。

毎月の月次報告書の作成に多くの時間と努力を要したのは，この報告書自体の作成ではなかった。損益計算書の一番上の行の売上高予測と上から３行目の売上総利益予測を作成するために，全体の半分以上を費やした。

小売業はメーカーや卸から商品を仕入れ，その商品に値入（価格設定）をして販売する。つまり，小売業の付加価値は値入をした商品を販売することで得る売上総利益である。営業利益（MARKET EBITDA）の年度予算達成に向けた利益管理の要諦は，売上総利益をいかに最大化するかにあった。

小売業では商品カテゴリー（ライン，クラス，サブクラス，SKU等）ごとに商品計画，販売計画，仕入計画を作成して，売上高と売上総利益（売上高に粗利益率を乗じたもの）の実績値を日時および週次で管理している。

月次報告書の作成において多大の時間と努力を要したのは，金額などの財務情報だけではなく，個数などの非財務情報を基に，売上高予測，売上総利益予測，在庫高予測を行うことであった。

商品部門およびサプライチェーン部門のビジネスパートナーとして，FP&A部門は週次および月次の定例会議で状況を把握し，是正措置の提案・実行に取り組んでいた。利益管理の成功のカギは，CFO組織がビジネスパートナーとして利害関係者とどこまで綿密なコミュニケーションを取ることができるかにあった。

Ⅲ　予実差異分析

（１）予実差異分析とは

管理会計研究者であるスタンフォード大学のホングレン（Charles Horngren）教授は，予実差異分析に関して，**図表８－６**の意思決定モデルを提示している。月次会議でマネジャーが行う意思決定は，意思決定モデルにインプットされる予測を基に実施される。意思決定モデルにインプットされる予測を作成するための情報が，過去の財務情報と非財務情報である。注目いただきたいのは，過去情報自体は意思決定モデルへの直接のインプットではないことである。予実差異分析の目的は，過去情報を基に意思決定に必要とされる正確な予測を作成することにある。

［図表８－６］ホングレンの意思決定モデル

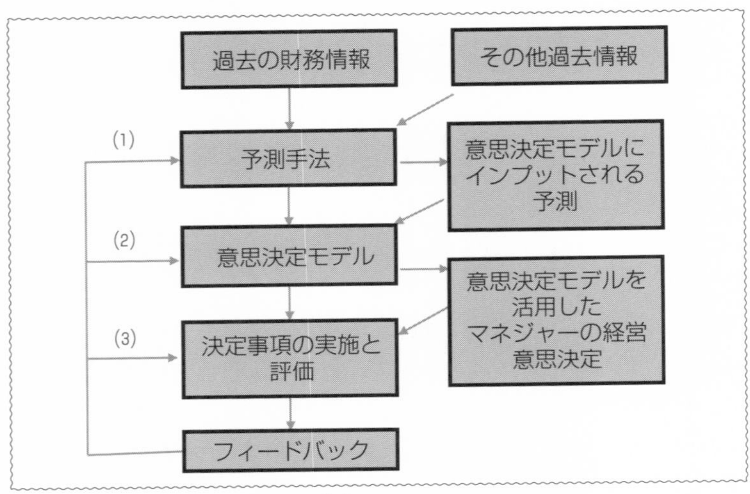

出所：Horngren（2002）を基に筆者作成。

予実差異分析とは，**図表８－７**のとおり，固定予算である年度予算（もしくは総合予算）と実績との差異を分析することである。予実差異とは，財務情報の実績値と予算値の差異である。

（２）予実差異の表示

予実差異の表示には，以下の３つの選択肢がある。

- 差異を絶対値で表示し，実績値が予算値より良い場合（有利差異）に（F），実績値が予算値より悪い場合（不利差異）に（U）を加える。
- 差異を実績値に対する予算値の控除額で表示し，正もしくは負の値をそのまま示す。
- 純利益を増加させる差異は正の値，純利益を減少させる差異は負の値で示す。

グローバル企業におけるFP＆Aプロフェッショナルの実務では，３番めの

［図表8－7］固定予算と実績

	固定予算	実績
売上数量	200,000	225,000
売上単価	$ 4.00	$ 4.50
売上高	$ 800,000	$ 1,012,500
変動費		
直接労務費	$ 150,000	$ 213,750
直接材料費	$ 250,000	$ 258,750
変動間接費	$ 100,000	$ 101,250
変動費計	$ 500,000	$ 573,750
限界利益	$ 300,000	$ 438,750
固定費	$ 75,000	$ 70,000
営業利益	$ 225,000	$ 368,750

出所：日本CFO協会（2020）を基に筆者作成。

「純利益を増加させる差異は正の値，純利益を減少させる差異は負の値で示す」選択肢が採用されることが多い。

（3）変動予算の作成

予実差異分析において重要となるのが，**図表8－8**の変動予算（Flexible Budget）の概念である。固定予算（Static Budget）がコストドライバーとしてのアウトプットである売上高もしくは活動（Activities）の量に関して1つの値を特定して作成されるのに対し，変動予算はアウトプットに複数のレベルを設定して作成される。変動予算は，売上高もしくは活動の変化がコストと利益にどのような影響を与えるかを示す。

変動予算のコストは，固定費と変動費のそれぞれを反映する。変動予算の変動費部分は，アウトプット（たとえば，売上数量）1単位当たりの予算上の変動費にアウトプットの実績値を乗じて求める。固定費部分は，アウトプットの大きさに関係なく一定の固定値を使用する。変動予算は，固定予算と同じ前提，たとえば，同じ単位当たりの価格，同じ単位当たりの変動費，および同じ固定費を使用する。変動予算と固定予算の差異は，アウトプットに関する前提である。

グローバル企業におけるFP＆Aプロフェッショナルの実務では，変動予算は年度初めには作成されず，予実差異分析の対象となる期間が終了し，売上数量の実績値が判明された段階で作成される。

[図表8－8] 変動予算

	固定予算	実績	変動予算
売上数量	200,000	225,000	225,000
売上単価	$ 4.00	$ 4.50	$ 4.00
売上高	$ 800,000	$ 1,012,500	$ 900,000
変動費			
直接労務費	$ 150,000	$ 213,750	$ 168,750
直接材料費	$ 250,000	$ 258,750	$ 281,250
変動間接費	$ 100,000	$ 101,250	$ 112,500
変動費計	$ 500,000	$ 573,750	$ 562,500
限界利益	$ 300,000	$ 438,750	$ 337,500
固定費	$ 75,000	$ 70,000	$ 75,000
営業利益	$ 225,000	$ 368,750	$ 262,500

出所：日本CFO協会（2020）を基に筆者作成。

(4) 固定予算差異

固定予算である年度予算（もしくは総合予算）と実績との差異は，**図表8－9**のとおり，「固定予算差異（Static Budget Variance)」と呼ばれる。予実差異分析の第一歩は，固定予算差異を「販売活動差異（Sales Activity Variance)」と「変動予算差異（Flexible Budget Variance)」に分けることにある。

販売活動差異は，固定予算（年度予算もしくは総合予算）と変動予算の差異で

[図表8－9] 固定予算差異の分解①

	固定予算差異		販売活動差異		変動予算差異	
売上数量	25,000	F	25,000	F	-	
売上単価	$ 0.50	F	$ -		$ 0.50	F
売上高	$ 212,500	F	$ 100,000	F	$ 112,500	F
変動費						
直接労務費	$ 63,750	U	$ 18,750	U	$ 45,000	U
直接材料費	$ 8,750	U	$ 31,250	U	-$ 22,500	F
変動間接費	$ 1,250	U	$ 12,500	U	-$ 11,250	F
変動費計	$ 73,750	U	$ 62,500	U	$ 11,250	U
限界利益	$ 138,750	F	$ 37,500	F	$ 101,250	F
固定費	-$ 5,000	F	$ -		-$ 5,000	F
営業利益	$ 143,750	F	$ 37,500	F	$ 106,250	F

出所：日本CFO協会（2020）を基に筆者作成。

ある。アウトプットのレベル（たとえば，操業度）の違いによるものである。販売活動差異は戦略の「有効性（Effectiveness）」を測定する目安となる。

変動予算差異とは，変動予算と実績との差異である。変動予算はアウトプットのレベルの実績（たとえば，実際操業度）に基づいて作成するので，変動予算と実績との差異は操業度によるものではない。変動予算差異は，実際のコストが変動予算公式で計算した金額から乖離したために発生し，資源利用の「効率性（Efficiency）」を示す目安となる。

FP＆Aプロフェッショナルの実務において，予実差異分析の目的は正確な予測を作成することにある。効率性を測る変動予算差異の検討のみではなく，販売活動差異の検討が必要である。販売活動差異は戦略の有効性を測定する目安となる点で，予実差異分析における重要性が高い。

固定予算差異を計算する方法には，固定予算差異を①実績の金額から固定予算の金額を控除する方法と，②変動予算差異の金額と販売活動差異の金額を加算する方法の2つがある。両方の方法で計算して誤りをチェックすることが望ましい。

①　販売活動差異の分解

販売活動差異は，**図表8－10**のとおり，売上ミックス差異（Sales Mix Variance）と売上数量差異（Sales Quantity Variance）に分解できる。

売上ミックス差異は個々の商品を対象に計算して，積算する。個々の商品の計算式は以下のとおりである。

売上ミックス差異＝すべての製品の売上数量の実績値
×（個々の製品の売上ミックスの実績比率－予算比率）
×個々の製品の予算上の1個当たり限界利益額

売上数量差異も個々の商品を対象に計算して，積算する。個々の商品の計算式は以下のとおりである。

売上数量差異＝（すべての製品の合計売上金額の実績値
－すべての製品の合計売上金額の予算値）
×予算上の本製品の売上ミックス比率（%）
×予算上の本製品1個当たりの限界利益

[図表 8 －10] 固定予算差異の分解②

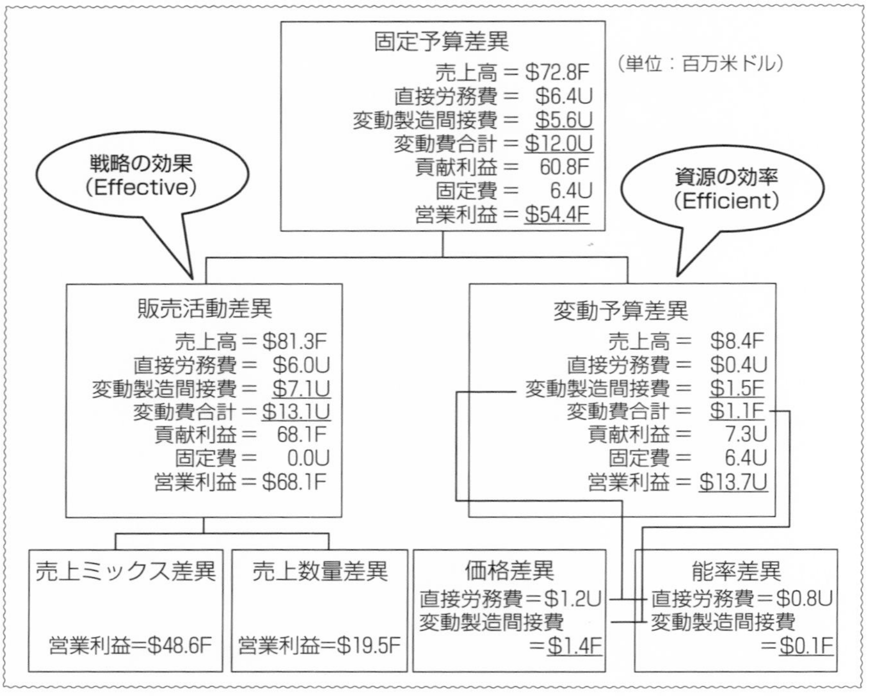

出所：日本CFO協会（2020）を基に筆者作成。

図表 8 －11は，販売活動差異を売上ミックス差異と売上数量差異に分解した設例である。売上ミックス差異と売上数量差異の合計が販売活動差異であることを確認されたい。

② 変動予算差異の分解

変動予算差異は，**図表 8 －10**のとおり，価格差異（Price Varianceもしくは Rate Variance）と能率差異（Efficiency VarianceもしくはQuantity VarianceもしくはUsage Variance）に分解できる。

価格差異は，直接労務費の１時間当たりコストおよび個々の直接材料の１個当たり価格の差異がどの程度のインパクトを与えるかを示す。価格差異の計算式は以下のとおりである。

［図表８－11］販売活動差異の分解

	製品A	製品B	製品C	合計
予算上の売上数量	750,000	975,000	200,000	1,925,000
予算上の売上ミックス	39.0%	50.6%	10.4%	
売上数量の実績値	650,000	875,000	225,000	1,750,000
売上ミックスの実績値	37.1%	50.0%	12.9%	
予算上の１個当たり限界利益	$1.25	$2.00	$1.50	

	製品A	製品B	製品C	合計
売上ミックス差異	$(39,773)	$(22,727)	$64,773	$2,273
売上数量差異	$(85,227)	$(177,273)	$(27,273)	$(289,773)
販売活動差異	$(125,000)	$(200,000)	$37,500	$(287,500)

出所：日本CFO協会（2020）を基に筆者作成。

価格差異＝(投入材の１個当たり実績価格
－投入材の１個当たり予算価格）×投入材の実績投入数量

能率差異は，直接材料費や直接労務費などの投入数量が能率的に消費されているか否かを示す。能率差異の計算式は以下のとおりである。

能率差異＝(投入材の実績投入数量－産出量の実績値に基づいて変動予算で予定される投入材の予算投入数量)
×投入材の１個当たり予算価格

変動予算差異のうち，製造間接費の変動費部分の予算差異は，変動製造間接費支出差異（VOH Spending Variance）と変動製造間接費能率差異（VOH Efficiency Variance）に分解することができる。変動製造間接費支出差異の計算式は以下のとおりである。

変動製造間接費支出差異
＝(コストドライバー当たりの変動製造間接費実績
－コストドライバー当たりの変動製造間接費予算)
×コストドライバー実績数量

変動製造間接費能率差異の計算式は以下のとおりである。

変動製造間接費能率差異
=(コストドライバー実績数量−変動予算におけるコストドライバー標準数量)
×コストドライバー当たりの変動製造間接費予算

製造間接費の固定費部分の予算差異は，製造間接費の固定費の予算額と実績額の差異になる。

FP&Aプロフェッショナルの実務では，製造間接費の変動部分の予算差異や製造間接費の固定部分の予算差異を検討することは行われていない。予実差異分析の目的は，過去情報を基に意思決定に必要とされる正確な予測を作成することにあり，ほとんどの場合において月次会議における経営意思決定に関連のない情報であるからである。

Ⅳ 創発的戦略

(1) サイモンズの対話型コントロールシステム

ミンツバーグの指導で博士号を取得し，ハーバード大学大学院で管理会計を研究しているロバート・サイモンズ（Robert Simons）は，4つのコントロール・レバーというフレームワークを提唱している。

サイモンズの著書“*Levers of Control*”（Simons, 1995）から，創発的戦略を支援するために必要な管理会計の仕組みである「対話型コントロールシステム（Interactive Control System)」という概念を紹介する。

サイモンズは，意図された戦略を計画どおりに実行するためのコントロールシステムを，「診断型コントロールシステム（Diagnostic Control System)」と名付けている。

その要件は，①当初に意図した戦略をトップダウンで下位目標に明示的に結びつけ，資源と行動計画を調整すること，②組織目標を達成するための動機づけを提供すること，③事業とマネジャーを評価する基礎として役立てること，④修正行動のためのベンチマークを提供することの4つである。

サイモンズは「診断型コントロールシステム」に対置する形で，創発的戦略の実現を支援するためのコントロールシステムを，「対話型コントロールシステム」と名付けている。

対話型コントロールシステムを使うことにより，皆が何に関心を向けるべきかを明確にすることができ，トップが関心を示す情報を明示することにより，部下との継続的な対話が可能になるとしている。

サイモンズはSimons（1995）において，1つのコントロールシステムを選び，以下の方法で対話型コントロールシステムとして使うことを提案している。

「データを使って部下のアクション・プランに疑問をぶつけ，急な環境変化にも対応することを強要する。新たなデータをトップに報告するたびに，どんな質問か想像がつくので，部下は質問への回答を考え，環境変化に対応するアクション・プラン提案のためのデータ収集に精を出す。新しい情報が分析される過程で，組織のあらゆるところで双方向の議論や対話が行われる。」

「対話型コントロールシステムにおける議論は，常に実務を遂行するマネジャーを交えた直接対話である。会議では皆でアイデアを出し合い，あらゆるデータを用いて総合的に環境変化を捉える。ここでの議論は，新しい情報，仮説，アクション・プランに終始する。」

「コントロールシステムを対話型に用いる環境は，上層部が定期的かつ継続的に関心を示すことにより容易に作り出される。たとえば，経営陣が部下との直接対話において，事業の予期せぬ変化や対応策についての説明を求めると，組織のトップから下部へとプレッシャーが向かう。これに反応するように，いくつかの会議を経て，新たな情報や学習効果が組織の下部から上層部へと伝わっていく。」

サイモンズは，対話型コントロールシステムは特殊なものではなく，以下の条件を満たせば，創発的戦略を形成するための仕組みとして使うことができるとしている。

- 情報が簡単に理解できること。実りある議論や対話のためには，皆が同じデータを共有し，そのデータを信頼することが大切である。
- 新しいアクション・プランを生み出すこと。事業のマネジャーは，①何が変わったのか，②なぜ変わったのか，③（そして一番大事な）どう対応すればよいのかといった質問を絶えず投げかける。

●不断に改訂される現在の情報に基づく，将来の状態に関する予測の不断の改訂が必要である。

Simons（1995）は，対話型コントロールシステムを実現することにより，計画作成とコントロールの伝統的な関係を逆転させることができると論じている。

伝統的な視点では，計画作成プロセスにおいて戦略が形成され，コントロールプロセスにおいて戦略が実行されると考えられていた。

新しい視点では，コントロールプロセスにおいて戦略が形成され，計画作成プロセスにおいて戦略が実行される。言い換えれば，対話型コントロールシステムの実施から創発的戦略が形成され，創発的戦略を実行するために戦略計画が作成されるのである。

（2）ハロルド・ジェニーンの月次会議

ここまでご紹介したサイモンズの対話型コントロールシステムは，実際にはどのように実現できるのか？

サイモンズは著書の中で興味深い事例を挙げている。

対話型コントロールシステムが創発的戦略の形成をもたらした例として，ITTのハロルド・ジェニーン（Harold Geneen）の事例を挙げているのである。

ハロルド・ジェニーンがITTにおいて成功した背景には，ジェニーンが経営者として果たした大変ユニークな役割があった。それはジェニーンの月次会議に対する取り組みだった。サイモンズの枠組みに従えば，ジェニーンはITTの対話型コントロールシステムの中心にいた。ジェニーンはITTで経営者になる前に複数の会社でCFOおよびコントローラーとして月次会議に取り組んだ。

最初に，ジェニーンの自伝からITTにおける月次会議に対するジェニーンの取り組みを紹介する（Geneen，1984）。

1958年，48歳の時に，レイセオンの副社長として成功したジェニーンは，ITTに社長として転職した。

ジェニーンは，ITTで勤務したほぼ20年間，毎月ベルギーのブリュッセルで1週間，米国ニューヨークで1週間，月に2週間の月次会議を持った。そこには，本社の幹部40名と250のITT子会社の全部の代表取締役が参加した。

情報技術の発達した現代において，ジェニーンが月次会議に要した時間や労力，そしてコストの無駄を批判することは容易である。しかし，ジェニーンが20年間にわたって月次会議を持ち続けたことには，ジェニーンの経営者としての経営哲学があった。

「私の考えでは，楽しい繁栄の雰囲気をつくるのに最も重要な要素は，経営組織の上下を通じて，開放的で自由で率直なコミュニケーションを定着させることである。われわれの頻繁な会議の背後にあったのは，その考えだった。ゼネラル・マネジャー会議，予算検討会議，問題解決のための会議，特別会議。どのマネジャーも本社のトップマネジメントに直接に意思を通じることができた。われわれは階層に関係なく誰もが直接に意見を述べ合い，いかなる状況に関しても現実の事実に基づいて検討が行われるように，全員を一堂に集めることによって経営階層の間の隔てを取り払った。」

「しかし，それだけではまだ事実の皮相を述べたに過ぎない。その下には，お互いに，いつでも率直な意見を述べる義務があるという明確な諒解があった。人々は私にでも，他の誰にでも反対することができた。彼らは私でも他の誰でも批判することができ，誰もその結果として迫害されることはなかった。批判を歓迎しようと私も努力した。会議での応酬そのものよりも重要だったのは，そうした会議で他の人々がそれを見ていて，誰でも思っていることを口に出してボスに反対することができ，それがちゃんと聞かれるということが会社中に知れ渡ることだった。」

「批判に対して開放的であることには，通例，予期せぬ配当がついてくる。人々はまた，自由に私なり他の誰なりのところへやってきて助けを求め，その場合もまた地位や格を下げられる恐れなしに，それを受けることができた。われわれ全員は１つの目標に向かって力漕している，同じ救命艇の乗り合い仲間なのだった。それがわれわれの根底にある哲学だった。」

サイモンズは，Simons（1995）において，対話型コントロールシステムの代表例としてITTにおけるジェニーンの月次会議への取り組みを以下のとおり引用している。ジェニーンはITTの対話型コントロールシステムの設計者であり，運営者であった。

「(月次会議において）われわれはしゃべり，議論し，問題を解決し，新しいアイデアにたどりついた。肝心なのは，誰も発言することを恐れないことだった。そこには新しい事実，新しい発明，新しい選択を発見することへの熱情があった。アイデアと事実と提案との，その沸騰する大釜から，皆がその部屋に入ってきた時には誰の頭にもなかった答えが飛び出した。各自の代表する会社の大きさにも，年功序列にも，給料の多少にもかかわりなく，そこにいる全員は原則として対等だった。」

「われわれは仲間の見解に耳を傾けることによって，市場や世界経済や貿易や国際法やエンジニアリングや，そしてもちろん企業経営の技術に関する知識を深めた。それればかりか，われわれ全員は１人のチームだった。その結果として，働くシンクタンク，経営に関する問題を解く機械装置のような機構となった。われわれは互いに仲間から学び，助けられるばかりではなく，また問題を直接的に，スピーディーに処理できるようになったばかりでなく，会議はしばしば活力と熱中で充電され，時には激しい興奮のるつぼとなることもあった。誰の報告予定にもなかった新しいアイデアを出し合うことによって，新しい製品，新しいベンチャー，物事をやる新しい方法に逢着した。」

お伝えしたいのは，月次会議は計画された戦略を実現するための場であると共に，創発的戦略が生まれる場にもなり得るということである。

月次会議を「診断型コントロールシステム」としてだけではなく，「対話型コントロールシステム」としても活用するべきである。

CFOはCEOの真のビジネスパートナーとして「診断型コントロールシステム」と「対話型コントロールシステム」の両方の責任者であるべきである。

そのためにはCFOはCEOと共同して，月次会議が「診断型コントロールシステム」と「対話型コントロールシステム」の両方の機能を果たすように，月次会議の設計・運用に取り組むべきである。

事例紹介⑥　東芝の月次会議におけるチャレンジ

株式会社東芝は2015年に日本企業史に残る不正会計問題を起こした。同社の第三者委員会が2015年７月に公表した調査報告書によれば，2008年度から2014年度第３四半期までの期間における税引前利益のかさ上げが1,562億円に上るとした。田中久雄社長，佐々木則夫副会長，西田厚聡相談役の歴代社長３名および歴代CFO２名を含む，取締役８名が引責辞任する事態になった。

本問題は年度予算が有する問題点，つまり年度予算が組織構成員の逆機能的行動（Dysfunctional Actions）を誘発する背景を理解するのに，有用な事例である。

第三者委員会の調査報告書および東芝のアニュアルレポート2015年版および2016年版を基に，本問題の中でもFP&A組織の果たすべき役割の観点からの示唆が多い「チャレンジ（ODM部品押し込み）」の事例を紹介する。

◈チャレンジ（ODM部品押し込み）の概要

第三者委員会の調査報告書によれば，2008年度当時，リーマンショックの影響を受けた世界的景気減退局面の中，東芝においても全社的に業績悪化懸念が増大していた。そこでバイセル（Buy-Sell）取引と呼ばれる方法を利用した当期利益のかさ上げが行われた。

バイセル取引は，PC製造に関して東芝がPCの部品を購入し，製造委託先（ODM）に部品購入価格をマスクして見せないようにしたうえで，購入価格より高い価格（マスキング価格）で販売する取引である。

四半期末において正常な生産活動に必要な数量を超えた数量のPC部品を製造委託先（ODM）に対して販売し，当該部品の調達価格とODMへ販売するマスキング価格の差額を当四半期の製造原価のマイナスとして認識させる方法（「ODM部品の押し込み」という）により，当期利益をかさ上げした。

ODM部品の押し込みは，経営トップを含めた組織的関与の中，意図的に「見かけ上の当期利益のかさ上げ」をする目的で行われた。

2008年７月の四半期報告会および８月の社長月例において，社内カンパニーであるPC＆ネットワーク社からの2008年度上期の営業利益の見込みに対し，西田社長はいずれも50億円の上積みを「チャレンジ」として求めた。このチャレンジを達成すべく，2008年９月，損益の大幅改善のためのODM部品の押し込みを実施した。

2008年９月末時点における「バイセル利益計上残高」は，推計143億円に上った。西田社長の社長退任直後の2009年第１四半期末に，バイセル利益計上残高は推計273億円にまで達した。

佐々木社長が社長に就任した後も，ODM部品の押し込みは四半期ごとに，継続的に行われた。佐々木社長はODM部品の押し込みによる見かけ上の利益のかさ上げはPC事業の本来の利益によって減らすべきであり，PC事業の損益がマイナスの時には減らすべきではないと考えていた。損益悪化局面においてはカンパニーに対して損益の改善を強く求めたため，ODM部品の押し込みを誘発し，利益のかさ上げ額は増加した。

2012年９月27日に開催された社長月例において，佐々木社長はPC事業を行うデジタルプロダクツ＆サービス社に対し，残り３日で120億円の営業利益を改善することを強く求め，検討結果を翌日に報告することを求めた。佐々木社長の社長退任時には，バイセル利益計上残高は推計654億円に達した。

西田社長および佐々木社長の社長在任時，PC事業を営むカンパニーの歴代のカンパニー社長は，四半期の末日まで残り期間がわずかとなった時期に開催される社長月例の場で，「チャレンジ」の名目の下に予算（仮に予算を達成できた場合であってもさらに設定された目標値）を必ず達成することを，社長から強く求められた。

社長が示すチャレンジのほとんどは，長期的な利益目標などの視点から設定されるものではなく，「当期利益至上主義」とも呼べる，当期または当四半期における利益を最大化するという観点から設定される目標達成値であった。

◈CFOおよびFP&A組織の問題点

第三者委員会の調査報告書によれば，歴代のCFO，財務部長らは，2009年以降，カンパニーが四半期ごとに大きな利益を計上していること，およびその大部分がODM部品の押し込みによる見かけ上の利益のかさ上げによるものであることを認識していた。

彼らの一部は，ODM部品の押し込みによる見かけ上の利益のかさ上げを減らしていかなければならないという意向を有しており，折あるごとにそれをカンパニーや場合によっては佐々木社長に対して伝えていた。しかし，CFOおよび財務部が内部統制機能を発揮して是正させることはできず，黙認し続けることになった。

◈再発防止策

東芝アニュアルレポートの2015年版および2016年版は，再発防止策とその取り組みを報告している。月次会議およびCFO組織に関する記載は，以下の２点である。

第１は，予算統制プロセスの見直しである。

2015年版は，「当期利益至上主義を脱却し，実力に即した実行可能で合理的な予算および長期経営計画を策定する観点から，中期計画・予算策定プロセスおよび業績管理の見直しを実施する」と報告した。

2016年版は，「短期的な損益に関する数値上の改善を議論していた社長月例を廃止し，新たにキャッシュ・フローを中心とした実績値を基に将来の業績改善に向けた討議を行う場として業績報告会を新設した。カンパニーの業績評価を，従来の営業利益や予算達成度合いの重視から，キャッシュ・フローを中心とした投資効率重視へと変更した。具体的には，対予算評価を含む評価項目の見直し，整理を行い，事業ごとの投資効率（定量面）と市場成長可能性・自社優位等の事業期待性（定性面）に基づき評価する制度へと移行した」と報告している。

筆者には予算統制プロセスの見直しの主眼が，①将来予測の時間軸（短期対中期）のバランスの見直し，②業績評価軸（定量面対定性面，損益面対キャッシュ・フロー面）のバランスの見直しにあるように見える。見直しの方向性は理解するが，FP＆Aプロフェッショナルの実務の発展のためにさらなる開示を望みたい。

第２は，CFO部門の組織の見直しである。

2015年版は，「財務部門の内部統制機能を強化するため，従来，社内カンパニー社長が有していた社内カンパニーの財務統括責任者（CCFO：Company CFO）の人事承認権，人事評価権をいわゆる最高責任者（CFO）としての財務部担当執行役に移管し，財務会計機能の独立性を担保する」と報告した。

2016年版は，「カンパニー経理部門のカンパニー社長からの独立性を担保するため，従来カンパニー社長の直轄組織であったカンパニー経理部を全社スタッフとしての財務部門の直轄組織とした。従来カンパニー社長が有していたカンパニーの財務統括責任者（CCFO）の人事評価権をCFOに移管し，財務会計の独立性を担保した。全社スタッフ部門において財務会計と管理会計の各担当を分離し，会計処理に対する内部統制機能を強化するため，財務部を廃止し，財務管理部および主計部を新設した」と報告している。

上記のCFO組織の見直しは，第２章で紹介した日本企業の経営管理組織が伝統的に抱える課題，つまり「２つの壁」の１つである本社と事業部の壁に関するものである。東芝のCFO組織は伝統的には日本企業の中で最先端にあり，事業部CFOは事業部長だけではなく，本社CFOにもレポートしていた。ところが，1999年の事業部制から社内カンパニー制度への移行後，社内カンパニーのCFOは社内カンパニー社長のみにレポートし，本社CFOにレポートしない組織体制になってしまった。今回の見直しはそれを修正したものである。

◈西田社長はなぜチャレンジに走ったのか？

第三者委員会の調査報告書は，「東芝においては，上司の意向に逆らうことができないという企業風土が存在していた」としている。東芝に上司の意向に逆らえない企業風土が存在していたとしても，本問題の真因に迫るためには，経営トップであった西田厚聡社長がなぜチャレンジに走ったのかを知る必要がある。

児玉（2017）から，西田氏がチャレンジに至った動機を探ってみる。図表８－12は，西田氏のキャリア年表である。

[図表８－12] 西田厚聡氏のキャリア年表

- 1968年（25歳）：早稲田大学第一政治経済学部卒業。東大大学院法学政治経済学研究科に転じる。
- 1970年（27歳）：東大修士課程を修了。その後，博士課程に進む。
- 1973年（30歳）：東大博士課程を退学。イランとの合弁会社で現地採用。
- 1975年（32歳）：現地採用から本社採用に。
- 1977年（34歳）：東芝本社に赴任。第一国際事業部で海外進出の企画立案を担当。
- 1984年（41歳）：東芝ヨーロッパ社上級副社長として，独デュッセルドルフへ。

- 1985年（42歳）：世界発のラップトップ型パソコン「T1100」を開発。欧州で販路を拓く。
- 1989年（46歳）：ノート型パソコン「DynaBook」を開発。
- 1992年（49歳）：東芝アメリカ情報システム社社長として，米国へ赴任。
- 1995年（52歳）：パソコン事業部長に。
- 1996年（53歳）：西室泰三氏，第13代社長に就任（2000年まで）。
- 1997年（54歳）：取締役就任。
- 2000年（57歳）：岡村正氏，第14代社長に就任（2005年まで）。
- 2003年（59歳）：パソコン事業が赤字に転落（第３四半期に142億円の赤字）。
- 2004年（60歳）：パソコン事業が黒字転換（第３四半期に84億円の黒字）。
- 2005年（61歳）：第15代社長に就任。米ブッシュ政権がエネルギー政策の転換を発表（原発ルネッサンス）
- 2006年（62歳）：米原子炉技術大手ウェスチングハウス（WH）を買収。
- 2009年（65歳）：佐々木則夫氏，第16代社長に就任。西田氏は会長に昇格。
- 2011年（67歳）：東日本大震災，福島第一原発で事故。以後，世界的に原発需要が減少。
- 2013年（69歳）：田中久雄氏，第17代社長に就任。西田氏は会長に留任。佐々木氏は副会長に。
- 2015年（71歳）：４月，粉飾決算が内部告発で明るみに。７月，西田，佐々木，田中ら歴代社長と役員２名が責任をとって退任。

出所：筆者作成。

西田氏は30歳の時に東芝のイラン合弁会社で現地採用としてキャリアをスタートした。児玉（2017）は，当時の西田氏を以下のように伝えている。

> 「西田は経理と言わず，ほとんどの仕事が素人ではあったが，堪能な英語のほか，ドイツ語なども喋れるということで経理の統一基準作りのメンバーの１人に選ばれる。西田は英語で書かれた簿記の本，原価計算の本，財務関係の本など全部で５冊の会計関係の本を揃えた。そして，それと首っ引きで一から会計を学んでいくのだった。読んで理解した部分から日本語に要約し，工場長らに提出した。こうした作業を繰り返してはイラン側の会計基準を把握し，その後に東芝側とイラン側のそれを統一していった。手腕を見込まれた西田は，一時期，イランにある２つの工場の予算を任された時期もあった。」

児玉（2017）による西田氏の評伝を読んで，筆者には，西田氏が日本企業における「FP&Aプロフェッショナル」の先駆けになるべき人であったように思えた。文系学部の出身でIT技術などの専門家ではなかったが，ビジネスパートナーとして技術者チームをリードし，数字で経営管理を行う能力に優れていた。

34歳にして初めて東芝本社勤務になる。ラップトップ型パソコンの営業で欧州・米国で頭角を現す。52歳でパソコン事業部長に就任する。筆者がインテル米国本社で勤務していた2000年当時，西田氏の勇名は日本のみならず米国のIT業界で鳴り響いていた。

児玉（2017）は，2008年当時の社長在任時の西田氏を以下のように伝えている。

> 「リーマンショックの大波を被った東芝は，2009年３月期に3,436億円という空前の赤字を出すことになる。この頃からだった。月に一度の『社長月例会』と呼ばれる社長西田と各事業カンパニーの責任者との面談の席で，西田は『利益を死守しろ』と言明するようになった。西田からそうした厳しい口調で言われたあるカンパニーの責任者は，その時の様子をこんな風に振り返る。彼は西田の部下として仕えた経験もある。
>
> 『笑顔を絶やさずに，理路整然としてビジネスを語り，未来を語っていた西田さんが，数字のことしか言わなくなってしまった。極端に言えば，数字さえ出すなら何でもいいような雰囲気だった。その変わりように戸惑ったし，それからやはりがっかりしました。昔の西田さんじゃないと。』
>
> パソコン事業の赤字拡大に業を煮やした西田は，パソコン事業部自体の売却さえも口にして，利益確保，つまりは“数字”を作ることを強要し始める。『こんな数字（赤字の意味），恥ずかしくて公表できない。』」

経営トップであった西田氏をチャレンジに走らせた背景には，海外での現地採用という厳しいスタートから東芝社員として成功し社長にまで上り詰めても，それでもなお過去の成功体験に引きずられ，成功し続けることへの強迫観念にも似たものがあったように見える。

そこには一緒に働く従業員，取引先，株主その他の利害関係者（Stakeholders）への配慮は全くない。日本企業におけるFP&Aプロフェッショナルの先駆けとして後進のロールモデルになるべき人だった西田氏の経営者としての転落は残念の一言に尽きる。

FP&Aプロフェッショナルにとって，本事例は何を示唆しているのだろうか？

もし読者がFP&Aプロフェッショナルとして，不正会計事件発生当時の東芝のCFOや財務部長らが経験したものと同じ状況に遭遇した時，どのように行動すべきだろうか。

米国管理会計士協会の倫理規定は，まず，問題の是正に向けて最善を尽くすことを提案している。しかし，最善を尽くしても問題を解決できない場合には，「組織から離れること」を検討するように促している。

> 「米国管理会計士協会会員は，問題に関する法律上の義務や権利，リスクを弁護士と相談すべきである。問題を解決する努力が成功しない場合，組織から離れることを検討したほうがよい。」

第9章

マネジメントコントロールシステムおよび目標管理

I　マネジメントコントロールシステム

(1) マネジメントコントロールシステム

第1章において，筆者のグローバル企業での経験を基に「マネジメントコントロールシステムの設計者および運営者」としてのFP&Aの役割を紹介した。本章では，組織目標を達成するために組織の構成員（ヒト）に働きかけるシステムとしてのマネジメントコントロールシステムに焦点を当てる。

管理会計研究者のホングレン（Charles Horngren）は，マネジメントコントロールシステムの目的を「組織目的の達成」にあると位置づけ，マネジメントコントロールシステムの機能を以下の4つにまとめた。

- 組織の目的を明確に伝達する。
- マネジャーや従業員が，組織目的を達成するために自分たちが要求されている特定の行動について理解できるようにする。
- アクションの結果を組織に伝える。
- マネジャーや従業員が組織の目的を達成できるように動機づける。

先に示した**図表1－9**の上部にある「目標および業績指標を設定する」と名付けられた箱が出発点である。そこから左側の「計画を作成し，アクションをとる」と名付けられた箱へつながり，下部にある「進捗をモニタリングし，報告する」と名付けられた箱を経由して，右側の「業績を評価し，報酬を与える」と名付けられた箱に到達する。マネジメントコントロールシステムとは，組織目標を達成するために組織の構成員（ヒト）に働きかけるシステムである。

マネジメントコントロールシステムを設計し，評価することの出発点は，第5章で示した**図表5－8**の上部のとおり，組織のミッション，ビジョン，長期目標を前提のうえで，戦略と短期目標を識別することにある。マネジメントコントロールシステムを設計し，評価する際には，**図表5－8**の下部に示されている組織の価値観，組織文化，組織構造，組織能力を考慮する必要がある。

（2）責任会計の概念

①　マネジメントコントロールシステムの設計の基準

マネジメントコントロールシステムの設計において考慮すべきなのは，**図表9－1**のとおり，目標の一致と従業員の努力と名付けられた2つの箱が，業績の評価指標（Performance Measures）と報酬（Rewards）と名付けられた2つの箱とどのように連繋すべきかである。組織がどのように組織構成員個人の業績を測定し，評価するかは，組織構成員の行動に影響を与える。業績評価の指標に報酬を紐付けると，組織構成員は業績目標を達成することに強い動機を持つ。業績評価の指標の選択を誤ると，組織目標の実現の障害になってしまう。責任センターと報酬の選択を決めるフレームワークが責任会計（Responsibility Accounting）の概念である。

適切に設計されたマネジメントコントロールシステムは，財務的業績指標（Financial Performance Measures）と業務的業績指標（Operational Performance

［図表9－1］マネジメントコントロールシステムの設計の基準

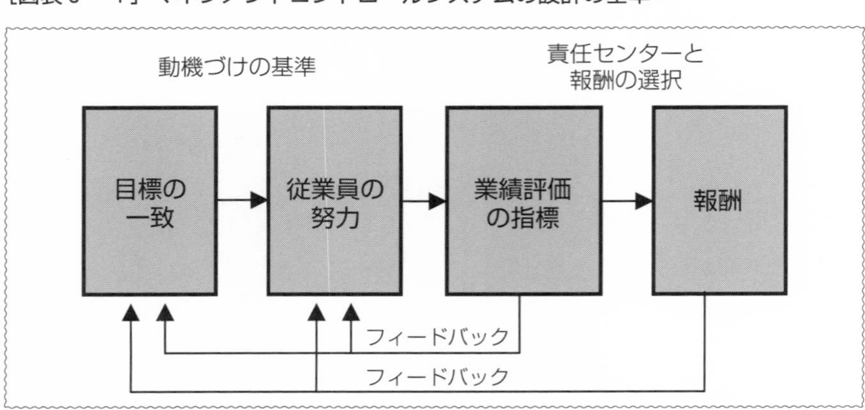

出所：Horngren（2002）を基に，筆者作成。

Measures）を含む非財務的業績指標（Non-Financial Performance Measures）の両方を測定する。

第８章のバランス・スコアカードの説明で触れたとおり，非財務的指標は先行指標として，遅行指標である財務的業績指標の達成への目安となる。マネジメントコントロールシステムの設計において，両方の業績指標の検討が重要である。

第５章で示した**図表５－13**は，マネジメントコントロールシステムの設計の基準に関する概念図である。「組織構造」，「マネジャーの管理範囲」，「マネジャーの会計責任範囲」の３つの箱から，「関心範囲および従業員の動機づけ」の箱に向かって矢印が出ている。組織構成員の関心範囲と従業員の動機づけに働きかけることが，マネジメントコントロールシステムの役割である。

責任会計とは，事業部や部門レベルで収益と費用に関する目標に関して最も大きな影響力を持つマネジャーに，これらの目標を達成する責任を課すプロセスである。

図表５－13において「マネジャーの会計責任範囲」と名付けられた箱は，マネジャーの業績を評価するための業績評価指標の範囲を示している。これを責任センター（Responsibility Center）と呼ぶ。第１章で紹介したアンソニー（Robert Anthony）は，**図表９－２**のとおり，マネジメントコントロールシステムの中心に責任センターを据える。責任センターを「その活動に責任を有する管理者によって率いられている組織単位」と定義する。

アンソニーは責任センターの業績評価指標には，「事業の業績評価指標（Economic Performance Measures of Entities）」ではなく，「管理者の業績評価指標（Management Performance Measures of Managers）」を使用するべきとする。

コストセンター（Cost Center）のマネジャーは，コストのみに責任を持つ。プロフィットセンター（Profit Center）のマネジャーは，収益と費用の両方に責任を持つ。インベストメントセンター（Investment Center）のマネジャーは，収益と費用に加えて，投資とその利益に責任を持つ。

FP&Aプロフェッショナルがマネジャーの会計責任範囲を設計する際に検討する必要があるのが，**図表５－13**の上から２つめの箱である「マネジャーの管理範囲」である。

マネジャーの管理範囲とは，マネジャーが持つ権限をマネジャーの統制下にある資源やワークユニットで表したものである。マネジャーの管理範囲に対し

[図表9－2] アンソニーのマネジメントコントロールシステムの概念図

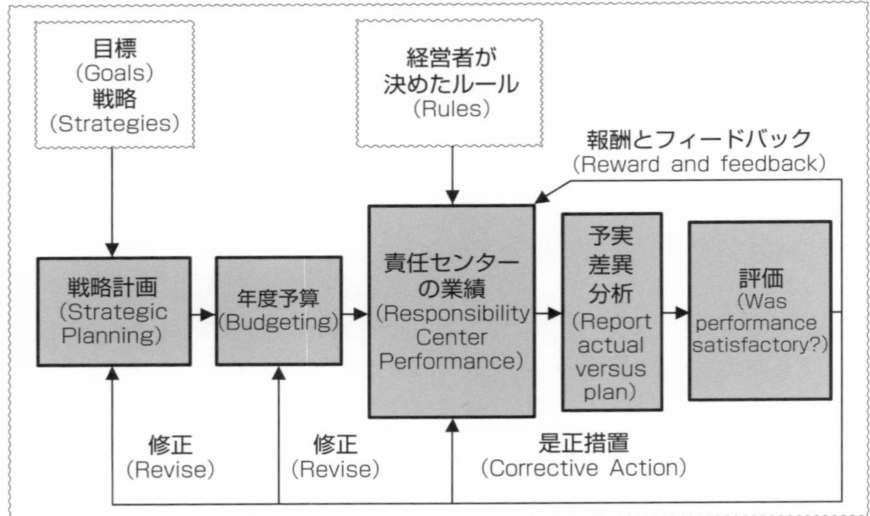

出所：Anthony（2007）を基に筆者作成。

て，会計責任範囲をいかに設定すべきかを検討する必要がある。

② 管理可能性基準

マネジャーの権限と責任の関係は，管理可能性基準で決まる。管理可能性基準の伝統的な考え方は，マネジャーが最終的な決定権限を有している管理範囲に合致した会計責任範囲を設定すべきであるとされていた。今日では，マネジャーが最終的な決定権限を有するか否かにとらわれずに，マネジャーが影響可能性を有している管理範囲に合致した会計責任範囲を設定すべきであるとされている。

図表9－3は，企業内のセグメント，たとえば事業部および部門の業績を貢献利益アプローチで測定したものである。FP&Aプロフェッショナルにとって，責任会計の概念の中心にある管理可能性基準を理解するのに有用である。

事業部および部門のコストは，事業部および部門のマネジャーが管理可能である部分と管理不能である部分に分けて表示される。そうすることによって，事業部および部門などのセグメント自体の業績と当該セグメントに所属するマネジャー個人の業績を別個に評価することが可能になる。

［図表９－３］貢献利益アプローチで作成したセグメント別損益計算書

	企業全体	企業全体の店舗チャネル別内訳		実店舗チャネルの地域本部別内訳				実店舗チャネルの西日本地域本部の店舗別内訳		
		オンライン店舗	実店舗	配賦せず	東日本	中日本	西日本	配賦せず	店舗A	店舗B
売上高	¥4,000	¥1,500	¥2,500		¥1,300	¥300	¥900		¥600	¥300
売上原価の変動費部分	¥3,000	¥1,100	¥1,900		¥1,000	¥230	¥670		¥450	¥220
販売・一般管理費の変動費部分	¥260	¥100	¥160		¥100	¥10	¥50		¥35	¥15
変動費合計	¥3,260	¥1,200	¥2,060		¥1,100	¥240	¥720		¥485	¥235
貢献利益(a)	¥740	¥300	¥440		¥200	¥60	¥180		¥115	¥65
控除：セグメントのマネジャーが管理可能である固定費	¥260	¥100	¥160	¥20	¥40	¥10	¥90	¥30	¥35	¥25
セグメントのマネジャーが管理可能である貢献利益(b)	¥480	¥200	¥280	(¥20)	¥160	¥50	¥90	(¥30)	¥80	¥40
控除：セグメントのマネジャーには管理不能であるが，上司には管理可能である固定費	¥200	¥90	¥110	¥20	¥40	¥10	¥40	¥10	¥22	¥8
セグメントの貢献利益(c)	¥280	¥110	¥170	(¥40)	¥120	¥40	¥50	(¥40)	¥58	¥32
控除：本社からの配賦費用	¥100									
セグメントの営業利益(d)	¥180									

出所：Horngren（2002）を基に，筆者作成。

図表９－３の横軸には，３つの種類のセグメントが示されている。１つめが店舗チャネルとしてのセグメント，２つめが地域本部としてのセグメント，３つめが店舗としてのセグメントである。

企業全体から始まり，右へ進むにつれてセグメントが小さくなる。実店舗チャネルの内訳および西日本地域本部の内訳では，地域本部もしくは店舗に紐付けできない費用は配賦しない。

図表９－３の縦軸には，(a)から(d)まで４つの種類の利益が示されている。セグメントの業績とセグメントに所属するマネジャーの業績の両方が含まれている。**図表５－13**の「マネジャーの会計責任範囲」もしくは責任センターを検討するのに有用である。

縦軸には，「セグメントのマネジャーが管理可能である固定費」と「セグメントのマネジャーには管理不能であるが，上司には管理可能である固定費」の２種類の固定費が記載されている。後者の固定費は，セグメントに紐付けることはできるが，マネジャーより上位のマネジャーによってのみ管理可能となる固定費である。

これらの固定費には，固定資産の減価償却費のような過去に行われた意思決定の結果として発生する「コミテッドコスト（Committed Cost）」，および年度予算プロセスで経営トップが決める広告宣伝費のような「自由裁量コスト（Discretionary Cost）」の２つの種類がある。

ここで注意すべきなのが，管理可能性基準として，マネジャーが最終的な決定権限を有している管理範囲を管理可能とするのか，マネジャーが影響可能性を有している管理範囲を管理可能とするのかの見極めである。

原則は，マネジャーの影響可能性を有している管理範囲を管理可能とすべきであるが，マネジャーにとってはリスクがある。特に，マネジャーが管理することができない要因が目標達成に関して与える影響が大きくなるほど，マネジャーのリスクはさらに大きくなる。

縦軸の最後には，本社からの配賦費用がセグメントに配賦せずに控除されている。管理会計の教科書には，セグメントのマネジャーの関心をできるだけ企業全体のコストに向けるために配賦を勧める例もあるが，FP＆Aプロフェッショナルの実務においては，こうした配賦の説明に無駄な時間を使いたくないので，配賦しないことが多い。

③ 「マネジメントコントロールシステムの設計の指針」

最後に，ホングレンによる「マネジメントコントロールシステムの設計の指針」を紹介する。

- 個人は自分の利益を満たすように行動すると，常に考えていなければならない。
- 自分の利益を最大にしようと考えて行動する個人が組織目標に合致した行動をとるように，インセンティブシステムを設計すること。
- 計画値（可能であれば，実際のアウトプットに基づいて調整された計画値）を基準にして，実績値を評価すること。
- 非財務的尺度は財務的尺度と同じように重要であることを忘れてはならない。
- 企業のバリューチェーンの中に業績測定尺度を位置づけること。
- マネジメントコントロールシステムがうまく機能しているかどうかを，定期的にチェックしなければならない。
- 世界中の競合他社で採用されているマネジメントコントロールシステムの成功例（失敗例）から学習すること。

Ⅱ　目標管理

前節では，マネジメントコントロールシステムを設計する際に重要となる責任会計の概念を説明した。本節では，組織目標を達成するために組織の構成員（ヒト）に働きかけるシステムとしてのマネジメントコントロールシステムの中心にある「目標管理」について紹介する。

OKRs（Objectives and Key Results）は，米国企業，インテルで生まれた目標管理手法である。グーグルやフェイスブックなど米国IT大手企業が先んじて採用した。日本企業ではメルカリなどIT企業の導入事例が多い。2021年から花王が導入することを発表した。

インテルのOKRsを事例紹介⑦として説明し，インテルのOKRsを基に独自のOKRsを発展させたグーグルの事例を事例紹介⑧として紹介する。

「マネジメントコントロールシステムの設計者と運用者」であるFP&Aプロフェッショナルにとって，両社の目標管理手法は大変に有用である。

事例紹介⑦　インテルにおける目標管理

◈目標設定

インテルでは組織単位の目標設定は年度単位で行われていた。毎年，中期経営計画が更新され，中期経営計画の更新に基づいて作成されるのが年度予算であった。業績賞与は年度予算で決められた目標の達成状況で決まった。

年度予算目標を達成するために３カ月周期で半年間の予算を作成した。半年間の実行予算は業績のコントロールを目的としたプロセスで，業績賞与とは切り離されていた。

組織目標設定に対応して，マネジャーおよび社員個人の業績賞与に関する目標が設定された。年度予算に対応しているのが，社員個人ごとの年度目標である。個人ごとの業績賞与は期首に設定する年度目標の達成状況で決まった。

個人ごとの年度目標を達成するために３カ月周期で四半期間の目標を作成した。四半期間の目標は個人業績のコントロールを目的とし，業績賞与とは切り離されていた。

つまり，インテルでは組織業績と個人業績のそれぞれの目標達成を目的とした２つのサイクルが回っていた。それぞれのサイクルは連動して，期首の目標設定，期中には３カ月ごとに目標達成状況のモニタリングを行っていた。

インテル日本法人の年度予算書の目次の最初に掲示されたのは年度予算ではなかった。目次の最初に示されているのは，「社員の業績賞与に関する業績目標」である。年度予算は２番めの項目であった。

組織業績目標を決める年度予算の予算書の最初に賞与に関する業績目標が示されることは，マネジメントコントロールシステムに対するFP&A組織の取り組みを象徴している。

ジョン・ドーア（John Doerr）の“*Measure What Matters*”（Doerr，2018）によれば，組織における個人の目標設定システムを最初に考案したのは，経営学者のピーター・ドラッカー（Peter Drucker）である。ドラッカーは，結果重視の，それでいて人間本位の経営理論を提唱した。データに基づいて調和のとれた長期計画と短期計画を策定し，職場での定期的な対話によって充実させていくことを提唱した。

ドラッカーの「目標と自己統制による管理」は，インテルのアンディ・グローブ（Andy Grove）の出発点になった。アンディ・グローブはドラッカーに敬意を表し，自らが考案した目標設定システムをIntel Management By Objectives（インテル版目標による経営管理）と名付けた。グローブの独自性は，目標（Objectives）と主要な成果（Key Results）を組み合わせることにあった。

アンディ・グローブの"*High Output Management*"（Grove, 1983）は，インテルにおける個人目標の管理システムを以下のように説明している。

「MBOの背後にある考えはきわめて簡単なものである。つまり目的地を知らずして，そこへ行き着くことはできないということ。」

「MBOシステムが成功するには次の２つの質問に答えさえすればよい。１つめが，私はどこへ行きたいか？（その答えが『目標（Objectives)』になる）である。２つめが，そこへ到達するためには自分のペースをどう決めるか？（その答えがマイルストーン，すなわち『主要な成果（Key Results)』になる）である。」

「『主要な成果』は，測定可能なものでなければならない。期末にそれを見て，達成できたかできなかったか，イエスかノーか，議論の余地なく判断できなければならない。単純な話だ。そこには主観は一切挟まれない。」

ジョン・ドーアのDoerr（2018）には，インテルにおけるMBOが図表９－４

［図表９－４］インテルのMBOs

全社目標：OBJECTIVES

1.「8086」を業界最高性能の16ビット・マイクロプロセッサ・ファミリーにする。

以下をその尺度とする。

主要な成果：KEY RESULTS

1.「8086」ファミリーの性能の優位性を示すベンチマークを５つ開発し，公表する。
2.「8086」の全製品をリリースし直す。
3. 8 MHz版の製造を開始する。
4. 演算コプロセッサのサンプルを遅くとも，６月15日までに製作する。

出所：Doerr（2018）を基に筆者作成。

のように例示されている。

主要な成果は，特定可能（Specific），測定可能（Measurable），達成可能（Achievevable），関連性がある（Relevant），時期が明確（Time-Bound）の５つの要件を満たすことを求められた。

◈継続的な対話（ワン・オン・ワン）

インテルでは，個人目標の設定と進捗管理は，「ワン・オン・ワン」と呼ばれるマネジャーと社員の１対１による継続的な対話によって行われた。

筆者がインテルで勤務していた当時，自分のマネジャーと週１回の個人面談を持ち，MBOsに関して何か問題があれば逐次，報告した。月１回の月次報告ではMBOs全体の進捗状況を報告した。また，四半期ごとに自分のMBOの内容を更新していた。

つまり，組織業績と個人業績のそれぞれの目標の達成を目的とした２つのサイクルが連動して，期首の目標設定，期中の目標達成状況のモニタリングを行っていた。

組織の当時のインテルでは，ポジションの力ではなく，知識の力で議論がされることを社是としており，「建設的な対立」が奨励されていた。歴史家，リチャード・テドロー（Richard Tedlow）は，“*Andy Grove*”（Tedlow，2006）において，当時のインテルの社風を以下のように記している。

> 「このような社風を生み出した手前，グローブは誰よりも厳しい基準を守らなくてはならなかった。よく知られているように彼は事業上のテーマに関しては，徹底してその陰にある真実を突き止めようとする。インテルでもこの姿勢を貫き，話し合いでは必ず相手ではなく課題に焦点を絞る。だが，これには異論もある。社内には，グローブが真実を掘り起こそうとするなかで，意図していたかどうかはわからないが，自分たちを面と向かって責めた，と受け止めている人も少なくないのだ。」

> 「グローブ自身も穏やかな心境のときに，『自分は相手を十分に理解しないまま深い傷を与えてしまった』と認めている。1980年代初め，ある従業員が『お願いですから，たまにはお叱り以外の言葉をかけてください』

という物悲しいメモを持ってきた。彼はそれをデスクのそばの壁に貼った。確かに，この叫びを忘れなかった。そのメモは今なお，彼のすっきりしたオフィスで見ることができる。ビニールケースに収まり，壁に掛かっているのだ。」

筆者のインテルでの同僚だった板越正彦氏はインテル日本法人のファイナンス部門に入社され，1990年代後半に米国本社で勤務された。現在はコーチングの専門家として活躍されている。著書の『上司のすごい一言』で，1990年代におけるインテルの文化とその後の20年間に起こった変化を，以下のように説明されている。

「1990年代当時のインテルの管理職は，部下の意見に対して，『理解できない』，『言いたいことはわかるけど，その答えは好きじゃない』と大勢の前で非難するような人ばかりでした。プレッシャーのあまり，大の大人が会議で泣き出した姿を何度も目撃したことがあります。ポジティブでプレッシャーに強いアメリカ人でさえ，耐えられなかったのです。」

「2010年代前半にインテルで初めてコーチングの講座を受けたときは，その意義をよく理解していませんでした。部下に寄り添うような対話をすること自体に懐疑的だったのです。当時のCEOだったポール・オッテリーニ（Paul Otellini）に，『昔の経営陣は激しかったじゃないか。なぜ最近，部下に気を遣えと言い出したのか』と聞いたことがあります。」

「その時の返事は，実に明快でした。『昔は宇宙飛行士のように，上を目指す者はワークハード（激しく働け）だった。それを期待する若者は，アップ・オア・アウト（昇進できなければ会社を去れ）を納得していたのだが，今の優しい若者は，それではついてこない。だから，時代が変われば，マネジメントスタイルも変わるのだ。自分がされてイヤなことは，相手にもしないようなマネジメントに変わらないといけない。自分が厳しいマネジャーに鍛えられたから，自分が厳しいマネジャーになって鍛えなければならないという考えは通用しない。それだと，いい人もとれないのだよ』。」

オッテリーニ氏は2004年から2017年までグーグルで社外取締役を務めた。インテルからグーグルへ移植された目標管理手法，「マネジャーと社員の1対1による継続的な対話」が，形を変えてグーグルからインテルへ里帰りしたように見える。

◈年次業績評価

インテルでは，期首に社員が個人業績の目標設定を行い，期中にマネジャーとの継続的な対話を行い，期末に年次業績評価を行って，それを基にボーナスや昇給，昇進などの報酬が決まった。インテルでは年次業績評価がいかに行われているかを紹介する。

年次業績評価のプロセスは，社員各自が図表9－4で紹介した期首のMBOsの結果を報告することから始まる。図表9－5の主要な成果に関する結果を基に，セルフ・アセスメントとしての自己評価書を作成する。マネジャーと社員の間で自己評価書を検討するための期末面談が行われる。マネジャーは自己評価書と期末面談の内容を基に，社員の査定会議に出席する。マネジャーに期待されているのは，社員の業績および評価の報告を事実に基づいて行うことである。

マネジャーが直属の社員の年次業績評価を行う際に，ランキング・アンド・レーティングと呼ばれる査定会議を行う。マネジャーは査定会議において，直

［図表9－5］インテルの年次業績評価

主要な成果	結果	評点	自己評価
「8086」ファミリーの性能の優位性を示すベンチマークを5つ開発し，公表する。	60%	0.6	評点は結果のみで決まる。 事後の振り返り（英語名，Post Mortem）を行うが，自己評価は評点には反映されない。
「8086」の全製品をリリースし直す。	100%	1.0	評点は結果のみで決まる。 事後の振り返り（英語名，Post Mortem）を行うが，自己評価は評点には反映されない。
8MHz版の製造を開始する。	0%	0	評点は結果のみで決まる。 事後の振り返り（英語名がPost Mortem）を行うが，自己評価は評点には反映されない。
演算コプロセッサのサンプルを遅くとも，6月15日までに製作する。	90%	0.9	評点は結果のみで決まる。 事後の振り返り（英語名，Post Mortem）を行うが，自己評価は評点には反映されない。

出所：Doerr（2018）を基に筆者作成。

属の社員を他部門の同じ職位の社員と徹底的に比較する。ランキングは通常，比較対象のグループを３つに分けて，上位と中位と下位の３つに分類する。レーティングはランキングを基に，「非常に良い」，「良い」，「要改善」のいずれかの評価を付ける。

インテルの上級幹部の１人は，「査定会議は真剣勝負だ。マネジャーが直属の社員の評価を述べる際に，対象者について事実をもとに評価を述べないと，罵倒される。その意味で査定会議よりも真剣に行われるものはない」と，バーゲルマン（2006）で述べている。

◈報　　酬

筆者のインテルでの同僚だった祖父江基史氏は複数のグローバル企業で勤務されて，現在はベンチャー企業を経営されている。著書の『若者よ，外資系はいいぞ』で，グローバル企業におけるキャリアに関して貴重なアドバイスを提供されている。著書でグローバル企業における典型的な組織図と報酬体系を図表９－６と図表９－７のとおり，説明されている。

［図表９－６］外資系の典型的な組織図

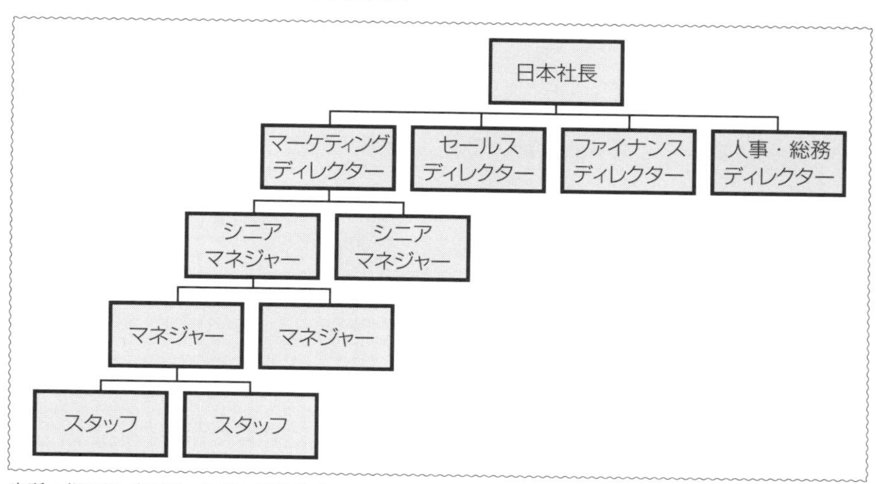

出所：祖父江（2015）を基に筆者作成。

グローバル企業における基本給は，等級（グレード）によってレンジが決め

［図表９－７］外資系の報酬体系

	責任のレベル	ポジション例	基本給	基本給＋ボーナス（目安）	総報酬
グレード1	オペレーショナルな仕事	秘書	400～600万円	400～700万円	＋長期インセンティブ
グレード3	自分で仕事がこなせる	マーケティング・エグゼクティブ	600～800万円	700～900万円	
グレード5	小さな部署の責任者	マーケティング・マネジャー	700～1,200万円	800～1,400万円	
グレード7	大きな部署の責任者	グローバルブランドマネジャー	1,200～1,800万円	1,600～2,300万円	
グレード9	部門の責任者	セールスディレクター	1,500～2,500万円	2,200～3,500万円	
グレード10	日本拠点の責任者	カントリーマネジャー	1,500～5,000万円	2,200万円～１億円以上	

出所：祖父江（2015）を基に筆者作成。

られる。昇進とは基本給のレンジを決める等級（グレード）が上がることである。

査定会議で「非常に良い」,「良い」,「要改善」の評価のうち,「非常に良い」の評価を得た社員が昇進の候補者になる。「要改善」の評価を２年続けて受けると，業績改善への計画を準備することが必要になる。

毎年，４月に実施される定期昇給については，本社から昇給の指針が出る。たとえば，会社全体の昇給が４％とすると,「非常に良い」は４％の２倍で８％,「良い」は４％の半分で２％，そして「要改善」は昇給ゼロになる。

◈マネジメントコントロールシステムの４つの輪

インテルにおいては，創業以来，長年にわたって，目標設定，継続的な対話，年次業績評価，および報酬のサイクルであるマネジメントコントロールシステムが厳格に運用されていた。インテルでは「目標設定」と「継続的な対話」と「年次業績評価」と「報酬」の４つの輪が図表９－８のように密接に重なり合って，１つのマネジメントコントロールシステムとして機能していた。

2020年以降，図表９－８に変化の兆しが見える。

2020年に図表９－９のとおり，インテルの伝統的な６つの価値観の大きな変更が発表された。伝統的な６つの価値観の詳細は第５章の事例紹介②で紹介している。今回の変更において注目すべきなのは，新しい６つの価値観に「One Intel（一丸となったインテル）」が加えられ，伝統的な価値観であるオペ

［図表９－８］インテルにおける目標設定と継続的な対話と年次業績評価と報酬の４つの輪

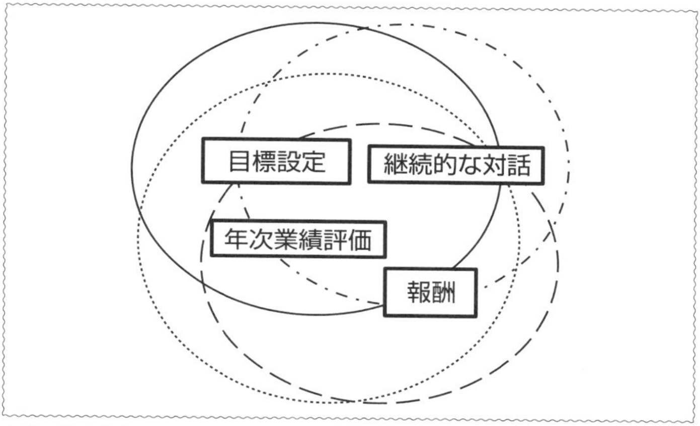

出所：筆者作成。

レーショナル・エクセレンスの中心にあった「Results Orientation（結果志向）」および「Discipline（規律）」が外されていることである。

Forbes誌のインタビューにおいて，EVP兼Chief People Officerであるサンドラ・リベラ（Sandra Rivera）氏は，今回の変更がインテルのマネジメントコントロールシステムに以下の影響を与えたと述べている。

- 年次業績評価における評点を，主要な成果（Key Results）の結果だけではなく，どのように（How）社員が結果を出したかのプロセスも考慮するように変更した。
- 業績評価を年次業績評価プロセスのみで行うのではなく，マネジャーと社員の間で目標管理と成長に関する定期的な対話をより頻繁に行うことにより，業績評価プロセスを継続的に行う形に変更した。

2021年に，インテルで30年を超える勤務経験を持つパット・ゲルジンガー（Pat Gelsinger）氏がCEOとして電撃復帰することになった。ゲルジンガー氏は工業専門学校から新卒でインテルに入社し，アンディ・グローブの下でi486開発のリーダーとなった天才エンジニアである。

インテルの初代CTO（最高技術責任者）を務め，インテルの伝統的な価値観を体現してきたゲルジンガー氏が，インテルの価値観やマネジメントコント

[図表９－９] インテルの６つの価値の変更

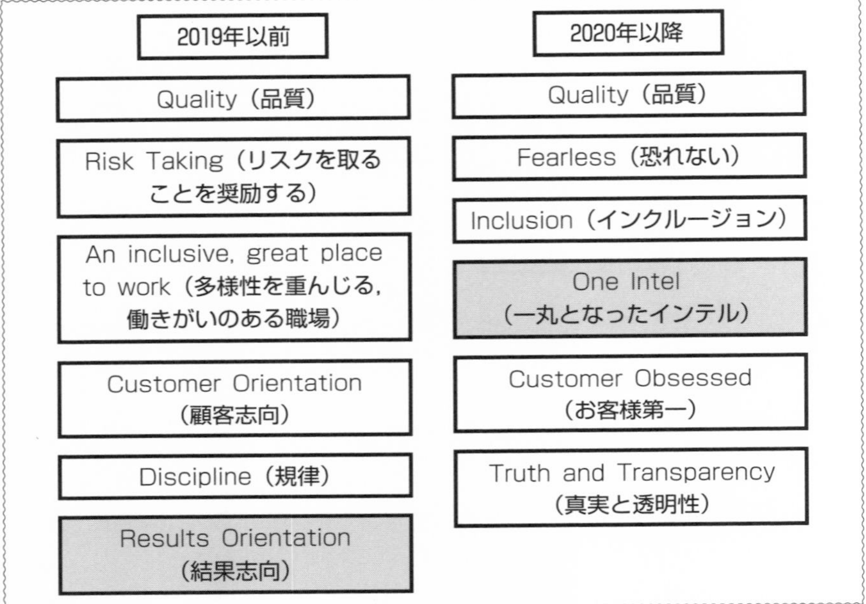

出所：筆者作成。

ロールシステムをどのように進化させていくのかが注目される。

事例紹介⑧　グーグルの目標管理

ジョン・ドーアはシリコンバレーの代表的なベンチャーキャピタル，クライナー パーキンスの会長である。彼は1974年にインテルに入社し，当時の上司がグローブであった。クライナー パーキンスに転職後，コンパック，サンマイクロシステムズ，アマゾン，グーグルなどに投資したベンチャーキャピタリストとして有名になった。

クライナー パーキンスの会長としてグーグルの社外取締役に就任し，グーグルの創業者にインテルのiMBO（Intel Management by Objectives）を紹介した。ドーアの著書“*Measure What Matters*”（Doerr, 2018）を基に，インテルのiMBOsがグーグルのOKRs（Objectives and Key Results）としてどのように進化したかを紹介する。

◈目標設定

グーグルでは，目標設定を行う際に，OKRsを２つのカテゴリーに分ける。100%達成しなければならない目標（コミットするOKR）と，社運を賭けた大胆な目標（野心的なOKR）の２つである。

社運を賭けた大胆な目標は，スタンフォード大学の経営学者ジム・コリンズ（James Collins）が“*Built to Last*”（Collins, 1994）で以下のとおり，定義している。

> 「社運を賭けた大胆な目標（BHAG：Big Hairy Audacious Goals）は，きわめて大きく，難しい目標である。未登頂の高山のようなもの，明確で魅力的であり，従業員がただちに理解できる目標である。会社の力を結集する目標になり，その実現に向けて全力を尽くす過程で，社員が鍛えられ，連帯感が生まれる。1960年代のNASAの月旅行計画のように，創造力を刺激し，人々の心をつかむ。」

コミットする目標は，新製品のリリース，顧客などに関するグーグルの経営指標と結びついている。販売額や収益といったコミットする目標は，設定された期限内に完全に達成される必要がある。

野心的目標は，壮大なビジョン，高いリスク，未来志向の発想を反映する。達成は困難で平均４割が失敗に終わるが，それは織り込み済みである。

グーグルでは，個人が悪い評価を恐れず，のびのびと失敗できる環境を創ることを重視している。問題解決を促し，従業員をすばらしい成果に駆り立てるために，たとえ四半期目標の一部が未達に終わるリスクがあっても野心的目標を設定させる。

しかし，OKRが非現実的なものにならないように目標を高くしすぎるのも避ける。成功できないことがわかりきっていると，社員の士気は下がる。組織の文化に合致するストレッチのOKRを考案する。最適な「ストレッチ」の度合いは，事業上のニーズに応じて時間とともに変化する。

◈対話，フィードバック，承認を基にした継続的CFR

グーグルでは，年次業績評価に代わる業績管理手法として，対話（Conversation），フィードバック（Feedback），承認（Recognition）の３つからなる継続的CFRと呼ばれる業績管理手法を実施している。

対話とは，パフォーマンス向上を目的に，マネジャーと社員の間で行われる真摯で深みのある意見交換を行うことである。フィードバックでは，プロセスを評価し，将来の改善につなげるため，同僚との双方向のあるいはネットワーク型のコミュニケーションを行う。承認では，大小さまざまな貢献に対して，しかるべき個人に感謝を伝える。

グーグルでは，苦戦している社員に適宜必要な支援を与えるため，継続的パフォーマンス管理を重視している。未来志向の目標管理（OKRs）と過去を振り返る年次業績評価を切り離すことで，野心的目標設定を促す。

目標達成をボーナスと結びつけると，力の出し惜しみやリスク回避行動につながる。社員の相対評価や順位づけを止め，透明性の高い，強みに主眼を置く多面的な評価基準に基づくパフォーマンス評価を導入する。数字だけを見ず，従業員のチームプレー，コミュニケーション能力，野心的に目標設定をしているかを評価する。

グーグルで経営陣のエグゼクティブ・コーチとして慕われたビル・キャンベル氏（Bill Campbell）の対話と継続的なパフォーマンス管理のフレームワーク

を“*Trillion Dollar Coach*”（Schmidt，2019）から紹介する。

キャンベル氏のフレームワークには４つの要素があった。これらの４つの要素の組み合わせには，コミットする目標と野心的な目標の両立を目指すグーグルの価値観が表れている。

第１の要素は，「職務に対するパフォーマンス」である。100%達成しなければならない目標（コミットするOKR）と，社運を賭けた大胆な目標（野心的なOKR）の２つの種類の目標の進捗と結果である。売上高目標額，製品発売予定日，顧客からのフィードバック，製品の品質，予算目標などコミットする目標の進捗と結果は，フレームワークの基盤にあった。マネジャーは目標の進捗と結果のみでなく，従業員の自己評価をしっかり聞くことを求められた。

第２の要素は，「他部署との関係」である。製造部門と研究開発部門の関係はどうか？　マーケティング部門と営業部門の関係はどうか？　その他の企業内における職能部門間，もしくは本社と事業部との関係である。これらの関係は，会社の一体性と結束を保つカギであると考えられていた。

第３の要素は，「マネジメントとリーダーシップ」である。部下を指導し，コーチできているか？　業績の悪い従業員を取り除いているか？　採用に全力を尽くしているか？　勇気ある行動を取るよう従業員を駆り立てているか？　現在であれば，DiversityとInclusionへの取り組みも含まれるであろう。

第４の要素は，「イノベーション」である。常に前進しているか，向上し続ける方法を考えているか？　新しいテクノロジー，プロダクト，手法を常に検討しているか，自分と業界トップや世界トップの人材を比較しているかが問われた。

◈年次業績評価

図表９－10は，グーグルにおける評点のサンプル例である。主要な成果（Key Results）の評点が，インテルの図表９－５のように結果のみで決まるのではなく，自己評価が反映されていることにご注目されたい。

［図表９－10］グーグルのOKRs

主要な成果	結果	自己評価	評点
新規顧客を10件獲得	70%	市場が低迷したため，主要な成果を達成するのは，事前に想定したよりもはるかに困難だった。新規顧客を7件獲得できたのは，大変な努力が実を結んだ結果である。	0.9
新規顧客を10件獲得	100%	四半期が始まってわずか８週間で目標を達成してしまったので，目標が低すぎたことに気づいた。	0.7
新規顧客を10件獲得	80%	８件の新規顧客を獲得できたのは，努力の結果というより幸運に恵まれたためだ。１件の顧客が５件の仲間を紹介してくれた。	0.6
新規顧客を10件獲得	90%	新規顧客を９件獲得できたが，そのうち７件はわずかな売上しか生まないことがわかった。	0.5

出所：Doerr（2018）を基に筆者作成。

管理会計研究者のサイモンズ（Robert Simons）によれば，トップが意図する戦略を計画どおりに実行することを目的とする診断型コントロールシステムにおいては，報償とボーナスは定式化される。インセンティブを定式化すれば，診断型コントロールシステムがより強化される。

一方，社運を賭けた大胆な目標（野心的なOKR）を追求するためには，現場主導の戦略形成プロセスによって創発的な戦略を支援することが必要になる。創発的な戦略を支援することが目的である対話型コントロールシステムの場合，インセンティブを事前に決めた方式にリンクさせる方法は必ずしもうまくいかない。

対話型コントロールシステムのインセンティブは，イノベーションに対する個々の努力と貢献度に報いるのが正しいのである。これは「主観的な評価」になる。主観的評価は，部下の努力を正しく見極める能力を必要とする。事業環境，決断の背景，選択肢の数，他の選択肢の成果の見通しなどをきちんと把握することが要求される。これらを熟知せずには，公正な評価は下せない。このような知識を得るには，事業と競争環境の変化をよく理解するしかないため，評価を行う上司も時間と関心を割いて学ぶことになる。そのために継続的CFRが重要になるのである。

グーグル人事担当上級副社長のラズロ・ボック（Lauzlo Bock）は，著書の“*Work Rules*”（Bock，2015）の中で，業績管理システムの問題に対処する方法としてシリコンバレーに本社を構える企業の多くが年次業績評価のプロセスを廃止していると述べている。

「アドビ，エクスペディア，ジュニパーネットワークス，ケリー・サービシーズ，マイクロソフトなどが，年次の業績評価プロセスを廃止した。」

◈マネジメントコントロールシステムの４つの輪

グーグルでは目標の年次業績評価と報酬の間に，意識的に距離を置く努力をしている。業績評価では，部門横断のチームからのフィードバックや，何よりその人物の置かれた状況が重視される。

しかし，年次業績評価のプロセスを廃止した企業とは異なり，今日のグーグルにおいてOKRs（Objectives and Key Results）の評点と報酬はまだつながっている。

図表９－11のとおり，OKRsの評点を基に，年次業績評価のプロセスが実施されている。100%達成しなければならない目標（コミットするOKR）が存在する以上，図表９－12のとおり，目標設定，継続的対話，年次業績評価および報酬の４つの輪が完全に切り離されることはあり得ない。

[図表９－11] グーグルの年次業績評価・昇格・昇給

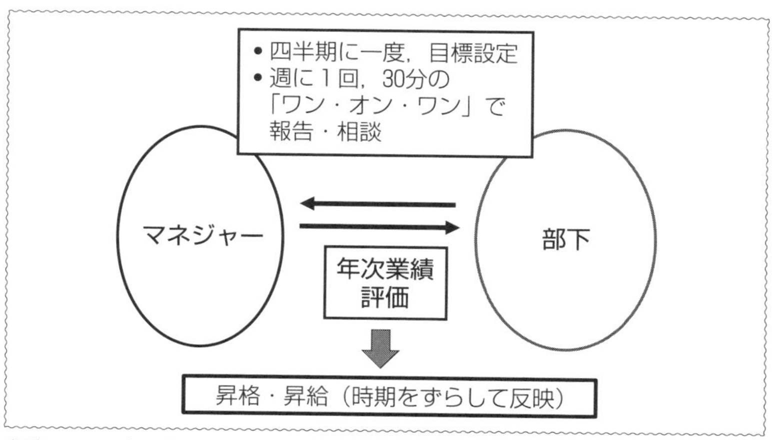

出所：Doerr（2018）を基に筆者作成。

インテルでは４つの輪は同心円のように重なっていたが，近年，同心円の重なりを減らす変化への兆しが見える。グーグルでは，図表９－12のように同心円ではない。しかし，４つの輪は一部でしっかりつながっている。

インテルとグーグルのマネジメントコントロールシステムは，互いに影響し合いながら進化してきたのである。

[図表９－12] グーグルにおける目標設定，継続的な対話，年次業績評価，報酬の４つの輪

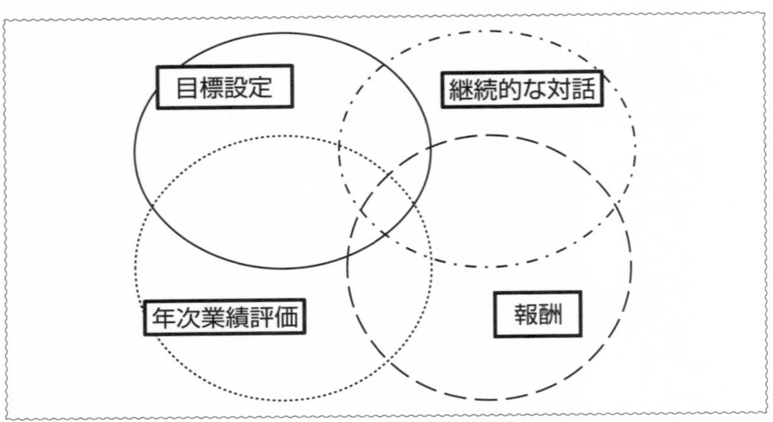

出所：筆者作成。

第10章

固定費の分析

I　意思決定と関連情報

すべての意思決定は，何らかの意思決定プロセスに基づいてなされる。意思決定プロセスは，関連情報（Relevant Information）にフォーカスすることで有効になる。

本章では，意思決定を「複数の代替案を評価し，１つの案を選択すること」と定義する。この場合，関連情報の定義は「代替案の経済的効果の評価に関連した情報」になる。

関連情報が原価に関するものである場合，関連原価（Relevant Cost）と呼ばれる。原価が関連原価に該当しない場合，無関連原価（Irrelevant Cost）と呼ばれる。

原価がある意思決定において関連原価であるためには，以下の２つの要件を両方満たす必要がある。

- 原価は，「将来に発生する原価（Future Cost）」である。
- 原価は，「代替案の間における差額原価（Differential Cost）」である。

「将来に発生する原価」に関しては，第８章の予実差異分析において，**図表8－6**の意思決定モデルを紹介した。本モデルにおける関連情報は「将来に関する予測情報」であった。過去に関する情報は関連情報にならない。

「代替案の間における差額原価」には，「支出原価」と「機会原価」の２つがある。支出原価は，過去，現在あるいは未来における金銭の支出である。支出原価は損益計算書やキャッシュ・フロー計算書に表示されるので，意思決定の際に見落とすことは少ない。FP＆Aプロフェッショナルの実務において注意しなければならないのは，機会原価の取扱いである。

機会原価は，将来における収入の減少と結びついている概念である。資源の利用に関する意思決定において特定の代替案を選択すると，別の代替案の利用可能性が減少したり，失われたりする結果，犠牲となる最大の利益（最大の価値犠牲）を原価として認識したものである。

意思決定において機会原価に関し，価値犠牲，資源の希少性，代替案の相互排除性を考慮しなければならない。

- 「価値犠牲」：資源が希少であったり，代替案が相互排他的であったりすると，特定の代替案に資源を使うと，別の代替案での利用可能性が減少するか，まったく奪われてしまうこと。
- 「資源の希少性」：資金や生産能力等の利用可能性に制約があること。
- 「代替案の相互排除性」：1つの代替案を採用すると，別の代替案を採用できなくなること。たとえば，1つの土地の利用に関して複数の代替案があれば，これらは相互排除的である。

意思決定においては，無関連原価を識別することも重要である。「埋没原価（Sunk Cost）」は，無関連原価の1つである。埋没原価の狭い定義は，すでに支出済みで，しかも回収不能な原価（使わなくなった施設等の未回収原価）である。

埋没原価の通常の定義は，すでに支出済みの原価（過去原価）である。固定資産の減価償却費が代表例である。

設備の減価償却費は，「現状のまま」設備を取り替えない場合，毎年その金額が費用として計上される。設備を取り替えると，未償却残高は固定資産除却損に計上される。したがって，意思決定によって費用の額に変化が生じない。

以下の設例で説明する。

設　例

4年前に10年間使用する予定で，1,000万円の試験設備を購入。10年経過時点で設備の価値はゼロになると予測。10年間，定額で減価償却を行う。

☑今年度（5年目）に発生する減価償却費は100万円である。

☑1年目から5年目までの減価償却費を合計した額を減価償却累計額と呼ぶ。今年度末（5年目末）での減価償却累計額は500万円である。

☑今年度末での簿価は500万円である。

☑仮に今年度末に本試験設備を除却すると，今年度に500万円の固定資産除却損が発生する。仮に残り５年間使用すると，500万円の減価償却費が発生する。したがって，意思決定によって５年間の費用の額に変化が生じない。

Ⅱ　固定費とCVP分析

（1）コスト・ビヘイビア

コスト・ドライバー（Cost Driver）は，経営資源の消費を発生させる産出量の測定値（Output Measure）である。活動のレベルが変わると，コスト・ドライバーもしくは産出量の測定値のレベルが変わり，原価が変わる。

コスト・ビヘイビア（Cost Behavior）とは，組織の活動のレベル，たとえば，生産量，販売量，製造部門の操業度（直接作業時間や機械運転時間で測定される）などの営業量（Volume）が変わると，原価がどのように変化するかに関するものである。

コスト・ビヘイビアには，**図表10－１**のとおり，４つの種類がある。営業量に比例して原価が変化する場合，原価は変動費（Variable Cost）である。営業量の変化にかかわらず原価が変化せず，一定である場合，原価は固定費（Fixed Cost）である。準変動費（Mixed Cost）および準固定費（Step Cost）は，変動費と固定費のコスト・ビヘイビアを重ね合わせたものである。

準変動費は，固定費の上に変動費が積み重なっている。英語名のとおり，固定費と変動費のミックスである。営業量にかかわらず固定費部分の原価は一定である。変動費部分の原価は，営業量に比例して変化する。CVP分析は，準変動費を固定費部分と変動費部分に分解（固変分解）する分析である。

準固定費は，英語名のとおり，階段状である。固定費が階段状に積み重なっている。正常操業権（Relevant Range）と呼ばれる一定の範囲の営業量において，原価は一定である。しかし，営業量の変化がその範囲を超えると原価は大きく変化する。

[図表10－1] コスト・ビヘイビア

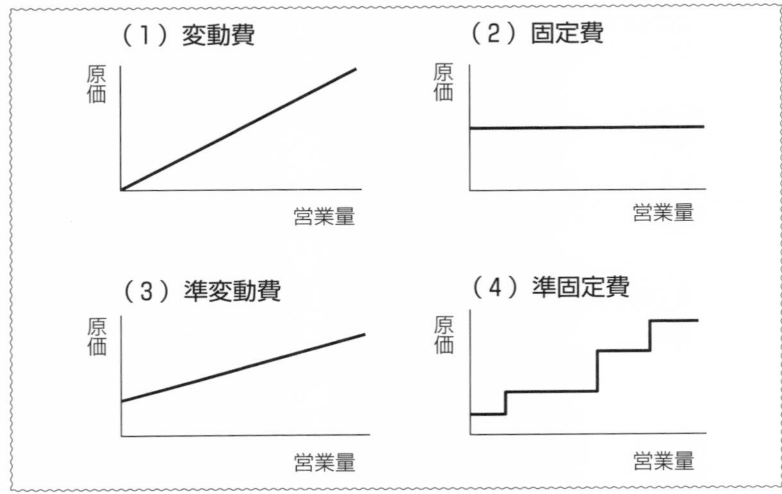

出所：谷（2013）を基に筆者作成。

(2) CVP分析（損益分岐点分析）

CVP分析（Cost Volume Profit Analysis）は，損益分岐点分析とも呼ばれる。損益分岐点分析は，営業利益がゼロになる損益分岐点になる売上高を求めるための分析である。

損益分岐点売上高を求めるための「損益分岐点売上高＝固定費÷限界利益率」の概念は，数式によっても，図表によっても説明が可能である。最初に，数式による説明を紹介する。

営業利益を計算するための損益計算書の構造には，**図表10－2**のとおり，財務会計で使用される全部原価計算（Absorption Costing）と管理会計で使用される直接原価計算（Direct Costing）の２つがある。

全部原価計算において，売上原価は製品原価（Product Cost）であり，一定単位の生産物に集計される原価である。販売費・一般管理費は期間原価（Period Cost）であり，生産物に集計しない，一定の期間（会計期間）について集計される原価である。

直接原価計算において，変動費は全部原価計算の売上原価の変動費部分と販売費・一般管理費の変動費部分の合計であり，直接原価と呼ばれる。売上高から変動費を差し引いたものが限界利益であり，貢献利益とも呼ばれる。

全部原価計算が原価の発生部門（製造部門対非製造部門）を基に原価を分類しているのに対し，直接原価計算はコスト・ビヘイビアを基に原価を分類している。

［図表10－2］損益計算書の2つの構造

【全部原価計算】	【直接原価計算】
売上高	売上高
売上原価	変動費
売上総利益	限界利益
販管費	固定費
営業利益	営業利益

出所：筆者作成。

直接原価計算において，限界利益もしくは貢献利益は，売上高に対して比例的となる。**図表10－2**の下側からみると，営業利益がゼロ（損益分岐点）のとき，限界利益と固定費が等しくなる。「損益分岐点売上高＝固定費÷限界利益率」は，以下によって求めることができる。

- 「限界利益率 ＝ 限界利益 ÷ 売上高」
- 損益分岐点売上高において，「限界利益（＝売上高×限界利益率）－固定費＝０」
- 損益分岐点売上高において，「売上高×限界利益率＝固定費」
- 損益分岐点売上高において，「売上高＝固定費÷限界利益率」

次に，「損益分岐点売上高＝固定費÷限界利益率」の概念を，図表によって説明する。**図表10－3**はCVP分析の概念図である。

- 正方形の縦軸は売上高と原価である。
- 正方形の横軸は，営業量であり，売上高，販売量，生産量を含む概念である。
- 正方形の対角線が売上高線である。
- 固定費と変動費の合計が原価線として描かれる。固定費が横軸に並行の線，変動費は固定費線の上に売上高に比例して増加する線として示される。

- 原価線の傾きは，売上高増減に伴う変動費の変化（変動費率）である。変動費率は，変動費を売上高で除して求める。
- 利益は，売上高と原価総額の差額である。
- 損益分岐点とは，損失と利益の分岐点である。
- 損益分岐点売上高において，売上高と原価総額が同額になり，利益はゼロとなる。

[図表10－3] CVP分析

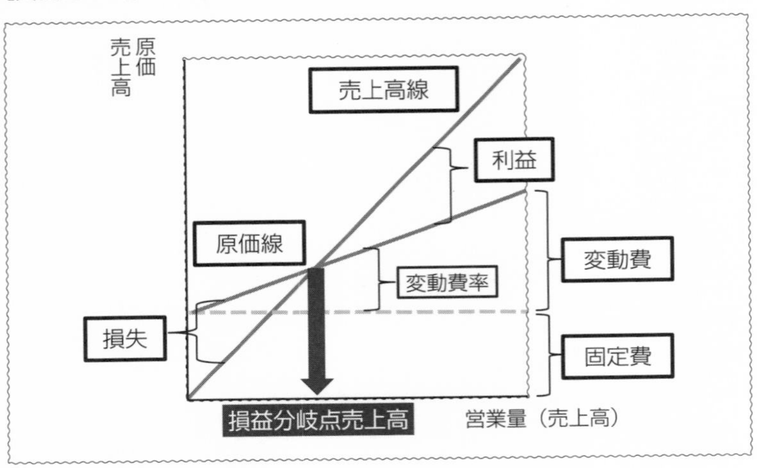

出所：谷（2013）を基に筆者作成。

損益分岐点売上高は，固定費を限界利益率で除することによって求めることができる。**図表10－4**の①は，**図表10－3**である。①の変動費と固定費の上下を入れ替えたのが②である。

正方形の対角線が売上高線であるので，売上高線と正方形の横軸の角度と変動費率の角度との差が限界利益率の角度となる。

［図表10－４］損益分岐点売上高＝固定費÷限界利益率（1）

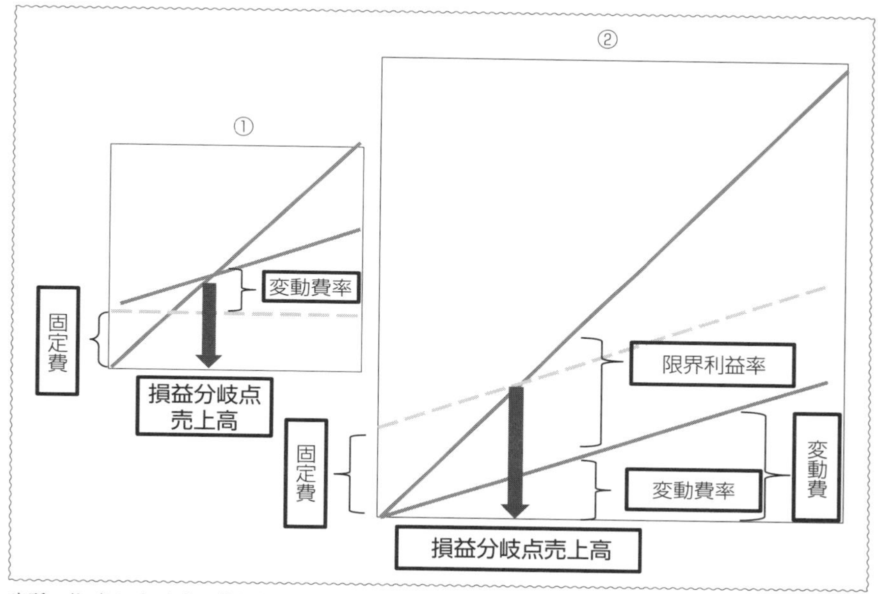

出所：谷（2013）を基に筆者作成。

図表10－５の③は，②の固定費部分を抜き出したものである。固定費額を限界利益率（＝100%から変動費率を控除した比率）で除することにより損益分岐点売上高を求めることができる。

FP＆Aプロフェッショナルの実務において，「損益分岐点売上高＝固定費÷限界利益率」の構造を図表で説明できることは，ビジネスパートナーとして事業部門のパートナーに損益分岐点の概念を説明する際に有用である。

[図表10－5] 損益分岐点売上高＝固定費÷限界利益率（2）

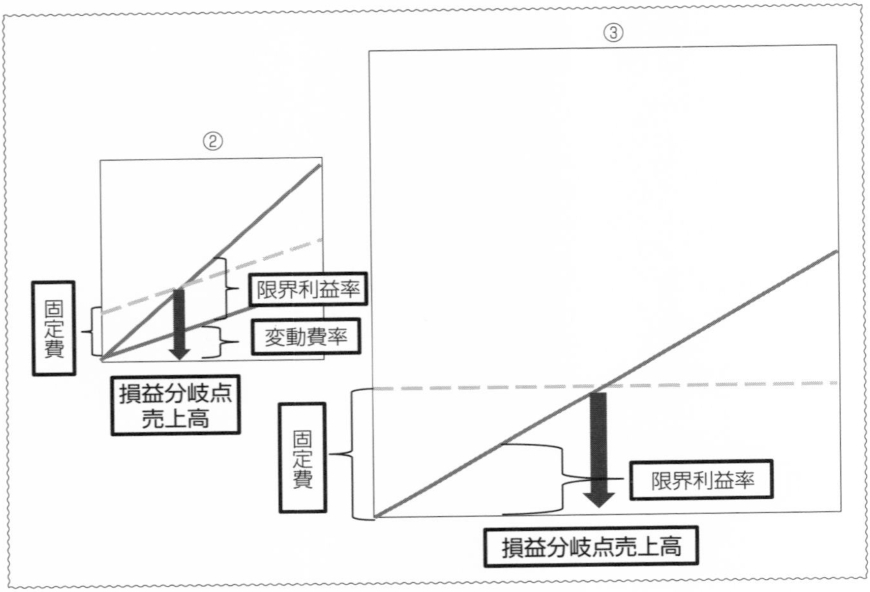

出所：谷（2013）を基に筆者作成。

（3）目標利益達成売上高分析と安全余裕率分析

CVP分析（損益分岐点分析）の概念を応用したのが，目標利益達成売上高分析と安全余裕率分析である。

図表10－6は，目標利益達成売上高分析の概念図である。原価線の上に，目標利益の金額が積み上げられ，原価線と平行に実線（＝原価総額＋目標利益）が引かれている。

- 実線と売上高線との交点において，売上高は原価総額と目標利益の合計と等しくなる。
- 目標利益達成売上高は，「（固定費＋目標利益）÷ 限界利益率」で求めることができる。**図表10－7**は，目標利益達成売上高の求め方を，**図表10－5**の損益分岐点売上高の求め方と同じ方法で説明したものである。

[図表10－6] 目標利益達成売上高分析

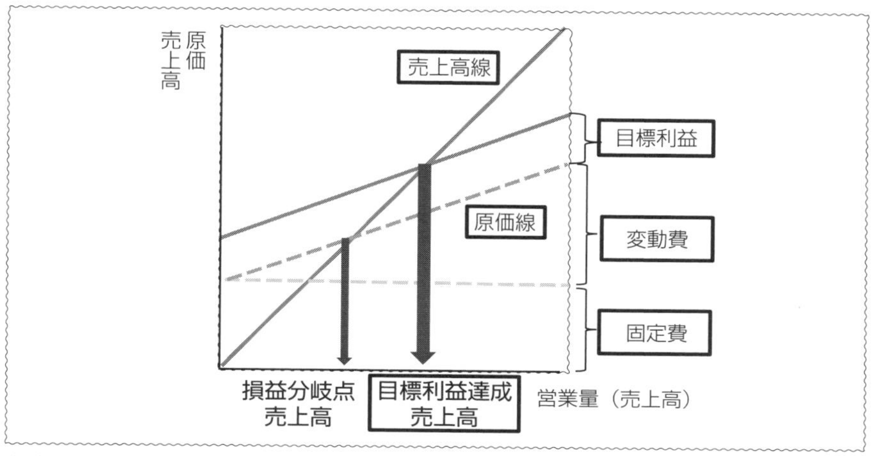

出所：谷（2013）を基に筆者作成。

[図表10－7] 目標利益達成売上高＝（固定費＋目標利益）÷限界利益率

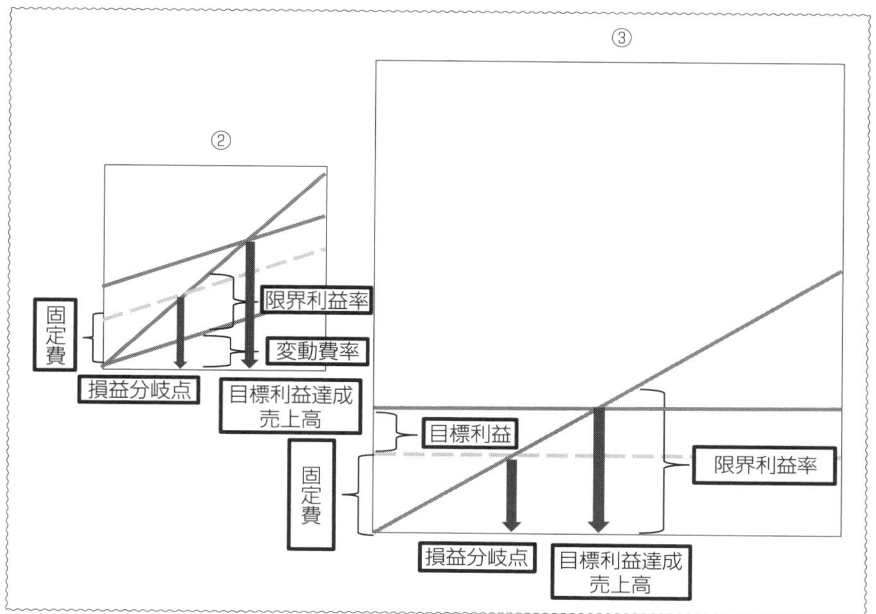

出所：谷（2013）を基に筆者作成。

安全余裕率（Margin of Safety Ratio）は，現在の売上高と損益分岐点売上高を基に，原価構造もしくは利益構造の安全性を示す。安全余裕率については，2つの値の差額で示す方法と比率で示す方法の2つがある。

●安全余裕率＝現在の売上高－損益分岐点売上高

●安全余裕率＝（現在の売上高－損益分岐点売上高）÷現在の売上高

安全余裕率を改善するには，2つの選択肢がある。1つは，現状の売上高を増加させることである。もう1つは，損益分岐点売上高を減少させることである。

売上高は外部環境の要因に大きく左右される。FP&Aプロフェッショナルの実務において，外部環境の要因に大きな影響を受けずに安全余裕率を改善できるのは，損益分岐点売上高の減少である。

図表10－8は，現状の損益分岐点売上高を示している。Saは現状の売上高，

［図表10－8］安全余裕率改善への取り組み（1）

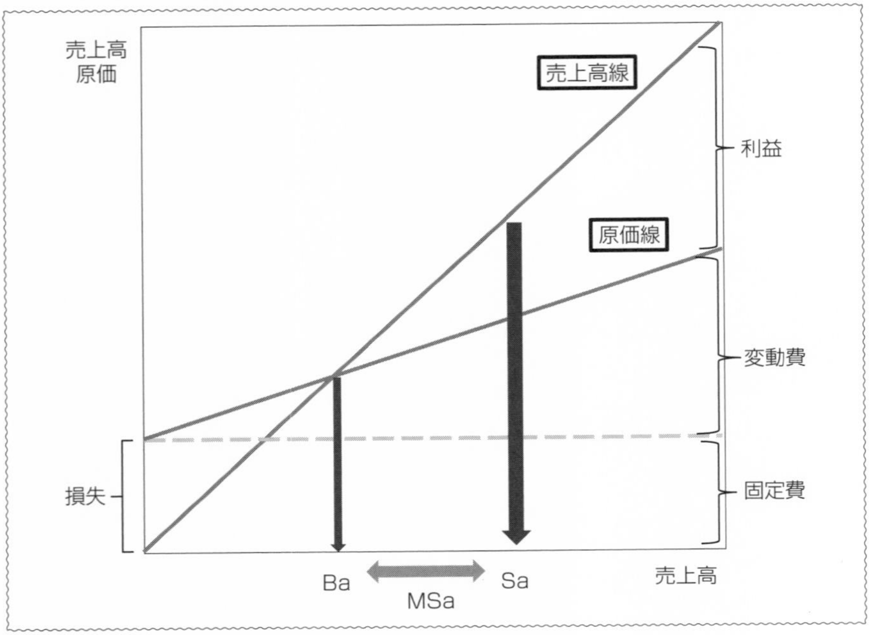

出所：谷（2013）を基に筆者作成。

Baは損益分岐点売上高，MSaは２つの値の差額である安全余裕率である。

損益分岐点売上高を減少させるための１つめの選択肢は，固定費の減少である。**図表10－９**は，固定費を△P１減少させた場合に，損益分岐点売上高がBaからB１に減少したことを示している。結果として，安全余裕率は**図表10－８**のMSaから**図表10－９**のMS１に増加している。

［図表10－９］安全余裕率改善への取り組み（2）

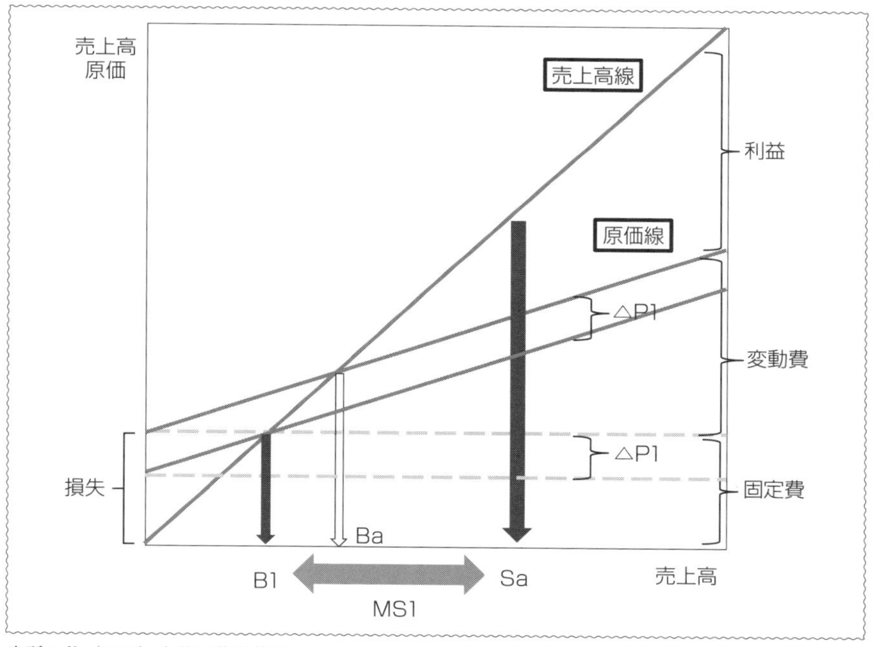

出所：谷（2013）を基に筆者作成。

損益分岐点売上高を減少させるための２つめの選択肢は，変動費率の減少である。**図表10－10**は，変動費率を△P２減少させた場合に，損益分岐点売上高がBaからB２に減少したことを示している。結果として，安全余裕率は**図表10－８**のMSaから**図表10－10**のMS２に増加している。

[図表10－10] 安全余裕率改善への取り組み（3）

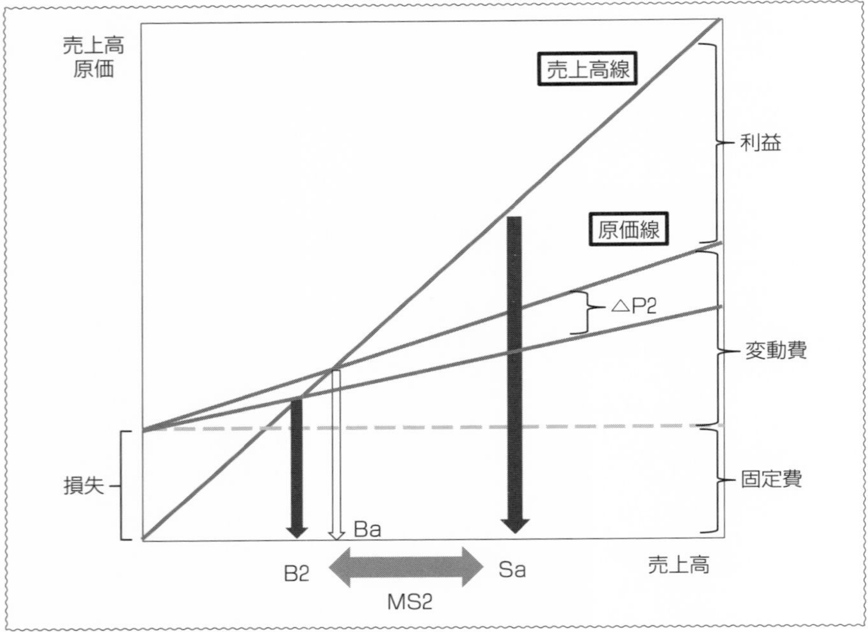

出所：谷（2013）を基に筆者作成。

事例紹介⑨　トイザらスにおける損益分析点売上高の改善

筆者は，上場小売企業であった日本トイザらスのCFOを９年間，務めた。図表10－11のとおり，厳しい外部環境による売上高の減少に苦しみながら，固定費の削減（404億円から389億円へ）と限界利益率の改善（29.5％から34.3％へ）を実現することで損益分岐点売上高を減少させ，営業利益（EBITDA）を増加させた。

固定費削減には，①人員数の厳格なコントロール，②店舗賃料の削減，および③株主優待制度の廃止を含む日本法人上場コストの解消が貢献した。

限界利益率の改善の背景には，商品在庫のコントロールの強化による総在庫に占める不稼働在庫比率の減少があった。

在任期間の後半では，量販店から専門店への取り組みや実店舗とオンラインストアの融合による成長戦略が奏功し，売上高を増加させることに成功した。

[図表10－11] 日本トイザらスにおける損益分岐点売上高の改善

単位：億円

	2007	2008	2009	2010	2011	2012	2013	2014	2015
売上高	1,888	1,783	1,666	1,609	1,569	1,461	1,368	1,419	1,433
売上総利益	555	551	519	530	531	491	451	482	492
（限界利益率）	29.5%	30.9%	31.2%	32.9%	33.9%	33.6%	33.0%	33.9%	34.3%
販売費・一般管理費（固定費）	494	464	433	426	419	406	397	397	389
EBITDA	61	86	86	105	112	86	54	84	103

出所：IR資料と決算公告を基に筆者作成。

Ⅲ　固定費と３つのレバレッジ・レシオ

レバレッジ（Leverage）という言葉をご存知だろうか。レバレッジとは，収益性を高める試みとしての「固定費（Fixed Cost）」の利用を指し，営業レバレッジ（Operating Leverage）と財務レバレッジ（Financial Leverage）がある。

営業レバレッジは，企業による「営業活動に関する固定費（Fixed Operating Costs）」の利用である。企業の営業活動において，変動費ではなく固定費が利用される程度である。営業レバレッジが存在することの影響は，売上数量の変化に対応して営業利益が変化する場合に見ることができる。営業利益の変化率が売上数量の変化率に比例せず，売上数量の変化率を上回る場合に，営業レバレッジが影響を与えている。

事業リスク（Business Risk）は，企業の営業活動に内在する不確実性である。事業リスクは，営業利益の変動性に反映される。営業レバレッジは，事業リスクを構成する要因の１つである。

事業リスクの最も重要な要因は，売上高の変動性である。売上高が変動する場合に限って，営業レバレッジの効果が営業利益の変動性として現れる。営業レバレッジは売上高の変動性を増幅させる。

財務レバレッジは，企業による「財務活動に関する固定費（Fixed Financing Costs）」の利用である。企業が資産を保有するために，自己資本ではなく負債を利用する程度，もしくは企業が総資産および自己資本に比べてどの規模の負債を有しているかである。

「財務活動に関する固定費」の代表的なものは，負債に関する支払利子である。財務レバレッジは普通株主への期待リターンを増大させるための手段として利用される。財務レバレッジの使用は経営者の判断である。

（１）営業レバレッジ・レシオ

企業の売上高（もしくは売上数量）が１％変化した場合の，営業利益（EBIT）の変化率（%）を，営業レバレッジ・レシオ（DOL：Degree of Operating Leverage）と呼ぶ。

図表10－12で注目していただきたいのが，営業レバレッジ・レシオには「S円の売上高」もしくは「Q個の売上数量」という条件が付いていることである。

営業レバレッジ・レシオは，売上高もしくは売上数量が特定のレベルにあることを前提に計算される。

[図表10－12]　営業レバレッジ・レシオの計算式（1）

$$S\text{円の売上高（もしくは}Q\text{個の売上数量）における営業レバレッジ・レシオ}=\frac{\text{営業利益}(EBIT)\text{の変化率}(\%)}{\text{売上高（もしくは売上数量）の変化率}(\%)}$$

出所：筆者作成。

*S*円の売上高における営業レバレッジ・レシオの計算式は，**図表10－13**のとおりである。*S*は売上高，*VC*は変動費総額，*FC*は固定費総額，*EBIT*は営業利益である。

営業レバレッジ・レシオの値は，固定費総額と営業利益の２つで決まることがわかる。

[図表10－13]　S円の売上高における営業レバレッジ・レシオの計算式（2）

$$S\text{円の売上高における営業レバレッジ・レシオ}=\frac{S-VC}{S-VC-FC}=\frac{EBIT+FC}{EBIT}$$

S：売上高　*VC*：変動費総額
FC：固定費総額　*EBIT*：営業利益

出所：Van Horne（2008）を基に筆者作成。

*Q*個の売上数量における営業レバレッジ・レシオの計算式は，**図表10－14**のとおりである。*Q*は売上数量，*P*は１個当たり売上高，*V*は１個当たり変動費，FCは固定費総額である。

営業レバレッジ・レシオの値は，現在の売上数量である*Q*個と損益分岐点売上数量の差異の大きさで決まることがわかる。固定費の大小にかかわらず，売上数量が損益分岐点売上数量に近づくと，営業レバレッジの絶対値は非常に大きくなる。

[図表10－14] Q個の売上数量における営業レバレッジ・レシオの計算式（3）

$$
\text{Q個の売上数量における営業レバレッジ・レシオ} = \frac{\text{営業利益}(EBIT)\text{の変化率}(\%)}{\text{売上数量の変化率}(\%)}
$$

$$
= \frac{\dfrac{\triangle Q\ (P-V)}{Q(P-V)-FC}}{\triangle Q\ /\ Q} = \frac{Q\ (P-V)}{Q(P-V)-FC}
$$

分子と分母の両方を(P－V)で割ると

$$
= \frac{Q}{Q-[FC\ /(P-V)]} = \frac{Q}{Q-QBE(\text{損益分岐点売上数量})}
$$

Q：売上数量　P：１個当たり売上高　V：１個当たり変動費　FC：固定費総額

出所：Van Horne（2008）を基に筆者作成。

営業レバレッジ・レシオは，**図表10－15**のとおり，固定費と変動費の相対的な大きさではなく，現状の売上数量と損益分岐点売上数量との距離で決まる。現状の売上数量と損益分岐点売上数量の距離が離れるほど，営業レバレッジ・レシオは１倍に近づく。

[図表10－15] 売上数量の変化に対する営業レバレッジ・レシオの変化

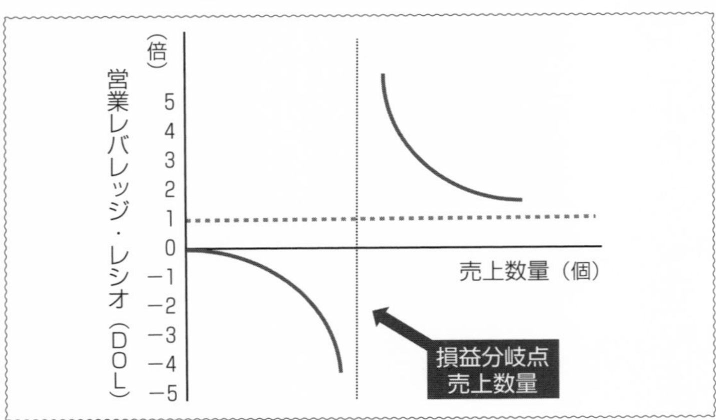

出所：Van Horne（2008）を基に筆者作成。

（２）財務レバレッジ・レシオ

財務レバレッジは，収益性を上げるための２つのレバレッジの２つめのステップである。最初のステップでは，営業レバレッジが売上高変動の影響を増幅して営業利益の変動に反映させた。２つめのステップでは，財務レバレッジが営業利益変動の影響をさらに増幅して当期純利益に反映させる。

企業の営業利益（EBIT）が１％変化した場合の，当期純利益の変化率（％）を，財務レバレッジ・レシオと呼ぶ。

図表10－16のとおり，財務レバレッジ・レシオには「*X*円の営業利益」という条件が付いている。財務レバレッジ・レシオは，営業利益が特定のレベルにあることを前提に計算される。

［図表10－16］財務レバレッジ・レシオの計算式（1）

$$\text{X円の営業利益における財務レバレッジ・レシオ} = \frac{\text{当期純利益の変化率(\%)}}{\text{営業利益の変化率(\%)}}$$

出所：筆者作成。

*X*円の営業利益における財務レバレッジ・レシオの計算式は，**図表10－17**のとおりである。財務レバレッジ・レシオは，営業利益（*EBIT*）と財務活動における固定費の２つの要因で決まる。

*EBIT*は営業利益，*I*は利子，*PD*は優先株式の配当，*t*は実効法人税率である。「財務活動における固定費」として，利子（*I*）と優先株式の配当（*PD*）が示されている。

優先株式の配当は原則，一定額が支払われるので，財務活動における固定費に含まれる。また，優先株式の配当は優先株式発行企業の税引後利益から支払われるので，税引前利益ベースに割り戻している。

［図表10－17］財務レバレッジ・レシオの計算式（2）

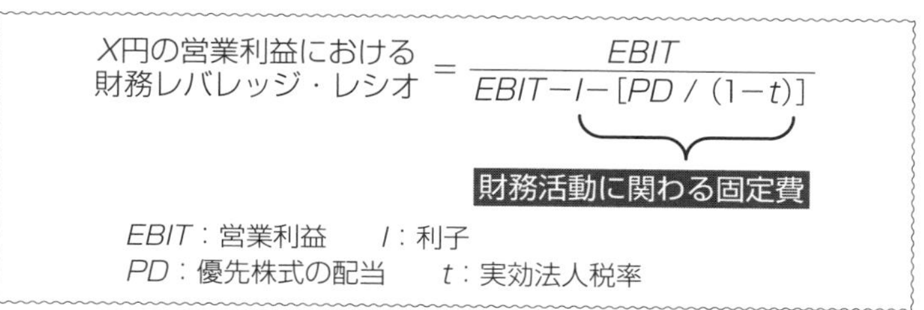

出所：Van Horne（2008）を基に筆者作成。

「財務リスク」は，企業の財務レバレッジの利用によってもたらされる，当期純利益の変動性の増加と倒産リスクの増加の２つのリスクを含む。まず，企業の負債が増加すると，当期純利益の変動性が大きくなる。次に，企業の負債が増加すると，自己資本のみの企業に比較して企業が倒産する可能性が大きくなる。

（３）総レバレッジ・レシオ

企業の売上高が１％変化した場合の，当期純利益の変化率（％）を，総レバレッジ・レシオ（DTL：Degree of Total Leverage）と呼ぶ。

図表10－18のとおり，総レバレッジ・レシオには「*S*円の売上高」という条件が付いている。総レバレッジ・レシオは，売上高が特定のレベルにあることを前提に計算される。総レバレッジは売上高変動の影響を増幅して当期純利益に反映させる。

［図表10－18］総レバレッジ・レシオの計算式（1）

$$\frac{S\text{円の売上高における}}{\text{総レバレッジ・レシオ}} = \frac{\text{当期純利益の変化率(\%)}}{\text{売上高の変化率(\%)}}$$

出所：筆者作成。

*S*円の売上高における総レバレッジ・レシオの計算式は，**図表10－19**のとおりである。総レバレッジ・レシオは，営業レバレッジ・レシオの値と財務レバレッジ・レシオの乗数である。*EBIT*は営業利益，*I*は利子，*PD*は優先株式の配当，*t*は実効法人税率である。

［図表10－19］総レバレッジ・レシオの計算式（2）

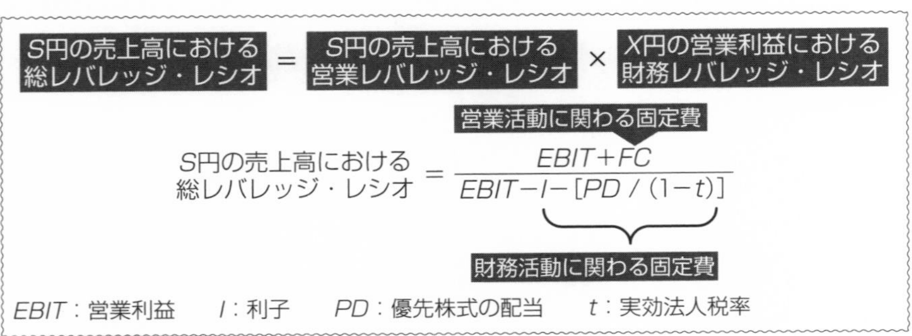

出所：Van Horne（2008）を基に筆者作成。

注目していただきたいのは，営業活動に関する固定費が分子にあり，財務活動に関する固定費が分母にあることである。総レバレッジ・レシオは，営業利益，営業活動に関する固定費，財務活動に関する固定費の3つで決まる。

総リスクは企業の当期純利益の変動性であり，事業リスクと財務リスクから構成される。

純利益の変動係数（Co-Efficient of Variation：標準偏差を平均値で割った値）は，総リスクの相対的な危険度の指標である。営業利益の変動係数は，事業リスクの相対的な危険度の指標である。2つの変動係数の差は，財務リスクの相対的な危険度の指標になる。

第11章

投資意思決定の基本理論

Ⅰ　予測キャッシュ・フローと時間価値

（1）複利効果

財務的な意思決定において，キャッシュ・フローの時間価値（Time Value of Money）を考慮することが必要である。時間価値を表すために，金利が使用される。

単利（Simple Interest）は，借り入れた元本（Principal）に対してのみ付く支払利子（Interest），もしくは貸し付けた元本に対してのみ付く受取利子である。

複利（Compound Interest）は，借り入れた元本とその元本に付く支払利子の両方に対して新たに付く支払利子，もしくは貸し付けた元本とその元本に付く受取利子の両方に対して新たに付く受取利子である。投資意思決定において複利の概念は非常に重要である。

複利効果に関する感覚を得るために有用なのが，「72の法則」である。投資プロジェクトに投資する際に，金利の複利効果により元本を２倍にする場合の投資期間を概算で求めるための法則である。計算式は以下のとおりである。

計算式：72 ÷ 金利（%） = 投資期間（年数）

たとえば，元本1,000米ドルを年利１%で運用した場合，倍の2,000米ドルにするのに約72年（＝72÷１）の投資期間がかかる。年利３%で運用した場合には約24年（＝72÷３）かかる。年利６%で運用した場合には約12年，年利９%で運用した場合には約８年，年利12%で運用した場合には約６年，年利18%で運用した場合には約４年，年利24%で運用した場合には約３年，年利36%で運用した場合には約２年の投資期間がかかる。

「72の法則」は，複利効果を金利と投資期間の関係を基に理解できるので，大変に有益である。

複利の概念を理解するのに有用なもう１つの概念が，名目利子率（Nominal Annual Interest Rate）および実効利子率（Effective Annual Interest Rate）である。

名目利子率とは，複利が付く頻度を調整せずに，額面に記載されている年間利子率である。実効利子率とは，年間に複利が付く期間の数を基に名目利子率に調整を加えた後の年間利子率である。

複利が付く頻度が異なる複数の投資プロジェクトを比較するには，それぞれの投資プロジェクトの実効利子率を計算する必要がある。

図表11－１は，今日時点の現在価値が1,000米ドルの投資プロジェクトを８％の名目利子率で運用する場合の１年後の将来価値と実効利子率である。複利が付く期間により，１年後の将来価値と実効利子率が変わる。

[図表11－１] 実効年間利子

今日時点の現在価値	複利が付く期間	１年後の将来価値	実効利子率
$1,000	年間	$1,080.00	8.000%
$1,000	半年間	$1,081.60	8.160%
$1,000	四半期間	$1,082.43	8.243%
$1,000	月間	$1,083.00	8.300%
$1,000	毎日	$1,083.28	8.328%
$1,000	連続 (Continually)	$1,083.29	8.329%

出所：筆者作成。

名目利子率が i %で，年間に複利が付く期間の数が m 回である場合（たとえば，半年間であれば２回，四半期間であれば４回），実効利子率は以下で計算できる。

計算式：実効利子率 $= (1 + [i/m])^m - 1$

名目利子率が８%で，年間に複利が付く期間の数が４である場合，実効利子率の計算式は以下のとおり，8.243%になる。

$$(1 + [0.08/4])^4 - 1 = (1 + 0.02)^4 - 1 = 0.08243$$

年間に複利が付く期間の数が1である場合にのみ，名目利子率と実効利子率は等しくなる。

（2）キャッシュ・フローと時間価値

複利に関するすべての問題において必要となるのが，現在価値（Present Value）および将来価値（Future Value）の2つの概念である。

現在価値とは，将来に支払う，もしくは受け取る現金を与えられた金利で評価した現時点での価値である。将来価値とは，現時点において支払う，もしくは受け取る現金を与えられた金利で評価した将来の一時点における価値である。

投資意思決定におけるキャッシュ・フローの時間価値に関する問題に答えるには，関連性のある（Relevant）キャッシュ・フローを時間軸とともに示すことが有用である。以下の設例で説明する。

設　例

現時点から2年後に，1,000米ドルが必要であると仮定する。今日預けた現金が年利7％で年ベースの複利で回る場合，2年後に1,000米ドル受け取るために今日，いくら預けるべきか。

図表11－2は，上部に時間軸を表示し，下部にキャッシュ・フローを示している。時間軸上には複利の金利（7％）が示され，キャッシュ・フローにはn年末時点に受け取るキャッシュ・フロー（1,000米ドル）が示されている。2年後に受け取る1,000米ドルと$PV0$（1,000米ドルの現在価値）との関係が矢印で示されている。

［図表11－2］キャッシュ・フローの現在価値

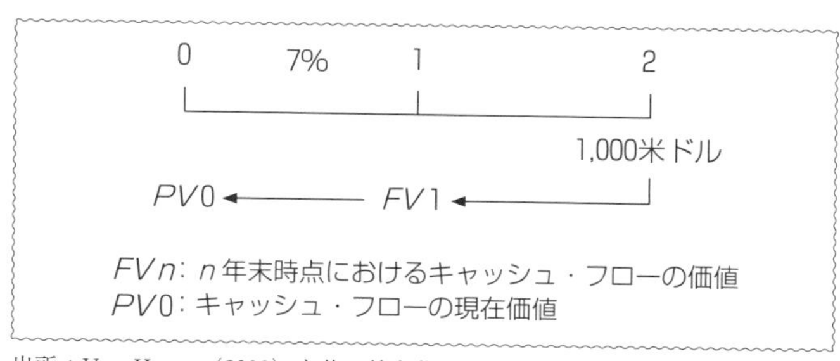

出所：Van Horne（2008）を基に筆者作成。

図表11－3は，キャッシュ・フローの現在価値の公式である。割引率（i）が複利効果を発揮することが示されている。

$PVIF\ i,\ n$ はPresent Value Interest Factorの略であり，現価係数と呼ばれる。n 期末時点で受け取る１米ドルを i％の割引率を基に複利で計算した現在価値である。n 期末時点のキャッシュ・フロー（FVn）に$PVIF\ i,n$ を乗じることにより，キャッシュ・フローの現在価値を求めることができる。

［図表11－3］キャッシュ・フローの現在価値の公式

$$PV0 = FV_1 / (1+i)^1$$
$$PV0 = FV_2 / (1+i)^2$$
$$PV0 = FV_n / (1+i)^n$$

$$PVIF\ i,n = 1 / (1+i)^n$$

$$PV0 = FV_n \times PVIF\ i,n$$

FVn：n 年後のキャッシュ・フロー
i：割引率

出所：Van Horne（2008）を基に筆者作成。

図表11－4は，n 期末時点で受け取る１米ドルを i％の割引率を基に複利で計算した現在価値（現価係数：$PVIF\ i,n$）を，割引率（i）と期間（n）の組み合わせで示した表であり，現価係数表と呼ばれる。

現価係数表はエクセルの普及で使用する機会がなくなってしまった。しかし，現価係数表は，FP&Aプロフェッショナルが複利効果を感覚的に理解し，数字に対する感覚を養うのに有用である。

前項で紹介した「72の法則」を実感するために，**図表11－4**上で現価係数が0.5である（つまり，元本が２倍になる）割引率（i）と期間（n）の組み合わせを確認されたい。たとえば，元本が９年後に２倍になる割引率は何％だろうか。

[図表11－4] 現価係数表（PVIF i,n：Present Value of Interest Factor of $1 at i % for n Periods）

$PVIF_{i,n} = 1/(1+i)^n$

PERIOD(n)	INTEREST RATE(i)											
	1%	2%	3%	4%	5%	6%	7%	8%	9%	10%	11%	12%
1	0.990	0.980	0.971	0.962	0.952	0.943	0.935	0.926	0.917	0.909	0.901	0.893
2	0.980	0.961	0.943	0.925	0.907	0.890	0.873	0.857	0.842	0.826	0.812	0.797
3	0.971	0.942	0.915	0.889	0.864	0.840	0.816	0.794	0.772	0.751	0.731	0.712
4	0.961	0.924	0.888	0.855	0.823	0.792	0.763	0.735	0.708	0.683	0.659	0.636
5	0.951	0.906	0.863	0.822	0.784	0.747	0.713	0.681	0.650	0.621	0.593	0.567
6	0.942	0.888	0.837	0.790	0.746	0.705	0.666	0.630	0.596	0.564	0.535	0.507
7	0.933	0.871	0.813	0.760	0.711	0.665	0.623	0.583	0.547	0.513	0.482	0.452
8	0.923	0.853	0.789	0.731	0.677	0.627	0.582	0.540	0.502	0.467	0.434	0.404
9	0.914	0.837	0.766	0.703	0.645	0.592	0.544	0.500	0.460	0.424	0.391	0.361
10	0.905	0.820	0.744	0.676	0.614	0.558	0.508	0.463	0.422	0.386	0.352	0.322
11	0.896	0.804	0.722	0.650	0.585	0.527	0.475	0.429	0.388	0.350	0.317	0.287
12	0.887	0.789	0.701	0.625	0.557	0.497	0.444	0.397	0.356	0.319	0.286	0.257
13	0.879	0.773	0.681	0.601	0.530	0.469	0.415	0.368	0.326	0.290	0.258	0.229
14	0.870	0.758	0.661	0.577	0.505	0.442	0.388	0.340	0.299	0.263	0.232	0.205
15	0.861	0.743	0.642	0.555	0.481	0.417	0.362	0.315	0.275	0.239	0.209	0.183
16	0.853	0.728	0.623	0.534	0.458	0.394	0.339	0.292	0.252	0.218	0.188	0.163
17	0.844	0.714	0.605	0.513	0.436	0.371	0.317	0.270	0.231	0.198	0.170	0.146
18	0.836	0.700	0.587	0.494	0.416	0.350	0.296	0.250	0.212	0.180	0.153	0.130
19	0.828	0.686	0.570	0.475	0.396	0.331	0.277	0.232	0.194	0.164	0.138	0.116
20	0.820	0.673	0.554	0.456	0.377	0.312	0.258	0.215	0.178	0.149	0.124	0.104
25	0.780	0.610	0.478	0.375	0.295	0.233	0.184	0.146	0.116	0.092	0.074	0.059

出所：Van Horne（2008）を基に筆者作成。

（3）期末払い年金の現在価値

年金（Annuity）は，等しく仕切られた複数の期間にわたって同額の現金の支払いもしくは受け取りが発生するキャッシュ・フローである。

期末払い年金（Ordinary Annuity）は，**図表11－5**のとおり，複数の期間のそれぞれの期間の終わりに同額の現金の支払いもしくは受け取りが発生するキャッシュ・フローである。

期首払い年金（Annuity Due）は，**図表11－6**のとおり，複数の期間のそれぞれの期間の始まりに同額の現金の支払いもしくは受け取りが発生するキャッシュ・フローである。

[図表11－5] 期末払い年金

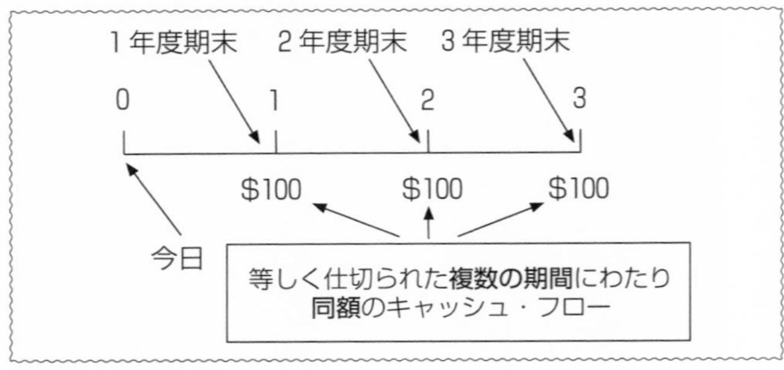

出所：筆者作成。

[図表11－6] 期首払い年金

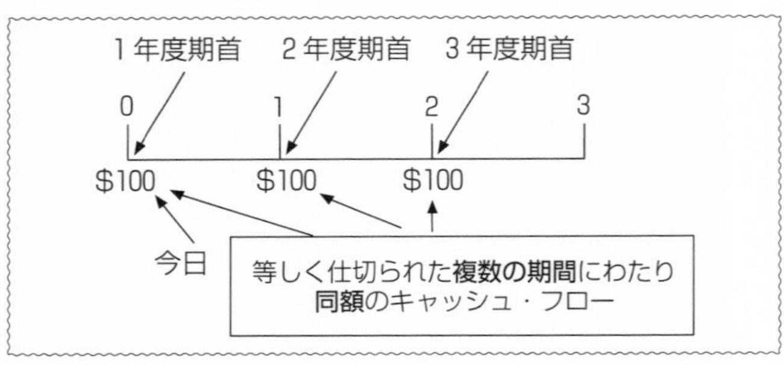

出所：筆者作成。

投資プロジェクトに関する投資意思決定の場合，ほとんどのキャッシュ・フローは期末払い年金になる。期末払い年金の現在価値は，PVIFA（Present Value Interest Factor of Ordinary Annuity）として示され，年金現価係数と呼ばれる。

図表11－7は，n時点までの各期の期末に同額のR米ドルを受け取る場合に，i％の割引率を基に複利で計算された期末払い年金の現在価値の計算式を示している。

図表11－8は，3期までの各期の期末に同額の1,000米ドルを受け取る場合に，7％の割引率で計算された期末払い年金の現在価値が，2,624.32米ドルであることを示している。

[図表11－7] 年金現価係数（1）（PVIFA：Present Value Interest Factor of Ordinary Annuity）

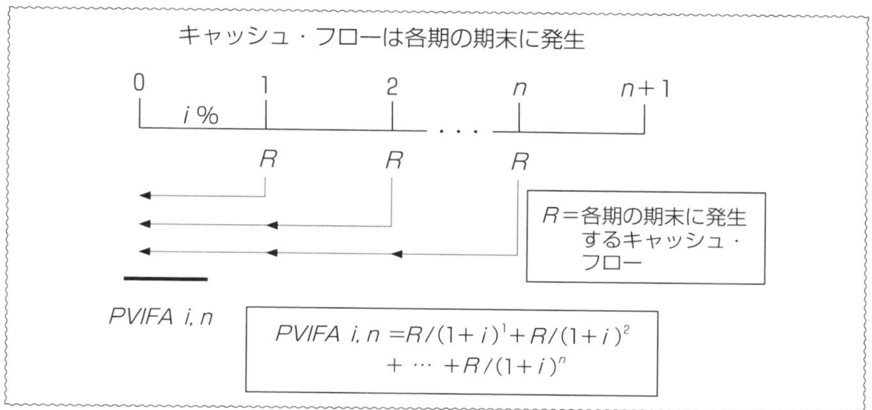

出所：Van Horne（2008）を基に筆者作成。

[図表11－8] 年金現価係数（2）（PVIFA：Present Value Interest Factor of Ordinary Annuity）

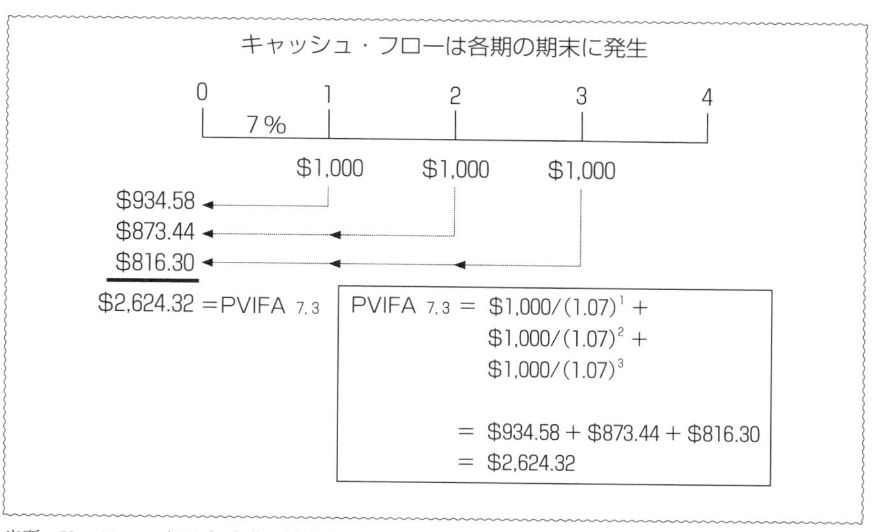

出所：Van Horne（2008）を基に筆者作成。

図表11－9は，n 時点までの各期の期末に同額の1米ドルを受け取る場合に，i％の割引率を基に複利で計算された期末払い年金の現在価値（年金現価係数：Present Value Interest Factor of an Ordinary Annuity of $1 per Period at i % for n Periods）を，期間（n）と割引率（i）の組み合わせで示した表であり，年金現価係数表と呼ばれる。

年金現価係数表もエクセルの普及で使用する機会がなくなってしまった。しかし，FP&Aプロフェッショナルが複利効果を感覚的に理解し，数字への感覚を磨くために参照する価値がある。

［図表11－9］年金現価係数表（PVIFA i,n：Present Value Interest Factor of an Ordinary Annuity of $1 per Period at i % for n Periods）

$$PVIFA_{i,n}=\sum_{t=1}^{n}1/(1+i)^{t}=\frac{1-[1/(1+i)^{n}]}{i}$$

	INTEREST RATE(i)											
PERIOD(n)	1%	2%	3%	4%	5%	6%	7%	8%	9%	10%	11%	12%
1	0.990	0.980	0.971	0.962	0.952	0.943	0.935	0.926	0.917	0.909	0.901	0.893
2	1.970	1.942	1.913	1.886	1.859	1.833	1.808	1.783	1.759	1.736	1.713	1.690
3	2.941	2.884	2.829	2.775	2.723	2.673	2.624	2.577	2.531	2.487	2.444	2.402
4	3.902	3.808	3.717	3.630	3.546	3.465	3.387	3.312	3.240	3.170	3.102	3.037
5	4.853	4.713	4.580	4.452	4.329	4.212	4.100	3.993	3.890	3.791	3.696	3.605
6	5.795	5.601	5.417	5.242	5.076	4.917	4.767	4.623	4.486	4.355	4.231	4.111
7	6.728	6.472	6.230	6.002	5.786	5.582	5.389	5.206	5.033	4.868	4.712	4.564
8	7.652	7.326	7.020	6.733	6.463	6.210	5.971	5.747	5.535	5.335	5.146	4.968
9	8.566	8.162	7.786	7.435	7.108	6.802	6.515	6.247	5.995	5.759	5.537	5.328
10	9.471	8.983	8.530	8.111	7.722	7.360	7.024	6.710	6.418	6.145	5.889	5.650
11	10.368	9.787	9.253	8.760	8.306	7.887	7.499	7.139	6.805	6.495	6.207	5.938
12	11.255	10.575	9.954	9.385	8.863	8.384	7.943	7.536	7.161	6.814	6.492	6.194
13	12.134	11.348	10.635	9.986	9.394	8.853	8.358	7.904	7.487	7.103	6.750	6.424
14	13.004	12.106	11.296	10.563	9.899	9.295	8.745	8.244	7.786	7.367	6.982	6.628
15	13.865	12.849	11.938	11.118	10.380	9.712	9.108	8.560	8.061	7.606	7.191	6.811
16	14.718	13.578	12.561	11.652	10.838	10.106	9.447	8.851	8.313	7.824	7.379	6.974
17	15.562	14.292	13.166	12.166	11.274	10.477	9.763	9.122	8.544	8.022	7.549	7.120
18	16.398	14.992	13.754	12.659	11.690	10.828	10.059	9.372	8.756	8.201	7.702	7.250
19	17.226	15.679	14.324	13.134	12.085	11.158	10.336	9.604	8.950	8.365	7.839	7.366
20	18.046	16.352	14.877	13.590	12.462	11.470	10.594	9.818	9.129	8.514	7.963	7.469

出所：Van Horne（2008）を基に筆者作成。

（4）エクセルのPV関数

実務上，提案された投資プロジェクトに関する投資意思決定は，エクセルのPV関数を使用して行われる。PV関数は利率（*rate*），期間数（*nper*），定期支払額（*pmt*），将来価値（*fv*），支払期日（*type*）の5つの引数からなるインプットに対して，投資プロジェクトの現在価値をアウトプットとして返す関数である。

インプットとして使用される5つの引数は，本項で説明してきたキャッシュ・フローの時間価値と複利の概念に基づくものである。

PV関数の5つの引数は以下の順序で入力されなければならない。

PV関数：投資プロジェクトのキャッシュ・フローの現在価値（*pv*）を返す。

＝*PV*（利率，期間数，定期支払額，将来価値，支払期日）

- 利率（*rate*）：1期当たりの利率
- 期間数（*nper*）：期間の回数
- 定期支払額（*pmt*）：年金の形で毎期支払われる額
- 将来価値（*fv*）：将来に達成する見込額
- 支払期日（*type*）：期末払いが0。期首払いが1。

以下の設例を考えてみる。

設　例

A氏は将来，家を買うために必要なお金を貯めるために，本日いくらのお金を投資すればよいかを知りたいと考えている。その金額は1年後の今日を始まりに，毎年10,000米ドルを25年間投資した場合の金額と同額になる。この投資の利回りは年6％である。この期末払い年金の現在価値を求めよ。

エクセルのPV関数を使用して計算すると，**図表11－10**のとおりとなる。

インプットとしてPV関数の5つの引数が示されている。アウトプットの現在価値（*pv*）が表示されるセルのB7に，127,833米ドルが示されている。入力されている計算式は，PV関数の*PV*（利率，期間数，定期支払額，将来価値，支払期日）の順序で入力されている。支払期日（*type*）の0は，キャッシュ・フローが期首払い年金（1）ではなく，期末払い年金（0）であることを示している。

[図表11－10] エクセルのPV関数（1）

	A	B	説明
	インプット		
1	利率（*rate*）：	6％	⇐ 年利6％の利率
2	期間数（*nper*）：	25	⇐ 期間数は25期間
3	定期支払額（*pmt*）：	$(10,000)	⇐ 期間ごとに10,000米ドルの支払い
4	将来価値（*fv*）：	0	⇐ 将来に追加の支払いなし
5	支払期日（*type*）：	0	⇐ 支払いは期末払い
6			
7	現在価値（*pv*）：	$127,833	⇐ ＝*PV*(B1, B2, B3, B4, B5)

出所：Van Horne（2008）を基に筆者作成。

（5）試験問題への対処および実務への適用

本項では，予測キャッシュ・フローと時間価値に関する基本原理に関して説明した。以下に資格試験などの試験問題への対処のステップをまとめてみる。

① 問題をしっかり読む。
② 「タイムラインの図」を描く。
③ 「タイムラインの図」に，「キャッシュ・フロー」と「矢印」を加える。
④ 試験問題が「現在価値（PV）」もしくは「将来価値（FV）」のどちらを問うているかを判断する。
⑤ 問題への解答に必要なキャッシュ・フローに含まれているのが，「当該年度」のみか，「年金」のみか，両方の組み合わせかを判断する。
⑥ 問題を解く。

エクセルの普及により，紹介したPVIFおよびPVIFAの表を使用して試験問題に解答する機会が少なくなり，⑤のステップがなくなった。

しかし，エクセルを使用する場合においても，①から⑥の流れを念頭に置いて試験問題に解答することは，有用である。

投資プロジェクトへの投資意思決定に関するFP&Aプロフェッショナルの実務においても，②と③の２つのステップは，投資意思決定に使用するモデルを構築する際に，モデルのインプット項目を確認するのに役に立つ。

Ⅱ　有価証券の価値評価

有価証券の価値の概念には，解散価値（Liquidation Value），継続企業価値（Going-Concern Value），簿価（Book Value），市場価格（Market Value），および本質的価値（Intrinsic Value）などが存在する。有価証券の本質的な価値は，その有価証券が本質的に有すべき価値である。

本質的価値は有価証券の投資家に対して有価証券が供給する予測キャッシュ・フローの現在価値であり，有価証券のリスクを反映した，投資家が要求する期待収益率（Required Rate of Return）で予測キャッシュ・フローを割り引いたものである。

（1）社債の本質的価値

有価証券の１つである社債（Bond）のキャッシュ・フローの価値を考える。社債のキャッシュ・フローには，社債発行後に支払われる利子および社債の元本の償還の２つがある。

社債の本質的価値は，支払われる利子および償還される元本の２つのキャッシュ・フローを，社債の投資家が要求する期待収益率で割り引いた現在価値である。

以下の設例を考えてみる。

設　例

今回発行する社債は，額面価額（Face Value）が1,000米ドルである。表面利率（annual coupon rate）は８％で，30年後に償還される。社債の元本は額面金額で表示される。社債の支払利子は額面金額に表面利率を乗じた額である。この社債に複利が付く期間は年間である。この社債の期待収益率（割引率：Discount Rate）が10%である場合，この社債の現在価値を求めよ。

前項で紹介したエクセルのPV関数を使って，社債の現在価値を計算すると**図表11－11**のとおりとなる。社債の現在価値は811米ドルになる。社債の投資家は今日，社債を購入するので，現在価値が負の値で示されている。

[図表11－11] エクセルのPV関数（2）

	A	B	説明
	インプット		
1	利率（*rate*）：	10%	⬅ 年当たり10%の期待収益率
2	期間数（*nper*）：	30	⬅ 期間数は30期間
3	定期支払額（*pmt*）：	$80	⬅ 期間ごとに80米ドルの受け取り
4	将来価値（*fv*）：	$1,000	⬅ 30年後に1,000米ドルの受け取り
5	支払期日（*type*）：	0	⬅ 利息の受け取りは期末
6	アウトプット		
7	現在価値（*pv*）：	($811)	⬅ ＝*PV*(B1, B2, B3, B4, B5)

出所：Van Horne（2008）を基に筆者作成。

（2）普通株式の本質的価値

将来に発生するキャッシュ・フローが契約として規定されている社債とは異なり，普通株式（Common Stock）に関して発生するキャッシュ・フローには非常に大きな不確実性がある。普通株式の本質的価値は，普通株式を発行する会社が支払う現金配当からなるキャッシュ・フローの現在価値とみなすことができる。

配当割引モデル（Dividend Discount Model）は，**図表11－12**のとおり，普通株式の本質的価値を将来に発生するすべての配当の現在価値として計算する。*V*は普通株式の本質的価値を示す。

[図表11－12] 配当割引モデル（Dividend Discount Model）

$$V=\frac{Div_1}{(1+ke)^1}+\frac{Div_2}{(1+ke)^2}+\cdots+\frac{Div_\infty}{(1+ke)^\infty}$$

$$=\sum_{t=1}^{\infty}\frac{Div_t}{(1+ke)^t}$$

Divt：*t* 時点における現金配当額　　*ke*：投資家の期待収益率

出所：Van Horne（2008）を基に筆者作成。

普通株式から将来において発生する配当が*g*%の定率で永遠に成長を続けることが予想される場合，**図表11－13**の定率成長配当割引モデルによって，普通株式の本質的価値（V）を計算することができる。

［図表11－13］定率成長配当割引モデル

$$V=\frac{D_0(1+g)}{(1+ke)}+\frac{D_0(1+g)^2}{(1+ke)^2}+\cdots+\frac{D_0(1+g)^\infty}{(1+ke)^\infty}$$

$$=\boxed{\frac{D_1}{(ke-g)}}$$

D_1：第１期の期末時点における現金配当額
g：定率の配当額成長率　　ke：投資家の期待収益率

出所：Van Horne（2008）を基に筆者作成。

以下の設例を考えてみる。

設　例

A社の普通株式は，昨年度の決算結果に基づき１株当たり3.24米ドルの現金配当を行った。投資家の期待収益率が15%であるという前提を置き，現金配当額が将来永遠に８%の定率で成長することが予想される場合，本普通株式の本質的価値を求めよ。

答えは以下のとおりとなる。

第１期の期末時点における現金配当額（D_1）：
$3.24×（1＋0.08）＝$3.50

本質的価値（V）＝ D_1 ／（$ke-g$）＝ $3.50 ／（0.15－0.08）＝ $50

普通株式から将来において発生する配当が同額のまま成長しない（g%＝０%）

［図表11－14］ゼロ成長配当割引モデル

$$V_{ZG}=\frac{D_1}{(1+ke)^1}+\frac{D_2(=D_1)}{(1+ke)^2}+\cdots+\frac{D_\infty(=D_1)}{(1+ke)^\infty}$$

$$=\boxed{\frac{D_1}{ke}}$$

D_1：第１期の期末時点における現金配当額
ke：投資家の期待収益率

出所：Van Horne（2008）を基に筆者作成。

ことが予想される場合，**図表11－14**のゼロ成長配当割引モデルによって，普通株式の本質的価値（V）を計算することができる。

以下の設例を考えてみる。

設　例

A社の普通株式は，昨年度の決算結果に基づき１株当たり3.24米ドルの現金配当を行った。投資家の期待収益率が15％であるという前提を置き，現金配当額が将来，まったく成長しないことが予想される場合，本普通株式の本質的価値を求めよ。

答えは以下のとおりとなる。

第１期の期末時点における現金配当額（D_1）：

$3.24×（１＋０）＝$3.24

本質的価値（V）＝ D_1 / ke ＝ $3.24 / 0.15 ＝ $21.6

現金配当額が永遠に８％で成長を続ける場合のA社の普通株式の本質的価値は50米ドル，現金配当額が将来全く成長しない場合の本質的価値は21.6米ドルである。

複利効果が普通株式の本質的価値に与える影響の大きさが明らかである。

（３）満期利回り

普通株式ではなく，社債の本質的価値を同様の手法で求めてみる。元本の償還期日が決まっており，表面利率に基づいて毎年，利子を支払う社債の本質的

［図表11－15］社債の本質的価値の計算式

$$V=\sum_{t=1}^{n}\frac{I}{(1+kd)^t}+\frac{MV}{(1+kd)^n}$$

$$=I\ (PVIFAkd, n)+MV\ (PVIFkd, n)$$

I（Interest）：毎年支払われる社債利子
MV（Maturity Value）：償還時に支払われる元本
PVIF：Present Value Interest Factor of $1 at kd% for n Periods
PVIFA：Present Value Interest Factor of an Ordinary Annuity of $1 per period at kd % for n Periods

出所：Van Horne（2008）を基に筆者作成。

価値の計算式は，**図表11－15**のとおりである。

満期利回り（YTM：Yield to Maturity）は，社債を現在の市場価格で購入し，元本が償還される満期まで保有した場合に期待される利回りである。満期利回りは別名，社債の内部収益率とも呼ばれる。

第12章の投資意思決定の実行プロセスにおいて，投資プロジェクトの評価方法の１つとして検討する内部収益率法（Internal Rate Of Return（IRR）Method）を説明する。その際に，満期利回り（YTM：Yield to Maturity）を振り返る。

満期利回りを計算するための計算式は，**図表11－16**のとおりである。計算の手順は以下のとおりである。

①　社債のキャッシュ・フローを予測する。

②　社債の「本質的価値（V）」を「市場価値（P_0）」で置き換える。

③　予測されたキャッシュ・フローを割引した価値が市場価値と等しくなる「市場の期待収益率（Market Required Rate of Return）」を求める。

［図表11－16］満期利回り（Yield to Maturity）

$$P_0 = \sum_{t=1}^{n} \frac{I}{(1+kd)^t} + \frac{MV}{(1+kd)^n}$$

$$= I\ (PVIFAkd,\ n) + MV\ (PVIFkd,\ n)$$

$$\boxed{kd = YTM}$$

I（Interest）：毎年支払われる社債利子
MV（Maturity Value）：償還時に支払われる元本
$PVIF$：Present Value Interest Factor of $1 at kd% for n Periods
$PVIFA$：Present Value Interest Factor of an Ordinary Annuity of $1 per period at kd % for n Periods

出所：Van Horne（2008）を基に筆者作成。

社債の満期利回りの計算は，エクセルのRATE関数を使用して行われる。

RATE関数は期間数（*nper*），定期支払額（*pmt*），現在価値（*pv*），将来価値（*fv*），支払期日（*type*）の５つの引数および推定値からなるインプットに対して，満期利回り（*rate*）をアウトプットとして返す関数である。

インプットとして使用される５つの引数は，ここまで説明してきたキャッシュ・フローの時間価値と複利の概念に基づくものである。

RATE関数の５つの引数は，指定された以下の順序で入力されなければならない。

RATE関数：満期利回り（YTM：Yield to Maturity）を返す。

＝*RATE*（期間数，定期支払額，現在価値，将来価値，支払期日，（推定値））

- 期間数（*nper*）：期間の回数
- 定期支払額（*pmt*）：年金の形で毎期支払われる額
- 現在価値（*pv*）：現在価値
- 将来価値（*fv*）：将来に達成する見込額
- 支払期日（*type*）：期末払いが0。期首払いが1。
- （推定値）：利率を推定した値を指定。計算に必要な項目ではない。

以下の設例を考えてみる。

設　例

A社の社債は，額面価額が1,000米ドルであり，表面利率は10％で，15年後に償還される。この社債の今日時点の市場価格が1,250米ドルである場合，この社債の満期利回りを求めよ。

エクセルのRATE関数を使って，この社債の満期利回りを計算すると**図表11－17**のとおりとなる。社債の投資家は今日，社債を購入するので，社債の現在価値は－1,250米ドルの負の値で示されている。推定値は計算に必要な項目ではないので，入力されていない。

［図表11－17］エクセルのRATE関数（1）

	A	B	説明
	インプット		
1	社債の市場価格（*pv*）：	$(1,250)	⬅ 社債の市場価格の1,250米ドルで購入
2	期間数（*nper*）：	15	⬅ 期間数は15期間
3	定期支払額（*pmt*）：	$100	⬅ 期間ごとに100米ドルの受け取り
4	将来価値（*fv*）：	$1,000	⬅ 15年後に1,000米ドルの受け取り
5	支払期日（*type*）：	0	⬅ 利息の受け取りは期末
6	アウトプット		
7	社債の満期利回り（*YTM*）：	7.22%	⬅ ＝*RATE*(B2, B3, B1, B4, B5)

出所：Van Horne（2008）を基に筆者作成。

ここまでキャッシュ・フローの時間価値と複利効果の概念を，社債と普通株式から生まれるキャッシュ・フローの本質的価値の計算を基に説明した。

エクセルのPV関数とRATE関数の引数は，まさにこの概念に基づいている。FP&Aプロフェッショナルの実務において，PV関数とRATE関数の5つの引数の意味を正確に理解することが必要である。

PV関数：現在価値（*pv*）を返す。

＝*PV*（利率，期間数，定期支払額，将来価値，支払期日）

- 利率（*rate*）：1期当たりの利率
- 期間数（*nper*）：期間の回数
- 定期支払額（*pmt*）：年金の形で毎期支払われる額
- 将来価値（*fv*）：将来に達成する見込額
- 支払期日（*type*）：期末払いが0。期首払いが1。

RATE関数：満期利回り（YTM：Yield to Maturity）を返す。

＝*RATE*（期間数，定期支払額，現在価値，将来価値，支払期日，（推定値））

- 期間数（*nper*）：期間の回数
- 定期支払額（*pmt*）：年金の形で毎期支払われる額
- 現在価値（*pv*）：現在価値
- 将来価値（*fv*）：将来に達成する見込額
- 支払期日（*type*）：期末払いが0。期首払いが1。
- （推定値）：利率を推定した値を指定。計算に必要な項目ではない。

Ⅲ　リスクとリターンの関係

（1）有価証券に対する投資のリスクとリターン

保有している有価証券の投資のリターン（Return）は，有価証券の市場価格の期首から期末への変化の金額および有価証券から受け取る配当の金額の2つを，有価証券の期首の市場価格で除することで求められる。

有価証券に対する投資のリスク（Risk）は，その投資の期待リターン（Expected Return）の変動性（Variability）である。

有価証券の期待リターンは，発生する可能性があるすべての期待リターンの加重平均（Weighted Average）である。期待リターンの加重平均は，発生する可能性のあるそれぞれの期待リターンの発生可能性を基に算出される。

期待リターンの変動性（Variability）を評価するのに使用されるのが，標準偏差（Standard Deviation）である。標準偏差はσ（シグマと呼ばれる）と表記される。標準偏差の二乗が分散（Variance）である。

投資金額の大きさが異なる複数の有価証券に対する投資を比較する場合，標準偏差は投資のリスクの大きさに関して誤った判断を導く可能性がある。

投資金額の大きさの違いを調整するために，標準偏差（σ）を期待リターンで除した変動係数（CV：Co-Efficient of Variation）を使用する。変動係数（CV）は投資の相対的なリスク，期待リターンの１単位当たりのリスクを測定する。

（2）投資家のリスクに対する態度

投資家は，投資のリスクに対して多かれ少なかれリスク回避（Risk Aversion）と呼ばれる態度を取り，投資のリスクが大きくなればなるほど，より大きな投資のリターンを求める。

リスク回避という態度を理解するうえで役に立つのが，確実性等価（Certainty Equivalent）という概念である。

１人の投資家がリスクのある投資を行う際に，リスクのある投資から受け取ることが期待されている金額（Expected Value）と，同じ時点でリスクを取らずに確実に受け取ることができる金額のどちらかを選べるとする。投資家がこの選択において，「２つの選択のどちらを選んでも同じである（Indifferent），確実に受け取ることができる金額」が，投資家にとっての確実性等価である。

１人の投資家の確実性等価（Certainty Equivalent）が期待値（Expected Value）を上回る場合，その投資家のリスクに対する態度はリスク選好（Risk Preference）である。

その投資家の確実性等価が期待値と同じである場合，その投資家のリスクに対する態度はリスク中立（Risk Indifference）である。

その投資家の確実性等価が期待値を下回る場合，その投資家のリスクに対する態度はリスク回避（Risk Aversion）である。

以下の設例で説明する。

設　例

- 硬貨を投げて表が出るか裏が出るかの賭けをすることを持ちかけられた。
  - ➤表が出れば100,000米ドル（50%の確率）。
  - ➤裏が出れば０米ドル（50%の確率）。
  - ➤賭けの期待値は50,000米ドルである。
- 賭けを諦めれば，以下の金額を確実に受け取れる。
  - ➤A氏は，賭けを諦めるには52,000米ドルが必要である。
  - ➤B氏は，賭けを諦めるには50,000米ドルが必要である。
  - ➤C氏は，賭けを諦めるには25,000米ドルが必要である。

A氏は確実性等価（$52,000）が期待値（$50,000）を上回っているので，「リスク選好」である。

B氏は確実性等価（$50,000）と期待値（$50,000）が同額なので，「リスク中立」である。

C氏は確実性等価（$25,000）が期待値（$50,000）を下回っているので，「リスク回避」である。

投資意思決定の基本原理であるリターンとリスクの関係は，ほとんどの投資家のリスクに対する態度がリスク回避であるという前提に基づいている。

図表11－18から**図表11－20**は，投資ポートフォリオ（Portfolio of Investments：複数の有価証券への投資を組み合わせたもの）を選択する際のリスクとリターンの関係を示している。

３つの図表上に異なるリスクへの態度を持つ投資家の無差別曲線が示されている。注目すべきは，投資家のリスクに対する態度が程度の差はあってもリスク回避であることである。

[図表11－18] リスクとリターン（1）

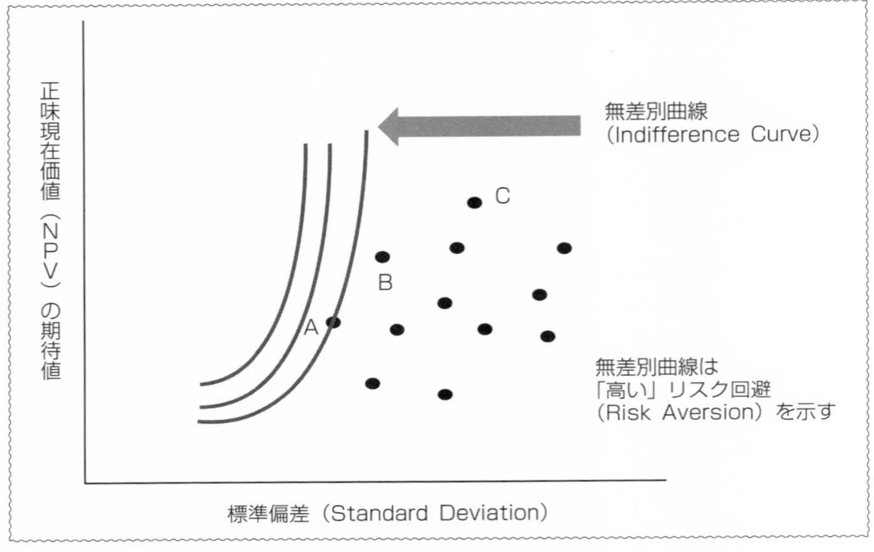

出所：Van Horne（2008）を基に筆者作成。

[図表11－19] リスクとリターン（2）

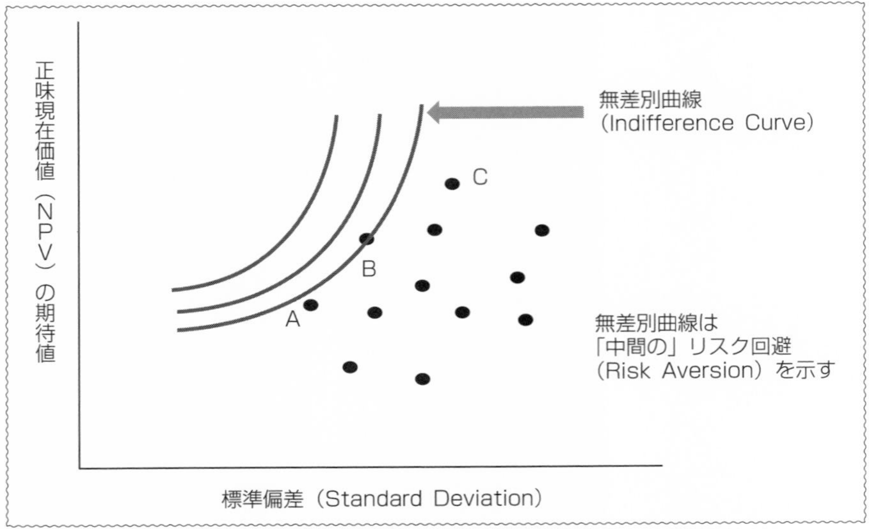

出所：Van Horne（2008）を基に筆者作成。

[図表11－20] リスクとリターン (3)

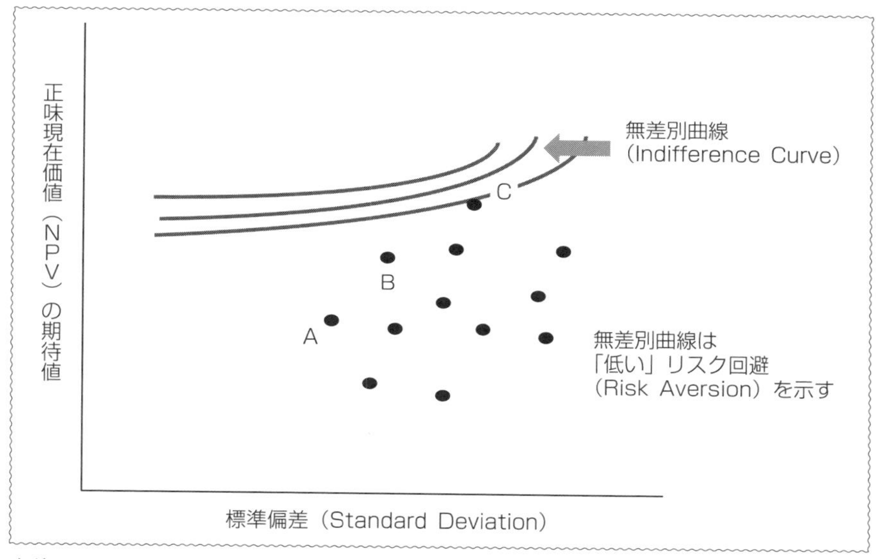

出所：Van Horne（2008）を基に筆者作成。

(3) 投資ポートフォリオのリスクとリターン

投資ポートフォリオからの期待リターン（Expected Return）は，投資ポートフォリオを構成する複数の有価証券の期待リターンの加重平均である。期待リターンの加重平均は，投資ポートフォリオ全体の金額に対してそれぞれの有価証券の金額が占める比率を基に算出される。

投資ポートフォリオの期待リターンに対して，投資ポートフォリオのリスクをどう評価するべきであろうか。

リスクの１つの定義は，投資ポートフォリオが有するトータル・リスク（Total Risk）である。それは投資ポートフォリオの標準偏差（Standard Deviation）である。

投資ポートフォリオの標準偏差は，投資ポートフォリオを構成する複数の有価証券のリターンの共分散（Covariance）の加重平均の平方根として求められる。

２つの有価証券から構成される投資ポートフォリオを例に，共分散（Covariance）の概念を説明する。

共分散はそれぞれの有価証券から生まれる可能性のあるリターンが，同じ方向に変化する程度を測る指標である。

２つの有価証券を証券 j および証券 k とする。証券 j と証券 k のリターンの共分散（σjk）は，以下の計算式で表される。σj は証券 j の標準偏差である。σk は証券 k の標準偏差である。

$$\sigma_{jk} = \sigma_j \sigma_k r_{jk}$$

注目したいのが rjk である。rjk は相関係数（Correlation Coeffcient）と呼ばれ，２つの変数が比例して変化する関係を標準化した指標である。

２つの変数が反対方向に同じ程度に変化すると－１（Perfect Negative Correlation）を示し，２つの変数の変化に関係がないと０を示し，２つの変数が同じ方向に同じ程度に変化すると＋１（Perfect Positive Correlation）を示す。

２つの有価証券から構成される投資ポートフォリオのリスクは，投資ポートフォリオの標準偏差として評価できる。この場合，投資ポートフォリオの標準偏差を決める２つの有価証券のリターンの共分散は，それぞれの有価証券の標準偏差の乗数に２つの証券の相関係数を乗じて決まる。

相関係数は－１から＋１までの範囲に標準化されているので，共分散の計算において相関係数の値は２つの有価証券の標準偏差の乗数の値を減らす方向に働く。

可能性は低いが相関係数が負の値であれば，共分散の値は負になる。相関係数が正の値であっても，＋１より小さければ，２つの有価証券の標準偏差の乗数の値を減らす方向に働く。

投資ポートフォリオの有価証券の数が m 個である場合，投資ポートフォリオのトータル・リスク，もしくは標準偏差は以下の計算式で表される。

$$\sigma_p = \sqrt{\sum_{j=1}^{m} \sum_{k=1}^{m} W_j W_k \sigma_{j,k}}$$

m は有価証券の数である。m 個の有価証券を２つずつ順番に総当たりで組み合わせるので，組み合わせの１つめ（j）が m 個，２つめ（k）が m 個ある。つまり，２つの証券のリターンの共分散（σjk）には，組み合わせの１つめの m 個と組み合わせの２つめの m 個の乗数である m の二乗の個数がある。

共分散の加重平均については，Wj が投資ポートフォリオ全体の金額に対して組み合わせの１つめ（j）の有価証券の金額が占める比率，Wk が投資ポートフォリオ全体の金額に対して組み合わせの２つめ（k）の有価証券の金額が占める比率を基に算出される。

投資ポートフォリオの有価証券の数が４個である場合，投資ポートフォリオの標準偏差は，**図表11－21**のとおり，４個の有価証券の４個の分散（有価証券それぞれの標準偏差の二乗）と12個の共分散の加重平均の平方根となる。

［図表11－21］分散共分散マトリックス

$$\begin{bmatrix} W_1W_1\sigma_{1,1} & W_1W_2\sigma_{1,2} & W_1W_3\sigma_{1,3} & W_1W_4\sigma_{1,4} \\ W_2W_1\sigma_{2,1} & W_2W_2\sigma_{2,2} & W_2W_3\sigma_{2,3} & W_2W_4\sigma_{2,4} \\ W_3W_1\sigma_{3,1} & W_3W_2\sigma_{3,2} & W_3W_3\sigma_{3,3} & W_3W_4\sigma_{3,4} \\ W_4W_1\sigma_{4,1} & W_4W_2\sigma_{4,2} & W_4W_3\sigma_{4,3} & W_4W_4\sigma_{4,4} \end{bmatrix}$$

出所：Van Horne（2008）を基に筆者作成。

投資ポートフォリオのトータル・リスクもしくは標準偏差の計算式は，以下の３つのことを示唆している。

第１に，投資ポートフォリオからの期待リターンが投資ポートフォリオを構成する複数の有価証券の期待リターンの加重平均であるのに対し，投資ポートフォリオの標準偏差は投資ポートフォリオを構成する有価証券それぞれの標準偏差の加重平均ではないことである。

投資ポートフォリオの標準偏差は，ポートフォリオを構成する複数の有価証券の共分散の加重平均の平方根なのである。

第２に，投資ポートフォリオを構成する有価証券の個数が大きくなるほど，分散の個数に対する共分散の個数の割合が大きくなる。４個の有価証券の場合，分散が４個で共分散が12個であったのに対し，有価証券の数が10個になると，分散が10個で共分散が90個になる。

多くの有価証券から構成される投資ポートフォリオの標準偏差を決めるのは，投資ポートフォリオを構成する有価証券それぞれの標準偏差（もしくは分散）ではなく，複数の有価証券間の相関係数なのである。

第３に，複数の有価証券に分散投資すること（Diversification）により，投資ポートフォリオのトータル・リスクもしくは標準偏差を減らすことができる。

投資ポートフォリオを構成する有価証券間の相関係数が＋１（Perfect Positive Correlation）より小さい場合（ほとんどの場合が当てはまる），投資ポートフォリオの標準偏差は投資ポートフォリオを構成する有価証券のそれぞれの標準偏差を加重平均した値より小さくなるのである。

Ⅳ　3つのリスク

前節では，投資意思決定において，投資ポートフォリオの期待リターンに対して，投資ポートフォリオのリスクをどう評価するべきかを考え，投資ポートフォリオが有するリスクをトータル・リスク，もしくは投資ポートフォリオの標準偏差であると定義した。

トータル・リスクは，システマティック・リスク（Systematic Risk）とアンシステマティック・リスク（Unsystematic Risk）の２つのリスクから構成される。

システマティック・リスクは，市場全体のポートフォリオの期待収益率の変化に反応した投資ポートフォリオの期待収益率の変動（Variability）である。**図表11－22**のとおり，投資ポートフォリオを構成する有価証券の数を増やしてもシステマティック・リスクは回避できない。

[図表11－22] システマティック・リスク（Systematic Risk）

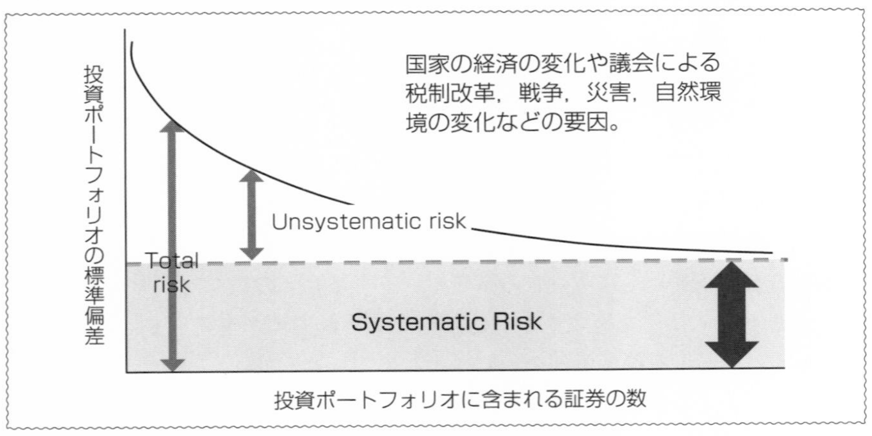

出所：Van Horne（2008）を基に筆者作成。

アンシステマティック・リスクは，市場全体のポートフォリオの期待収益率の変化によって説明することができない投資ポートフォリオの期待収益率の変動である。

図表11－23のとおり，アンシステマティック・リスクは，投資ポートフォリオに含まれる有価証券の数を増やすこと，言い換えれば分散投資（Diversification）によって回避することができる。

［図表11－23］アンシステマティック・リスク（Unsystematic Risk）

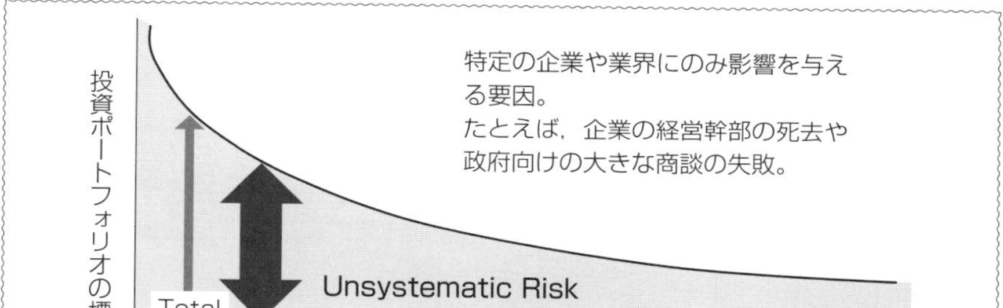

出所：Van Horne（2008）を基に筆者作成。

1つの有価証券が有するシステマティック・リスクの大きさは，**図表11－24**のとおり，特性線（Characteristic Line）を描くことでわかる。

特性線は，この有価証券の超過収益率（Excess Return：リスクフリー・レートを超過した収益率）と市場ポートフォリオ（Market Portfolio）の超過収益率（Excess Return：リスクフリー・レートを超過した収益率）の関係を示す。

リスクフリー・レートとは，リスクがない投資の収益率である。現実の世界では，国債の収益率をリスクフリー・レートとみなす。

市場ポートフォリオとは，株式市場全体の動きを示すすべての株式を含むポートフォリオである。現実の世界では，日経平均やTOPIXなどの株価指数を市場ポートフォリオとみなす。

特性線の傾き（Slope）はβ（beta：ベータ）と呼ばれ，システマティック・

[図表11－24] 特性線（Characteristic Line）

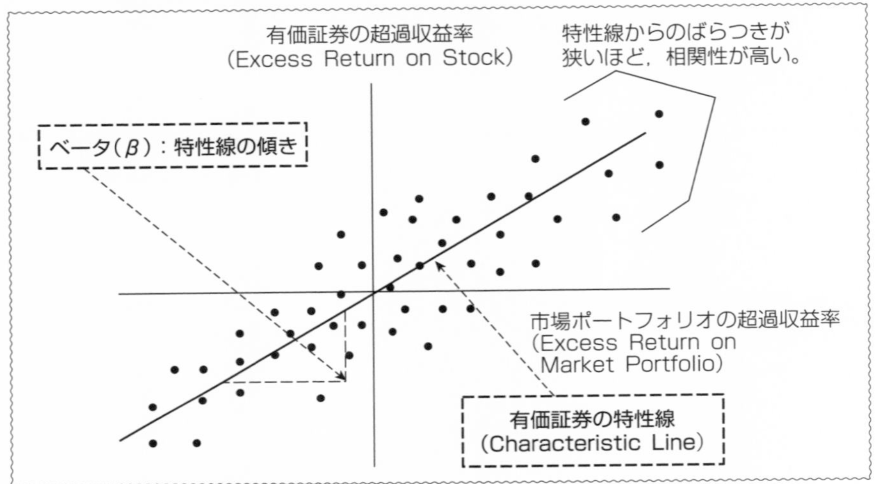

出所：Van Horne（2008）を基に筆者作成。

リスクの指標である。ベータ（β）は，市場ポートフォリオの期待収益率の変化に対する有価証券の期待収益率の感度（Sensitivity）を測る。有価証券のベータ（β）が大きいほど，有価証券が有するシステマティック・リスクが大きくなる。

図表11－25のとおり，ベータが1より大きい有価証券は攻撃的（aggressive）な投資，ベータが1より小さい有価証券は防御的（defensive）な投資と呼ばれる。

1つの有価証券の期待収益率（Required Rate of Return）とベータとの関係は**図表11－26**のとおり，証券市場線（Security Market Line）に示される。証券市場線は，投資家が有価証券に期待するリターンとシステマティック・リスクの間にある線形の関係を反映する。

[図表11－25] 特性線（Characteristic Line）の傾き

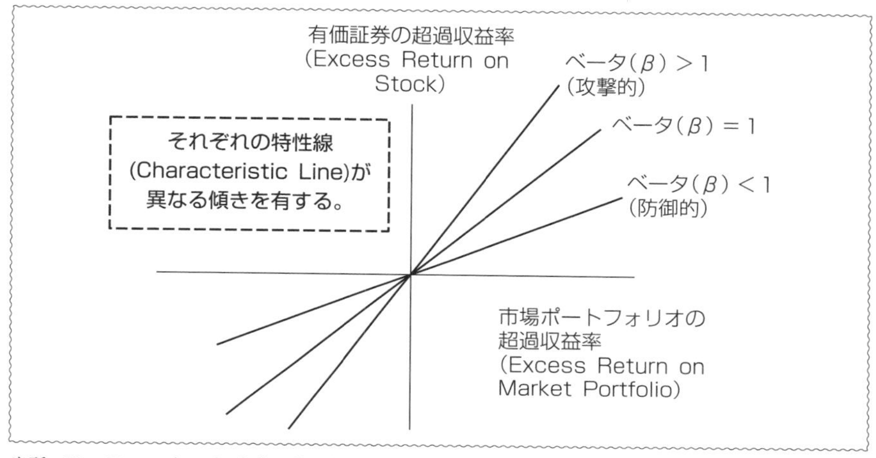

出所：Van Horne（2008）を基に筆者作成。

有価証券の期待収益率は，**図表11－26**のとおり，①リスクのない投資の収益率であるリスクフリー・レートと，②ベータの大きさに比例するシステマティック・リスクを反映するリスクプレミアムの２つの合計として計算される。

[図表11－26] 証券市場線（Security Market Line）

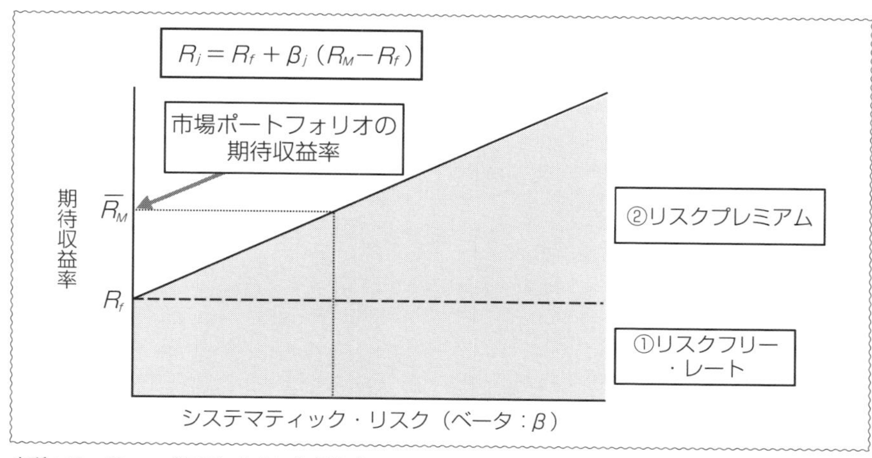

出所：Van Horne（2008）を基に筆者作成。

資本資産評価モデル（CAPM：Capital-Asset Pricing Model）は，投資意思決

定におけるリスクとリターンの関係を公式で表現している。

$Rj = Rf + \beta j\ (Rm - Rf)$

➤ Rj :「証券 j の期待収益率」
➤ Rf :「リスクフリー・レート」
➤ βj :「証券 j のベータ（β）」
➤ Rm :「市場ポートフォリオの期待収益率」

以下の設例を考えてみる。

設　例

B社の普通株式のベータは1.2である。リスクフリー・レートは６％であり，市場ポートフォリオの期待収益率は10%である。B社の普通株式の期待収益率を求めよ。

CAPMの公式（$Rj = Rf + \beta j\ (RM - Rf)$）に上記の条件を代入する。

$RB = 6\% + 1.2 \times (10\% - 6\%)$
$RB = 10.8\%$

「有価証券の期待収益率（Required Rate of Return）は，トータル・リスクではなく，分散投資（Diversification）によって避けることのできないリスクであるシステマティック・リスクによって決まる」というのが，CAPMのリスクに関する考え方である。

CAPMのリスクとリターンの関係には，以下の仮定（Assumptions）がある。

- 資本市場（Capital Markets）は効率的（Efficient）である。
- 投資家は同種（Homogeneous）の期待を有している。
- リスクフリー資産の期待収益率は確実である。
- 市場ポートフォリオ（Market Portfolio）は，システマティック・リスクのみを反映する。

ここまで，投資意思決定に関して，リスクに関する３つの概念を紹介した。トータル・リスク，システマティック・リスク，アンシステマティック・リスクの３つである。

投資意思決定において最も重要な論点は，リスクをシステマティック・リスクのみで捉えるべきか，アンシステマティック・リスクを含めたトータル・リスクで捉えるべきかである。

FP&Aプロフェッショナルの実務において，投資対象となる有価証券がCAPMの仮定を満たす場合には，システマティック・リスクをリスクとして捉え，CAPMの公式で有価証券の期待収益率を計算すべきである。

翻って，有価証券がCAPMの仮定を満たさない場合（たとえば，普通株式を発行する企業に倒産リスクがある，普通株式を資本市場で売買することが難しい等）には，アンシステマティック・リスクを含めたトータル・リスクをリスクとして捉え，期待収益率を評価すべきである。

V　資本コスト

理論的には，投資プロジェクトの資本コスト（Cost of Capital）は，投資家が要求する期待収益率（Required Rate of Return）である。

期待収益率は，企業が投資プロジェクトを実施しても企業の発行する普通株式の市場価格（Market Price）を変化させない収益率である。

投資プロジェクトの内部収益率（IRR）が投資プロジェクトのリスクを基に資本市場の要求する期待収益率を上回る場合，価値が生み出される。

価値創造の源泉は，第５章および第６章で説明した「企業が属する業界の魅力度（industry attractiveness）」および「企業の有する競争優位（competitive advantage）」である。

（１）企業全体の資本コスト

既存の投資プロジェクトおよび検討中の投資プロジェクトが同様のリスクを有する場合，投資意思決定の判断基準として「企業全体の資本コスト（Overall Cost of Capital of the Firm）」を使うことが適当である。

この資本コストは過去の資金調達ではなく，これから実施する資金調達のための資本コストなので，過去に発生したコストではなく，新たに追加で発生する（Marginal）資本コストでなければならない。

企業全体の資本コストは，①長期負債（Long-Term Debt），②優先株式（Preferred Stock），③普通株式（Common Stock）の３つの資金調達手段の期待収益率をそれぞれの市場価値で加重平均（Weighted Average）した期待収益率である。

①　長期負債の資本コスト

第１に，長期負債の資本コスト（Cost of Capital）を**図表11－16**で紹介した社債の満期利回りを例に説明する。

*kd*は，社債発行企業に対する社債への投資家もしくは債権者が要求する期待収益率である。社債発行企業の負債コスト（Cost of Debt：*ki*）の計算式は以下のとおりである。

$$ki = kd\ (1 - T)$$

*kd*を「100％－実効法人税率（*T*）」で乗じた「税引後の負債コスト」を求める。

注意が必要なのは，税引前利益が赤字の企業が発行する社債の資本コストである。負債の節税効果を享受できないので，資本コストは「税引前の負債コスト」になる。

以下の設例を考えてみる。

設　例

B社の社債は，額面価額が1,000米ドルであり，表面利率０％のゼロクーポン社債で，10年後に償還される。この社債の現時点の市場価格が385.54米ドルである場合，B社の負債コストを求めよ。

エクセルのRATE関数を使って，この社債の満期利回りを計算すると**図表11－27**のとおりとなる。

社債の満期利回り（*kd*：税引前）に「100％－実効法人税率（*T*）」を乗じて，「税引後の負債コスト（*ki*）」を求める。B社の負債コストは６％である。

$$(1+kd)^{10} = \$1{,}000 / \$385.54 = 2.5938$$

$$(1+kd) = 2.5938^{1/10} = 1.1$$

$$kd = 0.1 \text{ or } 10\%$$

$$ki = 10\% \times (1-0.4) = 6\%$$

［図表11－27］エクセルのRate関数（2）

	A	B	説明
	インプット		
1	社債の市場価格（*pv*）：	$（385.54）	⇐ 社債の市場価格の385.54米ドルで購入
2	期間数（*nper*）：	10	⇐ 期間数は10期間
3	定期支払額（*pmt*）：	0	⇐ 期間ごとの受け取りなし
4	将来価値（*fv*）：	$1,000	⇐ 15年後に1,000米ドルの受け取り
5	支払期日（*type*）：	0	⇐ 利息の受け取りは期末
6	アウトプット		
7	社債の満期利回り（税引前）：	10%	⇐ ＝*RATE*（B2, B3, B1, B4, B5）

出所：Van Horne（2008）を基に筆者作成。

②　優先株式の資本コスト

第２に，優先株式の資本コストを説明する。優先株式の資本コスト（Kp）は，優先株式の株主が要求する期待収益率である。

Dpは，毎期支払われる定額の配当であり，優先株式発行企業の税引後利益から支払われる。$P0$は今日時点の優先株式の市場価格である。

$$Kp = Dp \, / \, P0$$

以下の設例を考えてみる。

設　例

B社の優先株式は，額面価額が100米ドルであり，１株当たりの配当が6.30米ドルである。この優先株式の現時点の市場価格が70米ドルである場合，B社の優先株式の資本コストを求めよ。

優先株式の配当は発行企業の税引後利益から支払われるので，社債の資本コストのように実効税率で調整する必要がない。B社の優先株式の資本コストは９％である。

$$Kp = \$6.30 \, / \, \$70 = 9\,\%$$

③ 普通株式の資本コスト

第3に，普通株式の資本コストを説明する。

3つの資本コストの中で最も測定が難しいのは，普通株式の資本コストである。普通株式の資本コストを求めるには，2つの選択肢がある。

1つめの選択肢は，**図表11－12**で説明した配当割引モデル（Dividend Discount Model）である。普通株式の本質的価値（V）を将来に発生するすべての配当の現在価値として計算するモデルである。Vを現在の普通株式の市場価格（$P0$）に置き換えて，普通株式の投資家が要求する期待収益率（Ke）を算出する。

社債からの利子や優先株式からの配当に比べると，普通株式からの配当に関する不確実性は非常に大きく，配当割引モデルを基に普通株式の資本コストを計算するのは，経営成績および配当性向が長期に安定している少数の企業を除くと，適切ではない。

2つめの選択肢は，資本資産評価モデル（CAPM：Capital-Asset Pricing Model）である。投資対象となる普通株式がCAPMの仮定を満たす場合には，システマティック・リスクを基に，以下のCAPMの公式で有価証券の期待収益率を計算することができる。

$$Rj = Rf + \beta j\ (Rm - Rf)$$

- ➤Rj：「証券jの期待収益率」
- ➤Rf：「リスクフリー・レート」
- ➤βj：「証券jのベータ（β）」
- ➤Rm：「市場ポートフォリオの期待収益率」

前節で紹介した設例において，B社の普通株式のベータは1.2であった。リスクフリー・レートは6％であり，市場ポートフォリオの期待収益率は10%であった。

B社の普通株式の期待収益率は，CAPMの公式（$Rj = Rf + \beta j\ (RM - Rf)$）に上記の条件を代入した結果，10.8%である。

B社の普通株式の期待収益率（RB）＝6％＋1.2×（10%－6％）＝10.8%

企業全体の資本コスト（Overall Cost of Capital of the Firm）は，長期負債（Long-Term Debt），優先株式（Preferred Stock），普通株式（Common Stock）の

3つの資金調達手段の期待収益率をそれぞれの市場価値で加重平均（Weighted Average）した期待収益率である。

3つの資金調達手段の加重平均は，過去に資金調達を実施した際に使用した3つの資金調達手段の加重平均ではなく，企業がこれから長期間にわたって資金調達を実施する際に使用することを意図している3つの資金調達手段の加重平均でなければならない。

以下の設例を考えてみる。

設　例

B社のこれからの資金調達のウェイトは以下のとおりである。B社の企業全体の資本コスト（Overall Cost of Capital for the Firm）を求めよ。

資金調達の種類	市場価格	ウェイト
長期負債	35百万米ドル	35%
優先株式	15百万米ドル	15%
普通株式	50百万米ドル	50%
	100百万米ドル	

B社の加重平均資本コスト（WACC）は，以下のとおりである。

B社の加重平均資本コスト（$WACC$）

$$=0.35\times 6\%+0.15\times 9\%+0.50\times 10.8\%$$

$$=2.1\%+1.35\%+5.4\%=8.85\%$$

（2）投資プロジェクト特有の資本コスト

投資プロジェクトへの投資意思決定において企業全体の資本コストを使うことの重要な前提には，検討対象の投資プロジェクトと既存の投資プロジェクトがリスクに関して同様であることがある。

既存の投資プロジェクトと新しい投資プロジェクトのリスクが大きく異なっている場合，投資意思決定の判定基準として企業全体の資本コストを使うことは適当ではない。この場合，検討対象の投資プロジェクトごとに判定を行う基準として，「投資プロジェクト特有の資本コスト（Project Specific Cost of Capital）」を使用するべきである。

投資プロジェクト特有の資本コストを求める方法の1つが，資本資産評価モデル（CAPM）である。５つのステップは以下のとおりである。

① 投資プロジェクト k の資金調達において，負債を使用せずに普通株式の発行のみで行うと仮定する。

② 検討対象の投資プロジェクト k と類似の事業と同程度のシステマティック・リスクを有する事業を行っている上場企業を識別する。

③ 識別された上場企業のベータを基に，検討対象の投資プロジェクト k のベータを決める。

④ 資金調達を普通株式のみにより行う前提で，投資プロジェクト k のベータを基に，投資プロジェクト k の期待収益率を計算する。

$$Rk = Rf + \beta k(Rm - Rf)$$

⑤ 企業が長期的に計画している資本構成を基に，投資プロジェクト k の期待収益率を調整する。

投資プロジェクト k の加重平均資本コスト（Weighted Average Required Return）
＝［税引後の負債コスト］×［負債の比率］＋［投資プロジェクト k の期待収益率（Rk）］×［普通株式の比率］

⑥ 投資プロジェクト k の内部収益率（IRR）と調整後の期待収益率とを比較する。

以下の設例を考えてみる。

設　例

B社は多角化のために新規プロジェクトXへの投資を検討している。新規プロジェクトXの内部収益率（IRR）は，19％と予測されている。新規プロジェクトXと同じ業界に属する上場企業が資金調達を普通株式のみで行った前提におけるベータを計算すると1.5である。B社は将来の資金調達を普通株式で70％，負債30％の比率で行う予定である。税引後の負債コストは６％である。リスクフリー・レートは４％であり，市場ポートフォリオの期待収益率は11.2％である。B社は新規プロジェクトXへの投資を実施すべきであろうか。

解答は以下のとおりである。

- 資金調達を普通株式のみにより行う前提でのプロジェクトXの期待収益率（Xe）
  $= Rf + \beta j \times (Rm - Rf)$
  $= 4\% + 1.5 \times (11.2\% - 4\%) = 14.8\%$
- プロジェクトXの加重平均資本コスト（WACC）
  $= 0.30 \times 6\% + 0.70 \times 14.8\% = 12.16\%$
- プロジェクトXの内部収益率（IRR）は19%であり，加重平均資本コスト（WACC）の12.16%を上回っているので，プロジェクトXへの投資を実施すべきである。

投資プロジェクトの投資意思決定に関して，検討対象の新しい投資プロジェクトのリスクと既存の投資プロジェクトのリスクが大きく異なる場合に，判定基準として企業全体の資本コストではなく，投資プロジェクト特有の資本コストを使用するべきであることを説明した。

しかし，FP&Aプロフェッショナルの実務において，プロジェクト単位で特有の資本コストを使用することは，非常にまれである。プロジェクトごとに資本コストを算定する作業の繁雑さとプロジェクトの正確な資本コストを計算することの難しさがその背景にある。

FP&Aプロフェッショナルの実務において多く見られるのは，事業部制を導入している企業が「事業部特有の資本コスト（Group-Specific Cost of Capital）」を使用するケースである。

日本企業であれば，純粋持株会社組織を導入している企業が子会社特有の資本コスト，社内カンパニー制を導入している企業が社内カンパニー特有の資本コストを使用するケースがある。

企業全体の資本コストとグループ特有の資本コストの関係を**図表11－28**に示す。グループ特有の資本コストを使用する手順は，投資プロジェクト特有の資本コストを使用する６つのステップを準用できる。

[図表11－28] グループ特有の資本コスト

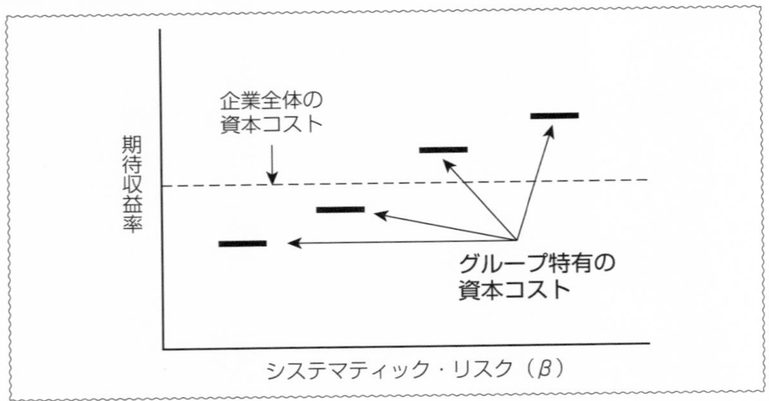

出所：Van Horne（2008）を基に筆者作成。

第12章

投資意思決定の実行プロセス

I 資本予算と投資意思決定プロセス

(1) 資本予算

投資意思決定プロセス（Capital Budgeting）は，投資プロジェクトのうち，リターン（キャッシュ・フロー）が投資時点から1年の期間を超えて発生する投資プロジェクトを識別し，分析し，選択するプロセスである。

資本予算（Capital Budget）で承認された予算金額枠の枠内で実行できることを前提に，投資意思決定プロセスは実施される。

筆者がCFOを務めた日本トイザらスにおける資本予算と投資意思決定プロセスの流れは，**図表12－1**のとおりであった。

［図表12－1］資本予算と投資意思決定プロセス

出所：筆者作成。

資本予算は年度ごとに作成される総合予算（Master Budget）の一部である。

第７章で紹介した**図表７－９**は，総合予算の全体像である。総合予算は業務予算（Operating Budget）と財務予算（Financial Budget）の２つから成る。

業務予算は利益計画であり，損益計算書に着目する総合予算の主要素である。業務予算作成のプロセスは売上高予算（Sales Budget）の作成から始まる。

財務予算は総合予算のうち，業務予算などが資金に与える影響に焦点を当てた部分である。財務予算は，資本予算（capital budget），資金予算（cash budget），貸借対照表予算（budgeted balance sheets）の３つから成る。

財務予算作成のプロセスは，資本予算の作成から始まる。資本予算が財務予算の一番左側，つまり上流にあり，資本予算と損益計算書予算からのアウトプットが資金予算に流れ込み，資金予算からのアウトプットが貸借対照表予算に流れ込む。

FP&Aプロフェッショナルが予測財務諸表を作成する際に考慮しなければならないのが，総合予算を構成する各種の予算の関係性である。この関係性が予測財務諸表を作成する順序を規定する。

図表７－９の構造を今一度確認されたい。

資本予算へのインプットはどこから来るのだろうか？

その答えは中期経営計画である。資本予算は投資時点から１年の期間を超えて発生する投資プロジェクトを対象にする。第１章で紹介した**図表１－10**のとおり，中期経営計画からのインプットが資本予算作成の起点になる。

グローバル企業において中期経営計画は，第７章で紹介した**図表７－１**のとおり，年度ごとにローリング方式で作成される。毎年度作成される中期経営計画の第１年度が，資本予算作成の起点になる。

固定方式で中期経営計画を作成している日本企業においては，年度予算を作成する際に，中期経営計画の進捗を検討する。この検討が資本予算作成の起点となる。

年度予算（総合予算）の一部である資本予算の具体例を，筆者がCFOとして勤務したインテル日本法人と日本トイザらスにおける事例を基に紹介する。

第１章で紹介した**図表１－12**は，インテル日本法人で筆者が作成した年度予算書の目次である。

図表12－２はインテル日本法人の資本予算の様式である。

［図表12－2］資本予算の様式（1）

部門名	前年度実績					今年度予算				
	第1四半期	第2四半期	第3四半期	第4四半期	前年度合計	第1四半期	第2四半期	第3四半期	第4四半期	今年度合計
A部										
B部										
C部										
D部										
合計										

出所：筆者作成。

図表12－3は日本トイザらスの資本予算の様式である。投資金額が一定額を超える投資プロジェクト（Big Tickets）を記している。年度ごとに予定される資本投資全体の枠を金額で定め，その内訳を部門別もしくは投資プロジェクトの種類別で表示している。

［図表12－3］資本予算の様式（2）

Big Tickets（投資額が1億円を超える投資プロジェクト）	金額	投資プロジェクト概要
店舗開店・改装関連投資：		
投資プロジェクトA		
投資プロジェクトB		
投資プロジェクトC		
ITシステム関連投資：		
投資プロジェクトD		
合計		

出所：筆者作成。

（2）投資意思決定プロセス

投資意思決定プロセスには，以下の5つのプロセスが含まれる。

① 企業の戦略と方向性が一致している投資プロジェクトに関する提案を作成する。

② 複数の仮定（Assumptions）を設定するために必要な情報を収集する。
③ 投資プロジェクトに関する税引後（After-Tax）の追加（Incremental）の営業活動（Operating Activities）に関するキャッシュ・フローを予測する。
④ 予測キャッシュ・フローを選定した評価法を適用して分析し，企業価値最大化の基準を満たす投資プロジェクトを選択する。
⑤ 投資実行後に投資プロジェクトの進捗のモニタリング（monitoring）を継続的に行い，投資プロジェクト完了後に事後審査（Post Audit）を実施する。

投資意思決定プロセスの最初のステップである「①企業の戦略と方向性が一致している投資プロジェクトに関する提案を作成する」は，FP&Aプロフェッショナルの実務において，投資プロジェクトの提案を行う際に最も重要なポイントである。

図表12－4は，筆者が日本法人CFOを務めた米国企業トイザらスの投資プロジェクトの投資意思決定のプロセスである。新店舗の開店に関する投資プロジェクトの投資意思決定プロセスの中心には，企業の戦略の方向性に一致するように投資プロジェクトを提案し，実行することがあった。

［図表12－4］新店舗を開店する投資プロジェクトの投資意思決定

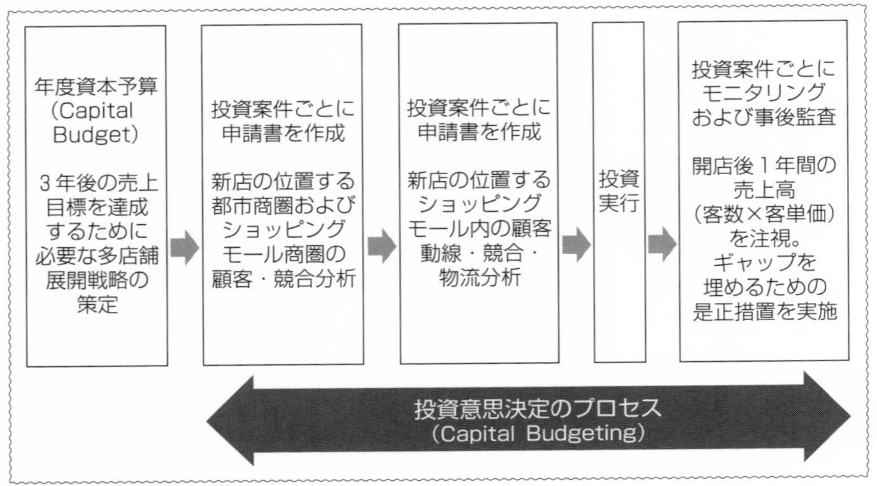

出所：筆者作成。

投資プロジェクトに関する投資案件の審査は，公式のプロセスとして行われる。投資プロジェクトの金額の大きさと戦略上の重要性により，意思決定者の段階が変わる。

金額が小さく，戦略的な重要性が低い投資プロジェクトの意思決定者は，部長レベルである。金額の大きさと戦略上の重要性が上がるのに応じて，事業部長，副社長，社長，本社投資委員会，取締役会と意思決定者の段階が上がる。

グローバル企業においては，投資案件審査のプロセスのみならず，投資プロジェクトの提案書の様式も標準化されている。

図表12－5は，米国企業トイザらスにおける新店舗を開店する投資プロジェクトの提案書の様式例である。

提案書に記載しなければならない項目として，以下が示されている。

- 投資プロジェクトの概要（Project Summary）
- 主要な指標（Key Metrics）：正味現在価値（NPV），内部収益率（IRR），回収期間（Payback Period）を含む。評価指標の定義は，本章のⅢで説明する。
- 開店後第１年度から第５年度までの予測売上高，予測営業利益を含む。
- 投資資金の使途
- 投資資金の予算手当
- 資本予算との差異
- 投資プロジェクトのリスクレベルの評価：リース期間の長短，予測売上高の年平均成長率（CAGR：Compound Annual Growth Rate），単位面積当たりの予想売上高と同じ市場にある既存店舗の単位面積当たりの売上高の比率，同じ市場における競合店の開店予定の有無，同じ市場にある既存店舗の予測売上高の平均成長率，新店舗の開店で売上高の減少が予想される既存店舗の有無を含む。
- 投資プロジェクトに投資を実行することが正当である理由
- 投資プロジェクトの正味現在価値（NPV），内部収益率（IRR）および感度分析（第13章で説明する）

[図表12－５] 新店舗を開店する投資プロジェクトの提案書の様式例

Capital Proposal : New Store Opening

PROJECT SUMMARY	
Proposal	
Location	
Projected Opening	
Lease Term	
Store Size(sq.ft)	

KEY METRICS	USD
NPV	
Incremental IRR	
Average Debt / EBITDAR	
Cash Payback	
Total Occupancy(Year 1)	

	Year 1	Year 2	Year 3	Year 4	Year 5
Sales					
SSS %					
4 Wall EBITDA					

FUNDING USES	USD
FFE/ MIS / LP	
Building / D&C	
Total Capital Additions	

FUNDING SOURCES	USD
TRU Funding	
LL Funding Lease NPV - Project Subsidy	
Lease NPV - Excluding Project Subsidy	
Total Capital Commitment	
Inventory net of Payables	
Pre-opening costs	
Total Investment	

BUDGET VARIANCE	USD
vs. Capital Additions	
vs. Cash Flow(excluding Inventory impact)	
vs. Lease Obligations	

RISK LEVEL

Committed Lease Term(no penalty)
Rent Structure
Proposed Store Sales CAGR
Yr 1 Sales / Sq.ft$vs. TTM Market Avg.
New Center / Mall development
YTD Market SSS Trend
Knock Off Stores

KEY INVESTMENT COMMENTS

SENSITIVITY NPV(USD) / IRR(Standerd)

出所：筆者作成。

投資意思決定プロセスには投資案件の評価・実行だけではなく，「⑤投資実行後に投資プロジェクトの進捗のモニタリング（monitoring）を継続的に行い，投資プロジェクト完了後に事後審査（Post Audit）を実施する」が含まれる。

モニタリングは，実行された投資プロジェクトに対して，投資プロジェクトの再評価を継続的に行う公式のプロセスである。

事後審査は，投資プロジェクトの完了後に，コストと利益の実績を申請時の予測と比較し，記録に残すための公式のプロセスである。その目的は，以下の4つである。

(1)　投資プロジェクトの問題を識別する。
(2)　問題を解決するための代替案を提示する。
(3)　関係者と適切なフィードバックを共有する。
(4)　将来に行われる投資意思決定プロセスを改善する。

FP&Aプロフェッショナルの実務における投資意思決定プロセスの成功は，モニタリングと事後審査を公式のプロセスとして実施し，マネジメントコントロールシステムのサイクルを回すことによって投資案件の評価・実行のプロセスに規律を与えることにかかっている。

Ⅱ　関連性のあるキャッシュ・フローの予測

前節において，投資意思決定プロセスには以下の5つのプロセスが含まれることを説明した。

①　企業の戦略と方向性が一致している投資プロジェクトに関する提案を作成する。
②　複数の仮定（Assumptions）を設定するために必要な情報を収集する。
③　投資プロジェクトに関する税引後（After-Tax）の追加（Incremental）の営業活動（Operating Activities）に関するキャッシュ・フローを予測する。
④　予測キャッシュ・フローを選定した評価法を適用して分析し，企業価値最大化の基準を満たす投資プロジェクトを選択する。
⑤　投資実行後に投資プロジェクトの進捗のモニタリング（monitoring）を継続的に行い，投資プロジェクト完了後に事後審査（post audit）を実施する。

本項では，「③投資プロジェクトに関する税引後（After-Tax）の追加

(Incremental) の営業活動 (Operating Activities) に関するキャッシュ・フローを予測する」に関して説明する。

(1) 関連情報

経営意思決定はどのように行うべきだろうか？

管理会計の研究者であるホングレン (Charles Horngren) は，経営意思決定を「複数の代替案から経済的効果の評価を基に選択を行うこと」であるとする。

どのような情報が経営意思決定に関連するのだろうか？

ホングレンによれば，経営意思決定における「関連情報 (Relevant Information)」は以下の2つの要件を満たす必要がある。

第1に，その情報は将来に発生する収益 (Future Revenue) および将来に発生する原価 (Future Cost) に関する情報である。

第2に，その情報は代替案の間における差額の収益 (Differential Revenue) および差額の原価 (Differential Cost) に関する情報である。

関連情報は将来の予測であって，過去の要約ではない。歴史的な過去の要約である過去情報は，経営意思決定に直接的な影響は有していない。過去情報は経営意思決定と無関連 (Irrelevant) である。なぜなら意思決定は過去に起こったことを変えられないからである。

ただし，過去情報は間接的な影響を持つ可能性がある。将来の予測に役立つ可能性があるからである。

第8章で紹介した**図表8－6**は，ホングレンの提示する意思決定モデルである。意思決定モデルに対するインプットは過去情報ではなく，過去情報などを基に作成された「将来に関する予測」である。

(2) 関連性のあるキャッシュ・フロー

投資意思決定において考慮しなければならないのは，投資プロジェクトの会計上の利益ではなく，投資プロジェクトがもたらすキャッシュ・フローである。

キャッシュ・フローは「関連性のあるキャッシュ・フロー」でなければならない。

関連性のあるキャッシュ・フローは，キャッシュ・フローとして以下の要件を満たさなければならない。

●投資プロジェクトによって追加 (Incremental) で発生するキャッシュ・フ

ロー，もしくは投資プロジェクトの代替案間の差額（Differential）のキャッシュ・フロー
- 法人税などの支払い・還付を考慮した，税引後（After-Tax）のキャッシュ・フロー
- 資金調達活動（Financing Activities）に関するキャッシュ・フローではなく，営業活動（Operating Activities）に関するキャッシュ・フロー

上記の要件を満たす関連性のあるキャッシュ・フローを予測するには，キャッシュ・フローに以下の調整を行う必要がある。

- 「埋没原価（Sunk Cost）」を無視する。埋没原価は無関連原価の１つである。最狭義には，すでに支出済みで，しかも回収不能な原価（使わなくなった施設等の未回収原価）を意味する。通常は，すでに支出済みの原価（過去原価）である。
- 「機会原価（Opportunity Cost）」を含める。機会原価は関連原価の１つである。過去，現在あるいは未来における金銭の支出（支出原価）ではなく，将来における収入の減少と結びついている概念である。資源の利用に関する意思決定において特定の代替案を選択すると，別の代替案の利用可能性が減少したり，失われたりする。たとえば，土地の利用に関する複数の代替案があれば，これらは相互排除的である。機会原価は，犠牲となる最大の利益（最大の価値犠牲）を原価として認識したものである。
- 投資プロジェクトによって発生する「運転資本（Working Capital）の増加・減少」を含める。運転資本の増加・減少には投資プロジェクトによって発生する流動資産（売掛金・棚卸資産など）のみではなく，流動負債（買掛金など）の増加・減少を含める。
- 「インフレーション（Inflation）の影響」をキャッシュ・フローに反映する。インフレーションとは，通貨単位の一般購買力の低下である。第11章で説明したとおり，投資プロジェクトの資本コストはリスクフリー・レートとリスクプレミアムの２つから構成されている。リスクフリー・レートにインフレーションを反映させるので，整合性を確保するために投資プロジェクトがもたらす関連性のあるキャッシュ・フローはインフレーションの影響を反映しなければならない。

(3) 関連性のあるキャッシュ・フローの予測

投資プロジェクトのキャッシュ・フローを予測するには，予測キャッシュ・フローを以下の3つのカテゴリーに分けることが有用である。

① プロジェクトの開始時点における現金支出（Initial Cash Outlay）

② プロジェクトの途中期間における年度ごとのキャッシュ・フロー（Annual Cash Flows）

③ プロジェクトの最終年度におけるキャッシュ・フロー（Project End Cash Flows）

① 開始時点における現金支出

開始時点での現金支出（Initial Cash Outlay）には，固定資産（Fixed Assets）への投資および純運転資本（Net Working Capital：売掛金および棚卸資産などの流動資産から，買掛金などの流動負債を控除したもの）の増加が含まれる。

固定資産への投資には固定資産の購入価額だけではなく，配送費や設置費も含まれる。

運転資本には2つの種類がある。総運転資本（Gross Working Capital）と純運転資本（Net Working Capital）である。

FP&Aプロフェッショナルの実務において，第一義的に管理すべきなのは売掛金，棚卸資産といった流動資産を含む総運転資本である。

初年度の予測売上高・売掛金回転率・在庫回転率を基に，投資プロジェクト開始時点での総運転資本である売掛金残高と棚卸資産残高を計算する。総運転資本である売掛金残高と棚卸資産残高の増加額を現金支出額に加算する。次に純運転資本を計算する。初年度の予測売上高・買掛金回転率を基に流動負債である買掛金残高を計算する。買掛金残高の増加額を現金支出額から減算する。

投資プロジェクト開始時点での現金支出に関し，売掛金残高の増加額の計算を以下の設例で考えてみる。

設　例

A社の2017年度の売上高が562億円で，2017年度末時点の売掛金が57億円であった。2018年度の予測売上高が684億円である場合，2018年度末時点の売掛金の2017年度末時点に対する予想増加額を求めよ。

売掛金残高の増加額は，以下のとおり，12億円である。

（57億円 ÷ 562億円）× 684億円 ＝ 69億円
69億円 － 57億円 ＝ 12億円

古い固定資産を新しい固定資産に入れ替える場合，投資プロジェクト開始時点での現金支出は，以下の計算式で求めることができる。

＋　「新しい」固定資産のコスト
＋　固定資産の購入に付随して発生する支出
＋　純運転資本（Net Working Capital）の増加
－　固定資産の入れ替えにおいて売却される「古い」固定資産の売却代金
－　固定資産の入れ替えにおいて売却される「古い」固定資産の売却損失に関わる税金の還付
＝　投資プロジェクト開始時点における現金支出

固定資産を入れ替える場合の現金支出の計算を，以下の設例で考えてみる。

設　例

- B社は既存の製造設備を最新鋭の製造設備に入れ替えるプロジェクトを検討している。
- 古い固定資産の取得価額は3,000万円。税務上，５年間の均等償却で毎年600万円ずつ償却。現在，２年間の償却期間が残る。
- 入れ替えの場合，500万円で売却可能であり，固定資産の売却損失には40%の法人税が還付される（法人税の還付は売却時に行われる）。
- 新しい固定資産の税務上の簿価は7,000万円。購入価格の6,600万円に加え，設置等の付随支出400万円が発生する。
- 純運転資本は変化しない。

B社の本プロジェクト開始時における追加的な現金支出額を求めよ。

B社の本プロジェクト開始時点における現金支出は，以下のとおり計算される。

＋　6,600万円：「新しい」固定資産のコスト
＋　400万円：固定資産の購入に付随して発生する支出
＋　0：純運転資本（Net Working Capital）の増加
－　500万円：「古い」固定資産の売却代金
－　280万円：「古い」固定資産の売却損失に係る税金の還付
＝　6,220万円：投資プロジェクト開始時点における現金支出

②　途中期間における年度ごとのキャッシュ・フロー

途中期間における年度ごとのキャッシュ・フローには，売上高，販管費，法人税等の増減が含まれる。

注意しなければならないのは，固定資産の減価償却費がキャッシュ・フローに与える影響である。会計上の減価償却費ではなく，税務上の減価償却費を基に，税引後のキャッシュ・フローを計算する。

古い固定資産を新しい固定資産に入れ替える場合，途中期間における年度ごとのキャッシュ・フローの増加額は，以下の計算式で求める。

＋　営業活動に関わる売上の増加額から経費（減価償却費を除く）の増加額を控除した額（a）
－　新しい固定資産と古い固定資産の減価償却費の純増加額（b）
＝　税引前利益の増加額（c）
－　法人税の増加額（d）
＝　税引後利益の増加額（e）
＋　新しい固定資産と古い固定資産の減価償却費の純増加額（f）
＝　当期の追加的なキャッシュ・フローの増加額（g）

古い固定資産を新しい固定資産に入れ替える場合，途中期間における年度ごとのキャッシュ・フローの増加額を以下の設例で考えてみる。

設　例

- B社は既存の製造設備を最新鋭の製造設備に入れ替えるプロジェクトを検討している。
- 固定資産の入れ替えによって，B社の売上高は変化しない。
- 固定資産の入れ替えによって，B社の営業活動に関わる経費（減価償却

費を除く）は年間4,000万円減少する。

- 新しい固定資産の税務上の簿価は7,000万円。４年間の均等償却で毎年1,750万円ずつ償却する。古い固定資産の取得時の税務上の簿価は3,000万円。５年間の均等償却で毎年600万円ずつ償却。本プロジェクト開始時点で，２年間の償却期間が残っている。
- B社の限界法人税率（Marginal Income Tax Rate）は40％である。

B社の本プロジェクトの途中期間における年度ごとのキャッシュ・フローの増加額を求めよ。

最初に，各年度における減価償却費の純増加額を計算する。

図表12－６の（ア）は，新しい固定資産の税務上の減価償却費（４年間の均等償却）である。（イ）は，古い固定資産の税務上の減価償却費（５年間の均等償却で２年間残っている）である。（ウ）は，年度ごとの税務上の減価償却費の純増加額である。

次に，当期の追加的なキャッシュ・フローの増加額を計算する。

図表12－６の（ａ）は，営業活動に関わる売上の増加額から経費（減価償却費を除く）の増加額を控除した額である。

（ｂ）は，新しい固定資産と古い固定資産の減価償却費の純増加額であり，（ウ）で計算した数字が入っている。

（ｃ）は税引前利益の増加額である。

［図表12－６］途中期間における年度ごとのキャッシュ・フロー

（単位：万円）

		１年度	２年度	３年度	４年度
(ア)		¥1,750	¥1,750	¥1,750	¥1,750
(イ)		¥600	¥600	¥0	¥0
(ウ)		**¥1,150**	**¥1,150**	**¥1,750**	**¥1,750**
(a)		¥4,000	¥4,000	¥4,000	¥4,000
(b)	−	**¥1,150**	**¥1,150**	**¥1,750**	**¥1,750**
(c)	＝	¥2,850	¥2,850	¥2,250	¥2,250
(d)	−	¥1,140	¥1,140	¥900	¥900
(e)	＝	¥1,710	¥1,710	¥1,350	¥1,350
(f)	＋	**¥1,150**	**¥1,150**	**¥1,750**	**¥1,750**
(g)	＝	¥2,860	¥2,860	¥3,100	¥3,100

出所：筆者作成。

（d）は，法人税の増加額である。法人税の増加額の計算には，限界法人税率（Marginal Income Tax Rate）を用いる。本設例で用いられた限界法人税率は40%である。

（e）は，税引後利益の増加額である。（f）は，新しい固定資産と古い固定資産の減価償却費の純増加額であり，（b）と同じ数字が入っている。

（g）は，本設例の解答である，年度ごとの追加的なキャッシュ・フローの増加額である。

注意すべきなのは，第1に，（ウ）で計算した年度ごとの税務上の減価償却費の純増加額は，会計上の減価償却費ではなく，税務上の減価償却費を使用している点である。

第2に，減価償却費の純増加額が（c）において控除され，（f）で同額が足し戻されている点である。減価償却費は税引前利益を計算するために控除する必要があるが，減価償却費自体はキャッシュの支出はないので足し戻す必要があるためである。法人税の支払いを考慮した，税引後のキャッシュ・フローを求めるために必要とされる手順である。

③　最終年度におけるキャッシュ・フロー

最終年度におけるキャッシュ・フローには，純運転資本の減少，固定資産の処分などが含まれる。

固定資産の処分に関しては，固定資産の処分価格と処分が法人税額に与える影響を考慮する必要がある。

最終年度の予測売上高・売掛金回転率・在庫回転率を基に，投資プロジェクトの最終年度における売掛金残高と棚卸資産残高の減少額を計算する。

売掛金残高と棚卸資産残高の減少額を終了時点でのキャッシュ・フローに加算する。次に最終年度の予測売上高・買掛金回転率を基に買掛金残高の減少額を計算する。買掛金残高の減少額を最終年度のキャッシュ・フローから減算する。

古い固定資産を新しい固定資産に入れ替える場合，最終年度のキャッシュ・フローの増加額は，以下の計算式で求める。

＋　（A）　途中期間におけるキャッシュ・フローの増加額（＝プロジェクト途中期間の最終年度におけるキャッシュ・フローの増加額：**図表12－6**の（g））
＋　（B）　プロジェクト終了時点で売却もしくは廃棄される新しい固定資産の処分価格（入れ替えを実施しない場合の古い固定資産の処分価格を控除）
－　（C）　新しい固定資産の売却・廃却に係る法人税額（入れ替えを実施しない場合の古い固定資産に係る法人税額を控除）
＋　（D）　純運転資本（Net Working Capital）の減少額
＝　（E）　最終年度におけるキャッシュ・フローの増加額

古い固定資産を新しい固定資産に入れ替える場合，最終年度におけるキャッシュ・フローの増加額を以下の設例で考えてみる。

設　例

- B社は既存の製造設備を最新鋭の製造設備に入れ替えるプロジェクトを検討している。
- 新しい固定資産の税務上の簿価は7,000万円。４年間の均等償却で毎年1,750万円ずつ償却する。
- プロジェクト終了時の新しい固定資産の予想売却価格は900万円であり，固定資産の売却益には40%の法人税が課される（入れ替えしない場合の古い固定資産の予想売却価格は０円）。
- 純運転資本は変化しない。

B社の本プロジェクトの最終年度におけるキャッシュ・フローの増加額を求めよ。

B社の本プロジェクトの最終年度におけるキャッシュ・フローの増加額は以下のとおり計算される。

＋	3,100百万円：	（A）	途中期間におけるキャッシュ・フローの増加額（＝プロジェクト途中期間の最終年度におけるキャッシュ・フローの増加額：**図表12－6**の（g））
＋	900百万円：	（B）	プロジェクト終了時点で売却される新しい固定資産の処分価格
－	360百万円：	（C）	新しい固定資産の売却に係る法人税額（＝（900万円－0）×40%）
＋	0　：	（D）	純運転資本（Net Working Capital）の増加額
＝	3,640百万円：	（E）	最終年度におけるキャッシュ・フローの増加額

本節において，投資プロジェクトのキャッシュ・フローを予測するために，予測キャッシュ・フローを以下の3つに分けた。

- プロジェクトの開始時点における現金支出（Initial Cash Outlay）
- プロジェクトの途中期間における年度ごとのキャッシュ・フロー（Annual Cash Flows）
- プロジェクトの最終年度におけるキャッシュ・フロー（Project End Cash Flows）

本節のポイントをまとめてみる。まず，関連性のあるキャッシュ・フローは，経営意思決定における関連情報として以下の2つの要件の両方を満たさなければならない。

- 将来に発生する収益および将来に発生する原価に関する情報であること
- 代替案の間における差額の収益および差額の原価に関する情報であること

次に，関連性のあるキャッシュ・フローとしての要件は，以下のとおりである。

- 投資プロジェクトによって追加で発生するキャッシュ・フロー，もしくは投資プロジェクトの代替案間の差額のキャッシュ・フロー
- 法人税などの支払い・還付を考慮した，税引後のキャッシュ・フロー
- 資金調達活動に関するキャッシュ・フローではなく，営業活動に関するキャッシュ・フロー

Ⅲ　投資プロジェクトの評価

本節では，投資プロジェクトの評価に関する４つの方法を説明する。

(1)回収期間法（PBP Method），および，投資プロジェクトの評価に割引率を用いるDCF法（Discounted Cash Flow Method）に含まれる(2)内部収益率法（IRR Method），(3)正味現在価値法（NPV Method），(4)収益性指標法（PI Method）である。

（1）回収期間法

第１の手法は，回収期間法（PBP Method）である。投資の回収期間を計算し，回収期間の短い投資案ほど有利とする方法である。

回収期間（PBP：Payback Period）は，**図表12－７**の設例のとおり，投資プロジェクトの予測キャッシュ・フローの累積額が投資プロジェクトの開始時点での現金支出と等しくなるために必要となる期間である。

回収期間法では，投資案の回収期間が事前に設定した目標回収期間より短ければその投資案は採用すべきであり，目標回収期間より長ければその投資案は破棄すべきであると判定する。

［図表12－７］回収期間法

年	キャッシュ・フロー	キャッシュ・フローの累積額	年度末時点における開始時点の投資額のうち，未回収の金額
0	－$55,000		$55,000
1	$16,000	$16,000	$39,000
2	$19,000	$35,000	$20,000
3	$18,000	$53,000	$2,000
4	$17,500	$70,500	—
5	$17,500	$88,000	—

$$回収期間 = 3年 + \left(\frac{\$2,000}{\$17,500} \times 1年\right) = 3.11年$$

出所：筆者作成。

【回収期間法の長所】

●使いやすくてわかりやすい。投資プロジェクトの予備的な検討(screening)に有効である。
●流動性（Liquidity）の指標として使用し，資金回収に時間を要する安全性の低い投資プロジェクトを識別することができる。
●回収期間法の評価の対象である短期のキャッシュ・フロー予測は，長期のキャッシュ・フロー予測に比較して正確である。

【回収期間法の短所】

●時間価値（Time Value of Money）が考慮されていない。この短所を補う手法として，**図表12－8**のとおり，割引回収期間（Discounted Payback Period）法がある。
●投資プロジェクトのリスクが考慮されていない。
●予測キャッシュ・フローのうち，回収期間が終了した後の期間のキャッシュ・フローが考慮されていない。したがって，収益性の指標として不適当である。
●投資意思決定の判定基準となる目標回収期間の設定根拠が主観的である。

［図表12－8］割引回収期間法

年	8％で割引されたキャッシュ・フロー			割引されたキャッシュ・フローの累積額	年度末時点における開始時点の投資額のうち，未回収の金額
0	－$55,000	1.0	—	—	$55,000
1	$16,000	.926	$14,816	$14,816	$40,184
2	$19,000	.857	$16,283	$31,099	$23,901
3	$18,000	.794	$14,292	$45,391	$9,609
4	$17,500	.735	$12,863	$58,254	—
5	$17,500	.681	$11,918	$70,172	—

$$\text{割引回収期間} = 3\text{年} + \left(\frac{\$9{,}609}{\$12{,}863} \times 1\text{年}\right) = 3.75\text{年}$$

出所：筆者作成。

（2）内部収益率法

第2の手法は，内部収益率法（IRR Method）である。

内部収益率（IRR：Internal Rate of Return）は，以下の計算式のとおり，投資プロジェクトの「予測キャッシュ・フローの現在価値」を投資プロジェクトの「開始時点での現金支出（ICO：Initial Cash Outlay）」と等しくする割引率である。第11章で説明した社債の満期利回り（Yield to Maturity）は，別名，社債の内部収益率と呼ばれる。

$$ICO = \frac{CF_1}{(1+IRR)^1} + \frac{CF_2}{(1+IRR)^2} + \cdots + \frac{CF_n}{(1+IRR)^n}$$

内部収益率法では，投資案の内部収益率が投資家の要求する期待収益率（Required Rate of Return）より大きければその投資案は採用すべきであると判定し，小さければその投資案は破棄すべきであると判定する。

複数の投資案が存在する場合，内部収益率の値が大きいほど，有利な投資案である。

【内部収益率法の長所】

- 時間価値（Time Value of Money）が考慮されている。
- 予測キャッシュ・フローのすべてが考慮されている。
- 回収期間法（PBP Method）に比較して投資意思決定の判定基準に主観による程度が小さい。

【内部収益率法の短所】

- 投資プロジェクトのキャッシュ・フローが，内部収益率（IRR：Internal Rate of Return）で再投資されると仮定されている。
- 投資プロジェクトの優先順位づけが困難である。
- 予測キャッシュ・フローの正負の変化が複数回ある場合，内部収益率の解が複数個存在する可能性がある。内部収益率の解が複数個存在する場合，他の手法を使うべきである。

(3) 正味現在価値法

第3の手法は，正味現在価値法（NPV Method）である。

正味現在価値（NPV：Net Present Value）は，以下の計算式のとおり，投資プロジェクトの「予測キャッシュ・フローの現在価値」から投資プロジェクトの「開始時点での現金支出（ICO：Initial Cash Outlay）」を控除したものである。

以下の計算式のKは，投資家の要求する期待収益率（Required Rate of Return）であり，原則的には「企業全体の資本コスト（Overall Cost of Capital of the Firm）」である。

その前提には，検討対象である投資プロジェクトのリスクが企業の保有するビジネスリスクと同様であること，言い換えれば，企業が保有するビジネスリスクが投資プロジェクトを実行した前後で変化しないことがある。

$$NPV=\frac{CF_1}{(1+K)^1}+\frac{CF_2}{(1+K)^2}+\cdots+\frac{CF_n}{(1+K)^n}-ICO$$

正味現在価値法では，正味現在価値が正の値であればその投資案は採用すべきであると判定し，負の値であればその投資案は破棄すべきであると判定する。

複数の投資案が存在する場合，正味現在価値の値が大きいほど，有利な投資案である。

【正味現在価値法の長所】

- 投資プロジェクトのキャッシュ・フローが期待収益率（Required Rate of Return）で再投資されると仮定されている。
- 時間価値（Time Value of Money）が考慮されている。
- 投資プロジェクトのリスクが考慮されている。
- 予測キャッシュ・フローのすべてが考慮されている。

【正味現在価値法の短所】

- 一定期間に投資できる額に資本予算の制約があって，複数の投資プロジェクト間で資本割り当て（Capital Rationing）を行う必要がある場合，異なる大きさの投資プロジェクトを比較することが難しい。

（4）収益性指標法

第4の手法は，収益性指標法（PI Method）である。

収益性指標（PI：Profitability Index）は，以下の計算式のとおり，投資プロジェクトの「予測キャッシュ・フローの現在価値」の投資プロジェクトの「開始時点での現金支出（Initial Cash Outlay）」に対する比率である。

以下の計算式のKは，投資家の要求する期待収益率（Required Rate of Return）であり，原則的には「企業全体の資本コスト（Overall Cost of Capital of the Firm）」である。

$$PI=\frac{CF_1}{(1+K)^1}+\frac{CF_2}{(1+K)^2}+\cdots+\frac{CF_n}{(1+K)^n}\div ICO$$

収益性指標法では，収益性指標の値が1より大きければその投資案は採用すべきであると判定し，1より小さければその投資案は破棄すべきであると判定する。複数の投資案が存在する場合，収益性指標の値が大きいほど，有利な投資案である。

【収益性指標法の長所】

- 投資プロジェクトのキャッシュ・フローが期待収益率（Required Rate of Return）で再投資されると仮定されている。
- 時間価値（Time Value of Money）が考慮されている。
- 投資プロジェクトのリスクが考慮されている。
- 予測キャッシュ・フローのすべてが考慮されている。
- 一定期間に投資できる額に資本予算の制約があって，複数の投資プロジェクト間で資本割り当て（Capital Rationing）を行う必要がある場合，異なる大きさの投資プロジェクトを比較することが可能になる。

【収益性指標法の短所】

- 相対的な収益性を示すが，収益の絶対額が考慮されない。
- 収益の絶対額が考慮されないために，複数の投資プロジェクトの優先順位づけを誤る可能性がある。

投資を検討している複数の投資プロジェクトが相互排他的であり，どれか1つの投資プロジェクトを選択しなければならない場合，内部収益率法（IRR），正味現在価値法（NPV），収益性指標法（PI）が示す複数の投資プロジェクトの順位づけが異なることが起こりうる。

この場合，以下の3つの要因が関係している可能性がある。

- ●投資プロジェクトの投資額（投資プロジェクトの開始時点での現金支出額）の大きさの違い
- ●投資プロジェクトのキャッシュ・フローの変化（キャッシュ・フローが正の方向に増える，もしくは負の方向に減る）の違い
- ●投資プロジェクトの存続期間の違い

FP&Aプロフェッショナルの実務において大事なのは，投資プロジェクトの提案において，回収期間法，内部収益率法，正味現在価値法，収益性指標法の4つの方法のすべての結果を示し，それぞれの長所と短所を考慮のうえ，投資プロジェクトを評価することである。

なお，4つの方法が示す複数の投資プロジェクトの順位づけが異なる場合，理論的には，正味現在価値法（NPV）による評価を優先して採用すべきである。

第13章

投資プロジェクトのリスク分析

前章において投資プロジェクトの評価に使用した予測キャッシュ・フローは，投資プロジェクトが年度ごとにもたらす発生可能性が最も高い，ただ１つのキャッシュ・フローであった。

本章では，投資プロジェクトが有するリスクを，「投資プロジェクトがもたらすことが予測されるキャッシュ・フローから実際のキャッシュ・フローが変動する程度（Variability）である」と定義する。

変動する程度が大きいほど，投資プロジェクトが有するリスクは大きい。発生する可能性のあるキャッシュ・フローを複数，予測することにより，投資プロジェクトがもたらすキャッシュ・フローの幅（Range）を考えることが可能になる。

投資意思決定モデル（Capital Budgeting Decision Model）は，割引率（Discount Rate），投資プロジェクトの開始から終了までの期間，投資プロジェクトの税引後のキャッシュ・フロー（After-Tax Cash Flow），外部環境の状況（たとえば，景気の良し悪し，原油価格の高低）などの主要なインプット変数（Input Variables）の推測値に依存している。

これらのインプット変数の推測値は，不確実性にさらされている。投資プロジェクトの開始から終了までの期間が長いほど，不確実性は大きくなる。

本章では，この不確実性に対処するための方法を考える。この方法は，大きく２つに分けられる。

１つは，投資意思決定プロセスの一部として感度分析（Sensitivity Analysis），シナリオ分析（Scenario Analysis）およびシミュレーション分析（Simulation Analysis）を行うことである。

もう１つは，投資プロジェクトの分析にリアルオプション分析（Real Option Analysis）を加えることである。

I　感度分析

（1）感度分析の具体例

感度分析とは，What If分析と呼ばれる不確実性に関する分析の１つである。What If とは,「もし……が起こったら，どうなるだろう？」という意味である。

まず，複数の主要なインプット変数を基にアウトプット（たとえば，NPVおよびIRR）を予測するモデルを作成し，すべてのインプット変数を予想される値（多くの場合，平均値）で固定したケースを基本ケース（Base Case）とする。

次に，複数のインプット変数のうち，１つのインプットを変更し，その他のインプット変数を予想される値（多くの場合，平均値）で固定した場合に，１つのインプット変数の変更がモデルのアウトプットに与える影響を測定する。

以下の設例を考えてみる。

C社が製造能力の拡張のために固定資産を購入することを検討している。複数のインプット変数を組み合わせて，本投資プロジェクトの正味現在価値（NPV）をアウトプットとして算出するモデルを作成する。

図表13－１のとおり，基本ケースにおけるNPVは10,768米ドルである。基本ケースのNPVの算出のみでは投資プロジェクトの不確実性を考慮していない。

「１つのインプット変数に基本ケースから５％，10％，15％の増減が起こった場合のアウトプットである投資プロジェクトのNPVの変化」を測定する。

すべてのインプット変数が基本ケースである場合，投資プロジェクトのNPVは10,768米ドルである。

３つのインプット変数のそれぞれの変化がNPVに与える影響を見てみる。

固定資産の設置費用が増加する程度に応じてNPVが減少しているのに対し，固定資産の処分価格が増加する程度に応じてNPVが増加している。

固定資産から生まれる年間営業キャッシュ・フローの増減に応じてNPVが大きく増減している。投資プロジェクトのNPVは，固定資産の設置費用や処分価格に比較して固定資産から生まれる年間営業キャッシュ・フローの変化に対する感度が高いことがわかる。

［図表13－1］固定資産投資に関する投資プロジェクトのNPVの感度分析（1）

インプット変数の種類	基本ケースに対する個々のインプット変数の変化						
	－15%	－10%	－5％	基本ケース	＋5％	＋10%	＋15%
投資プロジェクト開始時点の固定資産の設置費用	$11,875	$11,447	$11,107	$10,768	$10,429	$10,089	$9,751
投資プロジェクト終了時点の固定資産の処分価格	$9,824	$10,139	$10,453	$10,768	$11,093	$11,398	$11,713
投資プロジェクト途中期間における固定資産から生まれる年間営業キャッシュ・フロー	($78)	$3,539	$7,154	$10,768	$14,382	$17,997	$21,614

出所：Van Horne（2008）を基に筆者作成。

FP&Aプロフェッショナルの実務において投資プロジェクトを評価する際に，**図表13－1**のように，インプット変数1つ1つに関する感度分析を示すことはまれである。

実務において多用されるのは，複数のインプット変数のうち，アウトプットの感度が高い2つのインプット変数を選ぶ感度分析である。選ばれた2つのインプット変数以外のインプット変数を固定し，2つのインプット変数の変更の組み合わせがアウトプットに与える影響を測定する。

図表13－2は，2つのインプット変数として固定資産の処分価格と固定資産から生まれる年間営業キャッシュ・フローを選んだ感度分析である。

「2つのインプット変数のそれぞれに基本ケースから5％，10%，15％の増減が起こった場合のアウトプットである投資プロジェクトのNPVの変化」を

［図表13－2］固定資産投資に関する投資プロジェクトのNPVの感度分析（2）

	投資プロジェクト終了時点の固定資産の処分価格の変化						
投資プロジェクト途中期間における固定資産から生まれる年間営業キャッシュ・フローの変化	－15%	－10%	－5％	基本ケース	＋5％	＋10%	＋15%
－15%	($1,022)	($707)	($393)	($78)	$237	$552	$867
－10%	$2,595	$2,910	$3,224	$3,539	$3,854	$4,169	$4,484
－5％	$6,218	$6,525	$6,839	$7,154	$7,469	$7,784	$8,099
基本ケース	$9,824	$10,139	$10,453	$10,768	$11,083	$11,398	$11,713
＋5％	$13,438	$13,753	$14,067	$14,382	$14,697	$15,012	$15,327
＋10%	$17,053	$17,368	$17,682	$17,997	$18,312	$18,627	$18,942
＋15%	$20,670	$20,985	$21,299	$21,614	$21,929	$22,244	$22,559

出所：Van Horne（2008）を基に筆者作成。

測定した。

２つのインプット変数がそれぞれ基本ケースである場合，投資プロジェクトのNPVは10,768米ドルである。

２つのインプット変数のそれぞれの変化によって，NPVがどう変化するかを一覧で見ることができる。

図表13－３は，米国企業トイザらスにおける新店舗開店に関する投資プロジェクトのNPVとIRRに関する感度分析である。NPVとIRRが２つの変数の変化の組み合わせで表示されている。

インプット変数として選ばれたのは，新店舗の第１年度の予想売上高（縦軸に表示）と第１年度から第５年度までの売上高の年平均成長率（CAGR：Compound Annual Growth Rate）（横軸に表示）である。新店舗への投資の成否を分ける最も重要な要因は，新店舗がもたらす売上高であり，店舗によって売上高に大きな差が出る。したがって，売上高に関連する２つのインプット変数が選ばれている。２つのインプット変数が基本ケースの場合，NPVは1,864千米ドル，IRRは37.4%であることがわかる。

［図表13－３］投資プロジェクトのNPV/IRRの感度分析

第１年度売上高 ＼ 第１年度～第５年度 CAGR	－２%	－１%	Current: 1.0%	＋１%	＋２%
＋10%	2,102 / 42.1%	2,257 / 43.6%	2,415 / 45.1%	2,578 / 46.5%	2,745 / 48.0%
＋５%	1,840 / 38.3%	1,988 / 39.8%	2,139 / 41.2%	2,294 / 42.7%	2,454 / 44.1%
Current	1,537 / 34.1%	1,719 / 36.0%	1,864 / 37.4%	2,012 / 38.9%	2,163 / 40.3%
－５%	1,176 / 28.9%	1,359 / 31.0%	1,547 / 32.9%	1,707 / 34.6%	1,854 / 36.0%
－10%	815 / 23.8%	989 / 25.8%	1,167 / 27.9%	1,350 / 29.8%	1,525 / 31.6%

（注）数値の左側がNPV（千ドル），右側がIRR（%）。
出所：筆者作成。

（２）インプット変数の選択基準

感度分析モデルに使用するインプット変数は，どのような手順で選ばれるべきだろうか？　FP&Aプロフェッショナルの実務において使用されるのが，R&O表である。**図表13－４**のとおり，リスクと機会をそれぞれランク付けし，リストにする。

［図表13－4］R&O表

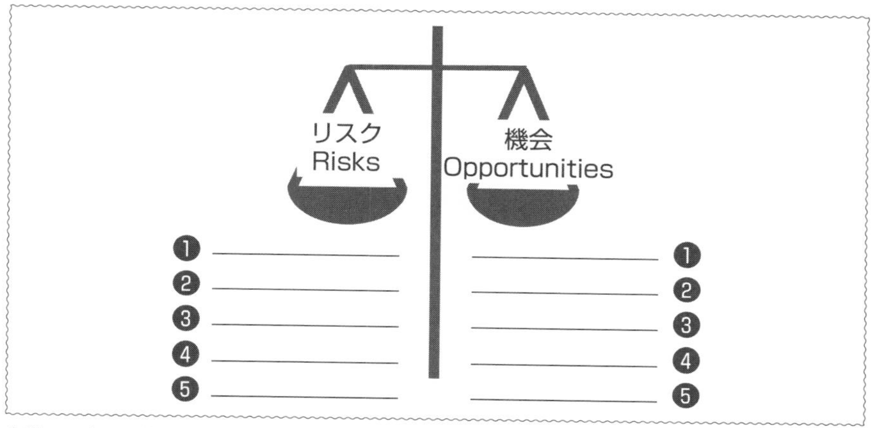

出所：日本CFO協会（2020）を基に筆者作成。

R&O表におけるリスクと機会をそれぞれランクづけするにあたり，どのような基準を考慮すべきであろうか？　以下の基準は考慮に含まれるべきである。

- ●キャッシュ・フロー予測の「基本的な目的」は何か？
- ●キャッシュ・フロー予測が基づく「最も重要な仮定（Critical Assumptions）」は何か？
- ●キャッシュ・フロー予測の前提となる時間軸において，「どのインプット変数」が最も変化する可能性が高いか？

（3）感度分析の有用性と限界

感度分析にはできること（有用性）とできないこと（限界）がある。感度分析ができることの1つは，投資プロジェクトに関する貴重な洞察を提供することである。感度分析によって以下のことが可能になる。

- ●キャッシュ・フローの予測に関する「最も重要な仮定」を識別する。
- ●アウトプットとしての結果を可能性に基づく範囲（Range）で定義する。
- ●予測結果の変更によってアクションプランを変える必要が生じる，いわゆる「転換点（Tipping Point）」を識別する。

感度分析ができることのもう1つは，インプット変数の変化に関する分析が可能になることである。感度分析によって以下のことが可能になる。

- １つのインプット変数の変化がキャッシュ・フロー予測にどのように影響を与えるかを理解する。
- 変化がどのように主要な指標およびドライバーに影響を与えるかを理解する。
- 変化が「特定の仮定（“What If”）に基づく質問の答え」にどのように影響を与えるかを理解する。

図表13－５は，米国小売企業が新規事業分野への進出を検討する際に使用した，投資プロジェクトに関するリスクと機会の設例である。投資プロジェクトに関するリスクと機会を，影響の大きさ（Business Impact）および不確実性（Uncertainty）のマトリックスで示している。

［図表13－５］影響の大きさおよび不確実性のマトリックス

		影響の大きさ	
		小さい	大きい
不確実性	高い	• 小規模店舗において食料品部門を拡張し続けることの難しさ	• 外国（中国，インド）からのサプライチェーンの中断 • 米国西部州への事業拡張 • 競業企業２社の合併
	低い	• 品質管理上の問題による製品の返品率の上昇 • 自社ブランドのクレジットカードへの反応の欠如	• 複数の小売りチャネル開発に伴うソーシャル・メディアの問題 • 労働組合とのベアの交渉の失敗 • 資金調達負債利子率の上昇

出所：日本CFO協会（2020）を基に筆者作成。

感度分析の限界は，投資プロジェクトの影響の大きさを数字で客観的に評価することはできても，投資プロジェクトのアウトプットの１つ１つの結果が発生する確率，いわゆる不確実性を評価することができないことにある。

FP&Aプロフェッショナルの実務において，感度分析は投資プロジェクトの影響の大きさを数字で客観的に評価することが可能である点で大変に有用な道具である。

しかし，投資プロジェクトのアウトプットの１つ１つの結果が発生する確率を測定できないという感度分析の限界を念頭に置いて，他のリスク分析手法との併用を検討するべきである。

Ⅱ　シナリオ分析

シナリオ分析（Scenario Analysis）は感度分析の１つであるが，前節の感度分析が「仮定（Assumption）」から始まるのに対し，シナリオ分析は「物語（Story）」から始まる。

物語として考えることの利点は，①数量化して評価することが難しい事業環境の不確実性を分析対象として落とし込み，②代替案としての最善ケースと最悪ケースを提案することにより，予測に対する議論と評価を支援することにある。

シナリオとは，感度分析モデルにおけるインプット変数の異なる組み合わせである。投資プロジェクトに関するシナリオ分析では，実現可能性の高いシナリオを少数（１個もしくは数個）選ぶ。これらのシナリオに関して，アウトプットである投資プロジェクトの採算性（NPVなど）を計算する。

すべてのインプット変数の値が，将来に起こり得る現実的なシナリオを反映して予想される値（多くの場合，平均値）から，他のシナリオを反映した値に同時に変更された場合に，この変更が投資プロジェクトの採算性に与える影響を測定する。

基本シナリオ（Base Case）では，最も実現可能性の高いシナリオにおける投資プロジェクトの採算性の期待値（Expected Value）を計算する。インプット変数（例：原油の市場価格，景気の状況など）の予想される値（多くの場合，平均値）の組み合わせが使用される。

基本シナリオに加えて他に複数のシナリオを選び，シナリオの変更が投資プロジェクトの採算性に与える影響を測定する。

シナリオ分析では，シナリオは「明解な題名の付いた簡略な物語」として要約される。

１つ１つのシナリオに題名を付ける。シナリオの明解な題名はインプット変数の組み合わせを一言で表すものがよい。たとえば，最悪シナリオ（Worst-Case Scenario），悲観シナリオ（Disappointing Scenario），楽観シナリオ（Optimistic Scenario）などがある。

シナリオの簡略な物語は，イベントに関する仮定やなぜ特定のリスクや機会が選択されたのかを伝える。

R&O（Risks & Opportunities）表は，「what if分析」に必要な複数のシナリオを開発し，練り上げるために利用される。**図表13－6**のとおり，１枚のR&O表にリスクと機会を一緒に表示するのは，リスクと機会が互いに与える影響を同時に見せるためである。

これらのシナリオは，投資プロジェクトに関わるクロス・ファンクショナル・チーム（Cross-Functional Team），つまり研究開発部門，製造部門，マーケティング部門，営業部門など異なる職能を有する複数メンバーから構成されるチームにより開発されることが望ましい。

［図表13－６］シナリオとR&O表

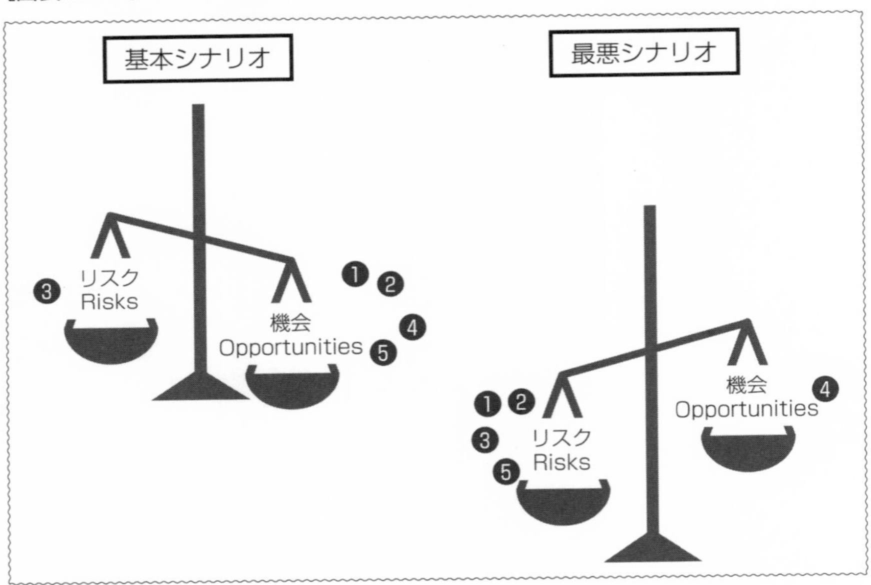

出所：日本CFO協会（2020）を基に筆者作成。

Ⅲ　シミュレーション分析

（１）確率分布の期待値，標準偏差，変動係数

シナリオ分析では，投資プロジェクトのアウトプットの１つ１つの結果が発生する確率（An Outcome's Probability of Occurrence）を測定することができな

い。

シミュレーション分析（Simulation Analysis）では，投資プロジェクトがもたらすキャッシュ・フローを，どのような値をとるかの確率が決まっている確率変数（Random Variable）とみなす。

確率変数がどのような値になるかという法則性を与えるものを，確率分布（Probability Distribution）という。

投資プロジェクトの予測キャッシュ・フローの正味現在価値（NPV）を，確率変数であるとみなすことにより，投資プロジェクトのリスクを予測キャッシュ・フローの確率分布の変動の程度（Variability）の特性値で表すことが可能になる。

投資プロジェクトがもたらす予測キャッシュ・フローの確率分布は，①期待値（Expected Value）および②標準偏差（Standard Deviation）の２つの統計指標で要約することができる。

予測キャッシュ・フローの期待値は，発生可能性のあるすべての予測キャッシュ・フローの加重平均（Weighted Average）である。加重平均の重心は１つ１つの予測キャッシュ・フローの発生確率である。

投資プロジェクトのリターンの確率分布（離散分布の場合）の期待値を求める式は，以下のとおりである。

$\overline{R}$は，リターンの期待値である。Riは，離散分布のi番目の可能性のリターンである。Piは，離散分布のi番目の可能性の発生確率である。nは，離散分布が有する可能性の数である。

$$\overline{R} = \sum_{I=1}^{n} (R_i)(P_i)$$

予測キャッシュ・フローの標準偏差は，予測キャッシュ・フローの確率分布の変動性を測定する。標準偏差が大きいほど，分布の幅が大きい。標準偏差は分散（Variance）の平方根（Square Root）である。

投資プロジェクトのリターンの確率分布（離散分布の場合）の標準偏差を求める式は，以下のとおりである。

σ（シグマと呼ぶ）は，確率分布の標準偏差である。nは，離散分布が有する可能性の数である。Riは，離散分布のi番めの可能性のリターンである。$\overline{R}$は，リターンの期待値である。Piは，離散分布のi番めの可能性の発生確率である。

$$\sigma=\sqrt{\sum_{i=1}^{n}(R_i-\overline{R})^2(Pi)}$$

予測キャッシュ・フローの確率分布が正規分布（Normal Distribution）である場合，**図表13－7**のとおり，確率分布の平均値（Mean）から標準偏差1個分両側に離れた点までの部分の面積が分布の面積全体の68.26%を占める。

これは実際のキャッシュ・フローが平均値から両側，標準偏差1個分より大きな変動をする確率は31.74%であることを意味する。同様に，確率分布の平均値から両側，標準偏差2個分離れた点までの部分の面積が分布の面積全体の95.44%を占め，両側，標準偏差3個分に離れた点までの部分の面積が分布の面積全体の99.74%を占める。

［図表13－7］正規分布と標準偏差

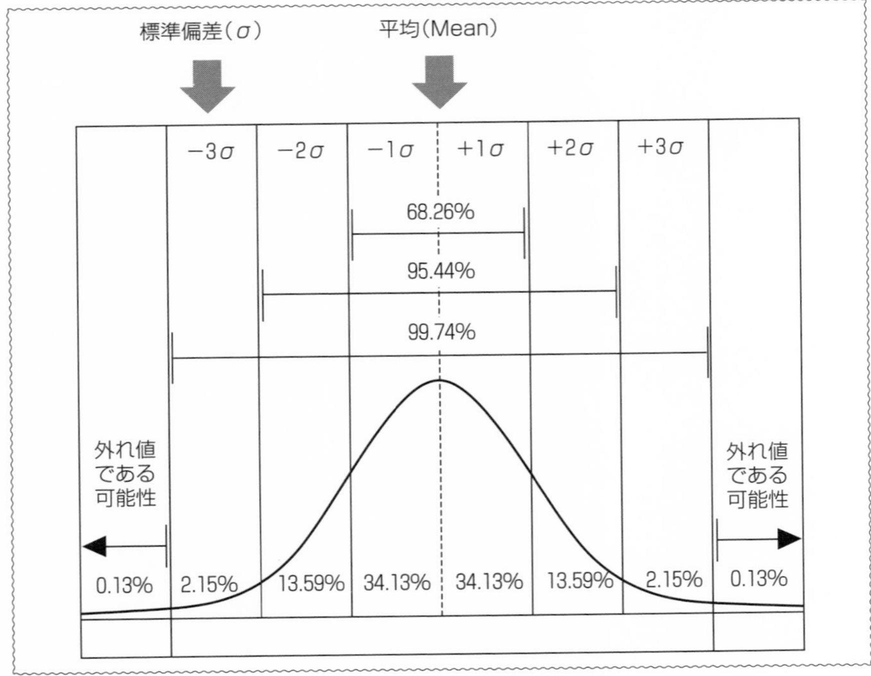

出所：筆者作成。

標本の正規分布を前提にして，標本の中の１つのデータと標本の平均との距離を，標本の標準偏差（standard deviation）の個数で表現したものが，Ｚスコア（Z-Score）である。

Ｚスコアは以下の計算式で求める。xは，正規分布をする変数の１つの値である。μ（ミューと呼ぶ）は，変数の平均である。σは変数の標準偏差である。

Ｚスコアは，変数がとる１つの値（x）と変数の平均（μ）の間の距離を標準偏差の個数で測定する。

標準偏差の個数を求めることにより，**図表13－７**のとおり，外れ値である確率がわかる。

$$\text{Z-Score} = (x - \mu) \div \sigma$$

FP&Aプロフェッショナルの実務において使われる変動の特性値には，標準偏差（Standard Deviation）に加えて，変動係数（CV：Coefficient of Variation）がある。標準偏差は変動の絶対的な大きさを測定する。変動係数は変動の相対的な大きさを測定する。

変動係数は分布の標準偏差を分布の平均値で除した比率である。

投資プロジェクトのリターンの確率分布（離散分布の場合）の変動係数を求める式は，以下のとおりである。

CV（Coefficient of Variation）は，変動係数である。σ（シグマと呼ぶ）は，確率分布の標準偏差である。$\overline{R}$は，リターンの期待値である。

$$CV = \sigma / \overline{R}$$

（２）確率ツリー分析

確率ツリー分析は，投資プロジェクトから発生する可能性があるすべての予測キャッシュ・フローを図表化する手法である。図表が樹木の枝を連想させるために，この名前が付いた。枝の１つ１つが発生する可能性のある予測キャッシュ・フローを示している。

以下の設例を考える。

企業Dは，初期投資が本日時点で800千米ドルである投資プロジェクトを実行すべきか否かを検討している。投資プロジェクトは不確実性を有しており，第１年度末時点でいくらのキャッシュ・フローを生み出すかを確率ツリーで示した。

図表13－8のとおり，第1年度末時点においてキャッシュ・フローには3つの可能性があり，それぞれの可能性は枝（Branch）と呼ばれる。

それぞれの枝には，第1年度末時点でのキャッシュ・フローの金額と初期確率（Initial Probability）と呼ばれる初年度におけるそれぞれの枝の発生確率が示されている。

［図表13－8］確率ツリー分析：初期確率

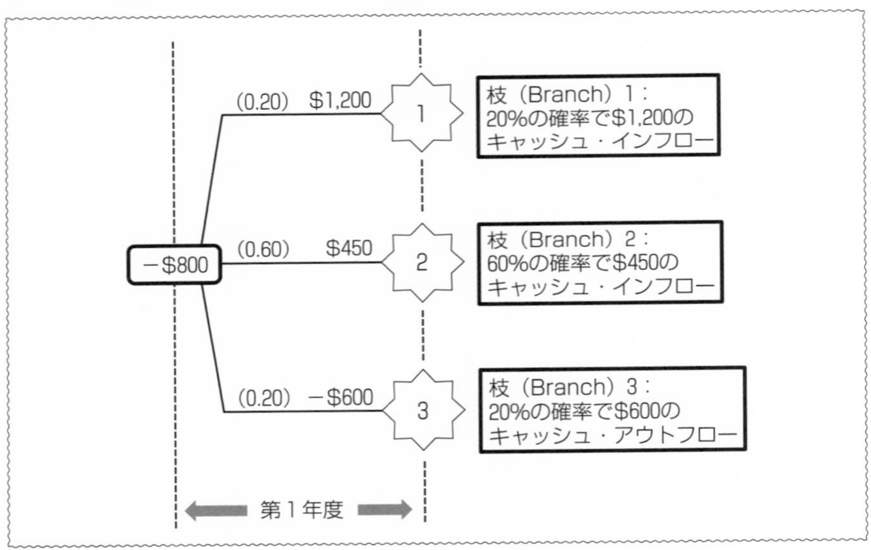

出所：筆者作成。

第1年度の3つの枝を起点に，第2年度に発生する可能性のある9つのキャッシュ・フローを**図表13－9**のとおり，図表化した。

9つの可能性のそれぞれが，確率ツリーの枝として示されている。9つの枝には，第2年度末時点のキャッシュ・フローの金額と発生確率が示されている。

第2年度に示されている発生確率は，第1年度にどの枝が発生したかという条件下で決まる。したがって，「条件付き確率（Conditional Probabilities）」と呼ばれる。

[図表13－９] 確率ツリー分析：条件付き確率

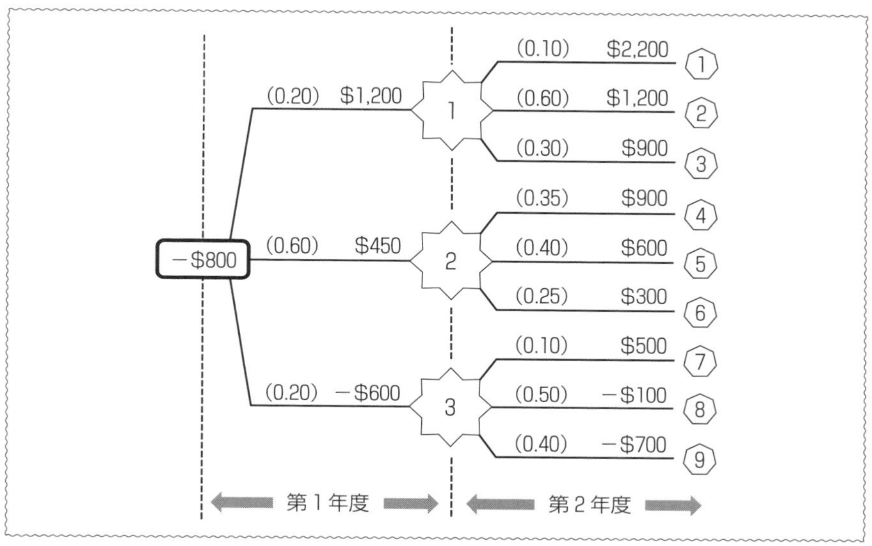

出所：筆者作成。

第２年度に発生する可能性のある９つのキャッシュ・フローを**図表13－10**のとおり，図表化した。

９つの枝それぞれには，「結合確率（Joint Probabilities）」が示されている。結合確率は，第１年度にどの枝が発生し，その条件下で第２年度にどの枝が発生したかという枝の組み合わせの確率である。結合確率は初期確率と条件付き確率の乗数である。

[図表13－10] 確率ツリー分析：結合確率

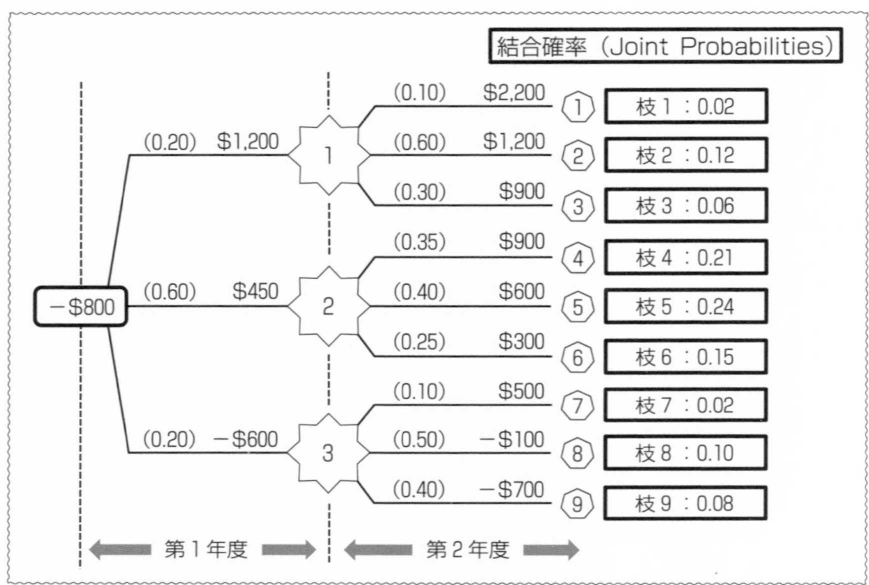

出所：筆者作成。

前章において，投資プロジェクトの正味現在価値（NPV）を求める際に，予測キャッシュ・フローを現在価値に割り引くために，投資家が要求する期待利回り（Required Rate of Return）を使用した。

期待利回りには，時間価値を調整するためのリスクフリー・レートおよび投資プロジェクトのリスクを調整するためのリスク・プレミアムが含まれていた。

確率ツリー分析においても，**図表13－11**のとおり，９つの枝それぞれに「正味現在価値（NPV）」が示されている。

確率ツリー分析の場合，予測キャッシュ・フローの正味現在価値の計算には，リスクフリー・レートが使用される。リスク・プレミアムを含めないのは，正味現在価値を計算する目的が，リスクを調整することではなく，リスク自体を評価することだからである。

リスクフリー・レートを使用するのは，まず時間価値のみを調整し，そのうえでリスク自体を検討するためである。予測キャッシュ・フローの変動性（リスク）は，確率ツリーの枝の散らばりで示されているので，１つ１つの枝の予測キャッシュ・フローの現在価値を求めるための割引率には，リスク・プレミアムを含めない。

図表13－11において，枝１の正味現在価値（＝ \$2,338.32）は５％のリスクフリー・レートを前提に計算されている。

①初期投資（－\$800）と②第１年度末時点でのキャッシュ・インフローの現在価値（＝\$1,200 / 1.05 ＝ \$1,142.86）と③第２年度末時点でのキャッシュ・インフローの現在価値（＝\$2,200/1.05^2＝\$1,995.46）の，３つの合計額（＝\$2,338.32）である。

［図表13－11］確率ツリー分析：正味現在価値

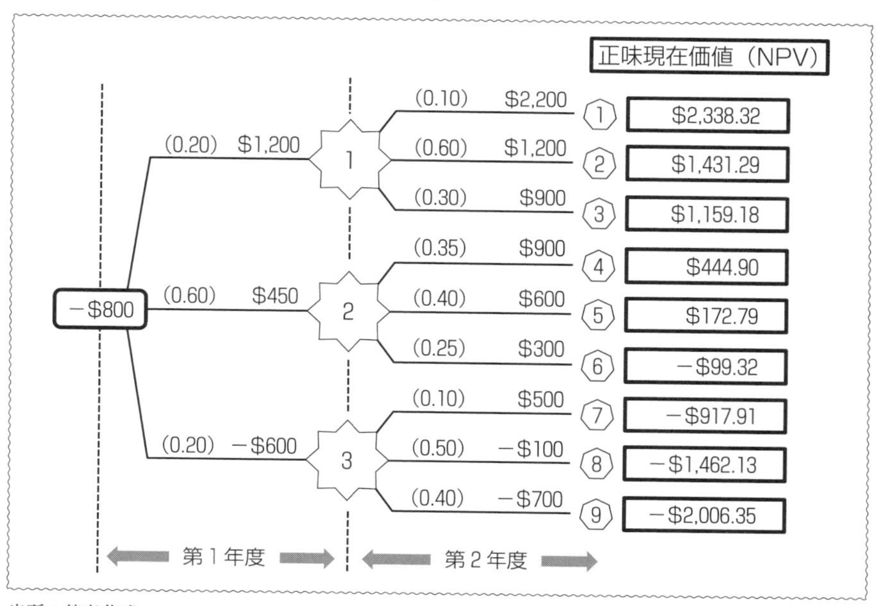

出所：筆者作成。

正味現在価値の計算にリスクフリー・レートを使用することにより，投資プロジェクトを実行した場合に，リスクフリー・レートで計算された予測キャッシュ・フローの正味現在価値が，ある一定の値（たとえば，損益分岐点であるゼロ）を下回る確率を計算し，確率ツリーの枝の散らばりの程度を検討することが可能になる。

図表13－12において，リスクフリー・レートで計算された予測キャッシュ・フローの正味現在価値が正の値であるのは，枝１から枝５までの５つの枝であ

[図表13－12] 確率ツリー分析：正味現在価値の期待値

	NPVi	結合確率	*NPVi*×結合確率
枝（Branch）1	$2,338.32	0.02	$46.77
枝（Branch）2	$1,431.29	0.12	$171.75
枝（Branch）3	$1,159.18	0.06	$69.55
枝（Branch）4	$444.90	0.21	$93.43
枝（Branch）5	$172.79	0.24	$41.47
枝（Branch）6	($99.32)	0.15	($14.90)
枝（Branch）7	($917.91)	0.02	($18.36)
枝（Branch）8	($1,462.13)	0.10	($146.21)
枝（Branch）9	($2,006.35)	0.08	($160.51)
正味現在価値の期待値＝			**$82.99**

出所：筆者作成。

り，５つの枝の結合確率の合計値は0.65，つまり65％である。９つの枝の正味現在価値の最大値は$2,338.32であり，最小値は－$2,006.35である。

図表13－12で計算された正味現在価値の期待値（＋$82.99）は，前章で計算した投資家が要求する期待利回りで割り引いた正味現在価値とは異なることに注意する必要がある。

リスクフリー・レートで割り引いた正味現在価値は，投資意思決定において何を意味するのであろうか？　投資家が要求する期待利回りではないので，正味現在価値が正の値（＋$82.99）であっても，企業価値を増大させるとは限らない。

リスクフリー・レートで割り引いた正味現在価値が負の値であることは，投資プロジェクトの内部収益率がリスクフリー・レートを下回ることを意味する。

この場合に，国債に投資して得ることができたであろう利回りから得られるべき利益を失ったこと，つまり機会ロス（Opportunity Loss）が発生したとみなすことができる。投資プロジェクトの正味現在価値がゼロを下回る確率は，投資プロジェクトを実行することで機会ロスが発生する確率とみなすことができる。

リスクフリー・レートで割り引いた正味現在価値の標準偏差と変動係数を求めてみる。**図表13－13**のとおり，リスクフリー・レートで割り引いた正味現在価値の分散は$1,031,800.31となる。標準偏差は分散の平方根であり，$1,015.78となる。変動係数は，分布の標準偏差である$1,015.78を分布の期待値である

$82.99で除すことにより，12.24となる。

[図表13－13]　確率ツリー分析：正味現在価値の分散

枝(Branch)*i*	*NPVi*	NPVの期待値	結合確率	(*NPVi*－NPVの期待値)^2×結合確率
枝(Branch)1	$2,338.32	$82.99	0.02	$101,730.27
枝(Branch)2	$1,431.29	$82.99	0.12	$218,149.55
枝(Branch)3	$1,159.18	$82.99	0.06	$69,491.09
枝(Branch)4	$444.90	$82.99	0.21	$27,505.56
枝(Branch)5	$172.79	$82.99	0.24	$1,935.37
枝(Branch)6	($99.32)	$82.99	0.15	$4,985.54
枝(Branch)7	($917.91)	$82.99	0.02	$20,036.02
枝(Branch)8	($1,462.13)	$82.99	0.10	$238,739.58
枝(Branch)9	($2,006.35)	$82.99	0.08	$349,227.33
			分散（Variance）＝	**$1,031,800.31**

出所：筆者作成。

（3）モンテカルロ・シミュレーション分析

シナリオ分析は「物語（Story）」から始まるが，シミュレーション分析は「確率分布（Probability Distribution）」から始まる。

投資意思決定におけるリスク分析は，投資プロジェクトのアウトプット（たとえば，正味現在価値や内部収益率）のさまざまな可能性が発生する確率を検討することで強化することができる。

オラクル社のクリスタル・ボールというエクセルへのアドオンとして使用するシミュレーション・ソフトウェアは，投資プロジェクトのアウトプット変数の確率分布を生成することができる。

割引率や投資プロジェクトの対象期間などのインプット変数に対して，正規分布や三角分布を含む30種類以上の確率分布を指定することができる。これにより，モンテカルロ・シミュレーション分析を行うことが可能になる。

モンテカルロ・シミュレーション分析は，確率ツリー分析の延長上にある。前章の意思決定モデルがインプット変数に平均値を使用していたのに対し，モンテカルロ・シミュレーション分析はインプット変数を確率変数として確率分布を適用することができる。

インプット変数の例としては，①市場に関連する変数（たとえば，市場規模，販売価格，市場成長率，市場占有率），②固定資産に関連する変数（たとえば，固定資産の購入価額，経済命数，残存価値），③投資実行後に発生する営業活動に関するキャッシュ・フローおよび固定費がある。

インプット変数それぞれに指定された確率分布を前提に，ソフトウェアがサンプルの抽出（試行：Trial）を繰り返し実行する。それぞれの試行において，各インプット変数は指定された確率分布を基に変更される。

サンプルの抽出（たとえば，10,000回の試行）が完了すると，抽出されたサンプルを基に投資プロジェクトのアウトプット変数（正味現在価値および内部収益率など）が計算される。

平均値，標準偏差，中央値，最大値，最小値を含む，アウトプット変数の確率分布に関する統計データが提示される。

第８章の**図表８－４**は，著者がインテルの米国本社で勤務した際に，新製品開発プロジェクトに関してクリスタル・ボールを使用して作成した正味現在価値（NPV）の確率分布であり，同図表の横軸が新製品開発プロジェクトがもたらす予測キャッシュ・フローの正味現在価値であり，縦軸が正味現在価値の累積発生確率（０から１まで）であった。

FP&Aプロフェッショナルの実務において，モンテカルロ・シミュレーションを実施しようとしても，インプット変数の確率分布を定義するのが難しいことが多い。

過去のデータが揃っていれば，それを基に分布を推定することはできる。しかし，将来においても過去のデータと同じ確率で確率分布が起こるとは限らない。新規事業では過去のデータを入手できないので，確率分布を推定することはさらに難しい。

FP&Aプロフェッショナルの実務において多用される言葉に，「GIGO（Garbage In Garbage Out）」がある。日本語にすれば，「ゴミを入力すれば，ゴミが出力される」である。モンテカルロ・シミュレーションは，計算結果を統計データで示すので，もっともらしく見える。しかし，インプットされたデータを機械的に計算しているに過ぎないので，確率分布に関してインプットされるデータの正確さが非常に重要である。

FP&Aプロフェッショナルの実務において，モンテカルロ・シミュレーションからのアウトプットを分析する際に最初にするべきことは，「合理性の確認（Reasonableness Check）」である。モデルの結果は仮定に基づいて予想される結果と一貫性がなければならない。つまり，「モデル自体の合理性」と同時に，「モデルの結果の合理性」を検討する必要がある。シミュレーションのすべての結果の平均が基本ケースに類似しているか否かを検討することも必要である。

Ⅳ　リアルオプション分析

ここまで検討してきた投資意思決定手法は，投資意思決定が実行された時点で意思決定者が受け身の立場に置かれることを仮定していた。言い換えれば，ここまでの意思決定手法は，意思決定者に「投資プロジェクトを実行するか，実行しないか」の二択からの選択を促していた。

しかし，投資プロジェクトによっては，投資実行後に時間の経過とともに取得することができる新しい情報によって投資プロジェクトの有するリスクを低減することができるかもしれない。投資実行後に投資の結果から学び，予定していた行動を変えることができるかもしれない。

投資実行後に投資プロジェクトが成功していれば，投資プロジェクトを拡大できるかもしれない。成功していなければ，投資プロジェクトを縮小したり，中止したりすることができるかもしれない。

投資実行後の投資プロジェクトに存在するかもしれない選択肢をリアルオプション（Real Option）と呼ぶ。多くの投資意思決定において，リアルオプションは重要な考慮事項である。意思決定者が過去に行った投資意思決定を将来に変更することに関して有する柔軟性（Flexibility）を意味する。

投資プロジェクトに関するリアルオプションの不確実性が大きいほど，リアルオプションの価値は大きくなる。投資プロジェクトの本質的価値は，前章で紹介した投資プロジェクトがもたらす予測キャッシュ・フローの正味現在価値にリアルオプションの価値を加算した価値として捉えられる。

リアルオプションには，投資プロジェクトを拡大もしくは縮小するオプション，投資プロジェクトを中止するオプション，投資プロジェクトを延期するオプションが含まれる。

投資意思決定においてリアルオプションを考慮することにより，投資を実行しない意思決定を投資実行の意思決定に変更するかもしれない。

(1) 確率ツリー分析によるリアルオプションの価値評価

投資意思決定におけるリアルオプションの価値を，小売企業D社が新しい業態の店舗を開発するプロジェクトを中止するオプションの設例で考えてみる。

確率ツリー分析で使用した**図表13－9**を振り返ってみよう。

投資プロジェクトの予測キャッシュ・フローの正味現在価値の期待値は，**図表13－12**のとおり，$82.99であった。

第1年度末時点において，この投資プロジェクトを中止し，$200を回収することが可能であるとする。

この中止オプションを考慮した場合，投資プロジェクトの予測キャッシュ・フローの正味現在価値の期待値はいくらになるだろうか？

図表13－14のとおり，第1年度に発生する枝（Branch）が3番めである場合，第2年度末時点では7番め（$500），8番め（－$100），9番め（－$700）の枝に関わるキャッシュ・フローが予測される。この3つのキャッシュ・フローの第1年度末時点の価値は，以下の計算のとおり，－$266.67である。

[図表13－14] 中止オプションの価値（その1）

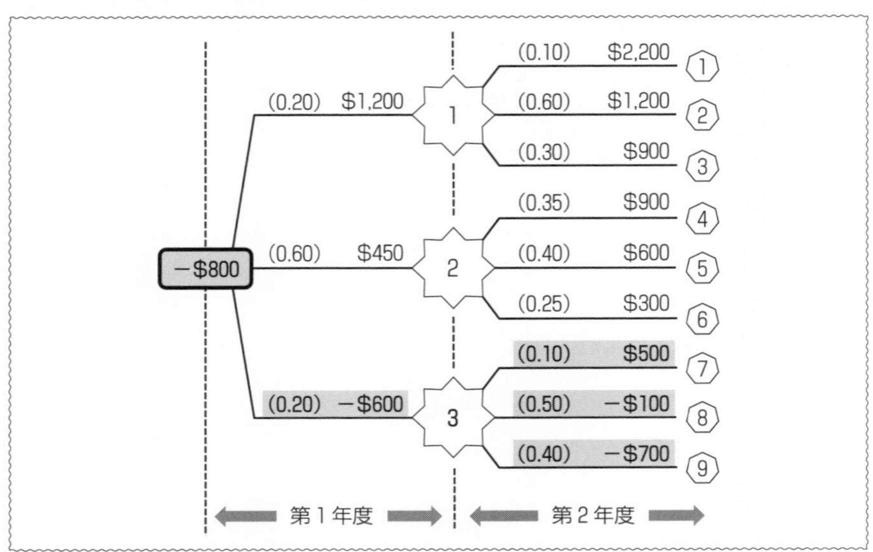

出所：筆者作成。

$$(\$500 \div 1.05) \times 0.1 + (-\$100 \div 1.05) \times 0.5 + (-\$700 \div 1.05) \times 0.4$$
$$= -\$266.67$$

第１年度末時点において，この投資プロジェクトを中止し，$200を回収することにより，－$266.67のキャッシュのアウトフローを回避して，$200のキャッシュのインフローを得ることが可能になる。

この中止オプションを考慮した場合，投資プロジェクトの予測キャッシュ・フローの正味現在価値の期待値はいくらになるだろうか？

図表13－15のとおり，第１年度に発生する枝（Branch）が３番めである場合の第１年度時点のキャッシュ・フローは，－$400のキャッシュ・アウトフローになる。

[図表13－15] 中止オプションの価値（その２）

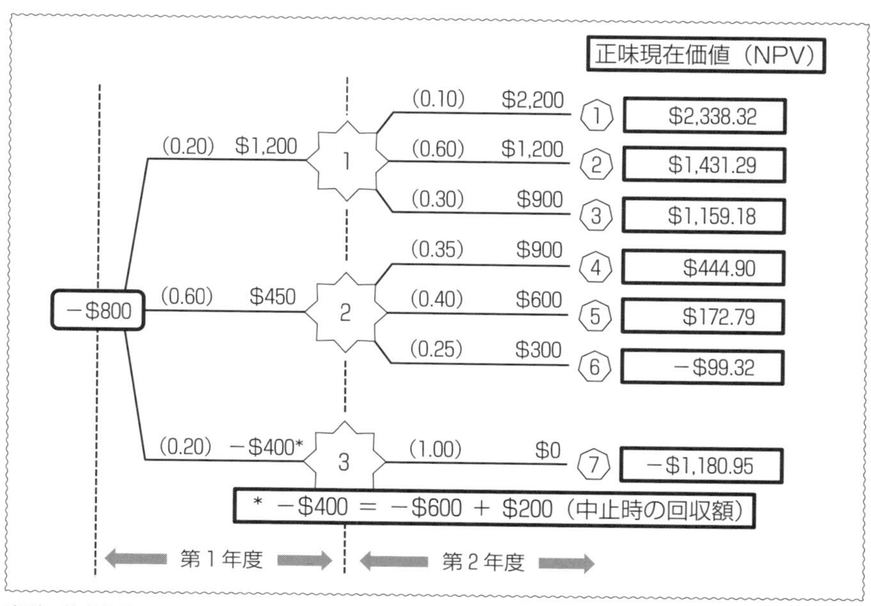

出所：筆者作成。

中止オプションを考慮した場合の投資プロジェクトの予測キャッシュ・フローの正味現在価値の期待値は，**図表13－16**のとおり，$171.88になる。中止オプションを考慮しない場合の投資プロジェクトの予測キャッシュ・フローの正味現在価値の期待値，$82.99に比較して，$88.89増加している。この$88.89が中止オプションの価値である。

［図表13－16］ 中止オプションの価値（その３）

	NPVi	結合確率	*NPVi*×結合確率
枝（Branch）1	$2,338.3	0.02	$46.77
枝（Branch）2	$1,431.29	0.12	$171.75
枝（Branch）3	$1,159.18	0.06	$69.55
枝（Branch）4	$444.90	0.21	$93.43
枝（Branch）5	$172.79	0.24	$41.47
枝（Branch）6	($99.32)	0.15	($14.90)
枝（Branch）7	($1,180.95)	0.20	($236.19)
正味現在価値の期待値＝			$171.88

出所：筆者作成。

（２）オプション価格理論の適用の可能性と限界

FP&Aプロフェッショナルの実務において，リアルオプションの本質的価値を決めるドライバーに関する知識を持つことが必要である。

① 金融オプション

金融オプション（Financial Option）の価値に影響を与える要因と同じ要因が，リアルオプションの本質的価値に影響を与える。

金融オプションとはデリバティブ（Derivative）と呼ばれる金融派生商品，言い換えれば，その価値が原資産（Underlying Assets）から派生する金融商品のことであり，オプション所有者がオプションの満期日（Expiration Date），あるいはそれ以前の時点において，一定の原資産をあらかじめ決められた価格，つまりオプションの権利行使価格（Exercise Price）で売買することができる権利である。

オプションは義務ではなく権利なので，オプションの所有者はオプションの満期日まで権利行使せずに，オプションを放棄してしまうこともできる。

金融オプションには，コール・オプションとプット・オプションの２種類がある。

（ⅰ）　コール・オプション

コール・オプションとは，オプション所有者がオプションの満期日以前のいかなる時点においても，原資産をオプションの権利行使価格で買うことができる権利である。

コール・オプションの買い手は，この権利を取得するためにオプションの購入価格を支払う。オプションの満期日において原資産の価格がオプションの権利行使価格を下回る場合，オプションは行使されず放棄される。一方，原資産の価格がオプションの権利行使価格を上回る場合，オプションは権利行使される。

コール・オプション所有者は原資産をオプションの権利行使価格で購入できるので，原資産の価格からオプションの権利行使価格とオプションの購入価格を控除したものがオプション所有者の利益になる。

図表13−17は，オプションの満期日におけるキャッシュ・ペイオフを示している。

原資産の価格がオプションの権利行使価格を下回る場合，コール・オプション所有者にはオプションの購入価格に相当する損失が発生する。原資産の価格

[図表13−17]　コール・オプションのペイオフ図

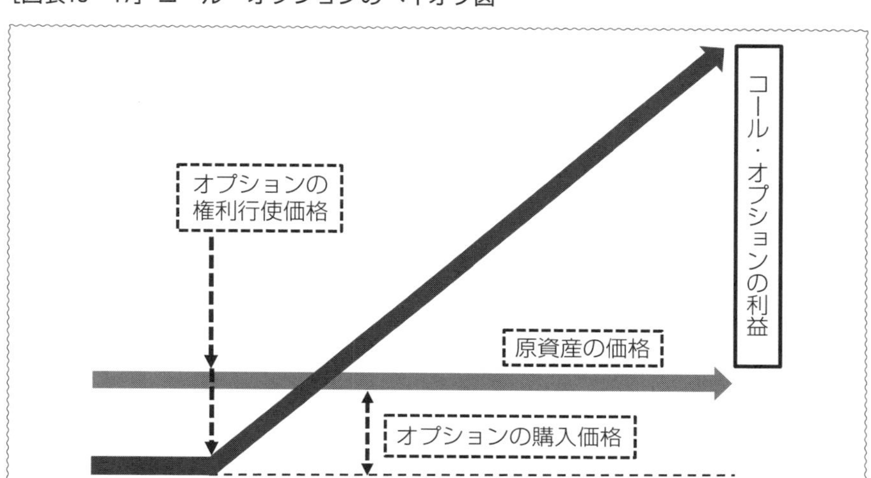

出所：筆者作成。

がどれだけ下落しても，コール・オプション所有者の損失はオプションの購入価格に限定される。

原資産の価格が上昇するほど，コール・オプション所有者の利益は無限に増大する。

原資産の価格のばらつき（Volatility）が大きければ大きいほど，コール・オプションの価値は上昇する。

（ii） プット・オプション

プット・オプションとは，オプション所有者がオプションの満期日以前のいかなる時点においても，原資産をオプションの権利行使価格で売ることができる権利である。

プット・オプションの買い手は，この権利を取得するためにオプションの購入価格を支払う。オプションの満期日において原資産の価格がオプションの権利行使価格を上回る場合，オプションは行使されず放棄される。一方，原資産の価格がオプションの権利行使価格を下回る場合，オプションは権利行使される。

プット・オプション所有者は原資産をオプションの権利行使価格で売却できるので，オプションの権利行使価格から原資産の価格とオプションの購入価格

［図表13－18］ プット・オプションのペイオフ図

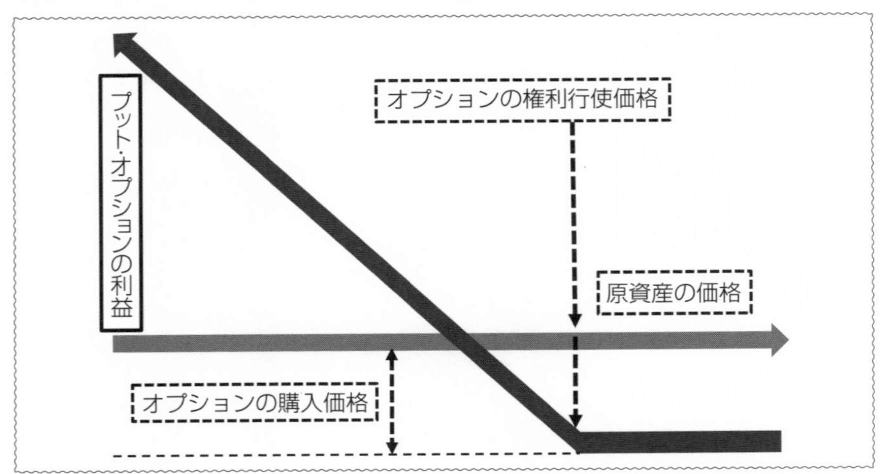

出所：筆者作成。

を控除したものがオプション所有者の利益になる。

図表13－18は，オプションの満期日におけるキャッシュ・ペイオフを示している。

原資産の価格がオプションの権利行使価格を上回る場合，プット・オプション所有者にはオプションの購入価格に相当する損失が発生する。原資産の価格がどれだけ上昇しても，プット・オプション所有者の損失はオプションの購入価格に限定される。原資産の価格が下降するほど，プット・オプション所有者の利益は無限に増大する。

原資産の価格のばらつき（Volatility）が大きければ大きいほど，プット・オプションの価値は上昇する。

（iii）オプションの価値の決定要因

コール・オプションとプット・オプションの価値は，原資産，オプションおよび金融市場に関連する変数によって決まる。原資産に関連する変数には，①原資産の現時点における価格，②原資産の価格のばらつき（Volatility），③原資産の配当の３つがある。オプションに関連する変数には，④オプションの権利行使価格，⑤オプションの満期日までの期間の２つがある。金融市場に関連する変数には，⑥オプションの満期日までの期間に対応したリスクフリー・レートがある。

これら６つの変数がオプションの価値に与える影響は，**図表13－19**のとおりである。６つの決定要因のそれぞれがオプションの価値にどのような影響を与

[図表13－19]　コール・オプションとプット・オプションの価値の決定要因

要　因	コール・オプションの価値	プット・オプションの価値
原資産の現時点における価格の上昇	上昇	下降
原資産の価格のばらつき(Volatility)の増加	上昇	上昇
原資産の配当支払額の増加	下降	上昇
オプションの権利行使価格の上昇	下降	上昇
オプションの満期日までの期間延長	上昇	上昇
リスクフリー・レートの上昇	上昇	下降

出所：筆者作成。

えるかを，コール・オプションのペイオフ（**図表13－17**）とプット・オプションのペイオフ（**図表13－18**）で確認されたい。

２つのペイオフ図を見れば，オプションの価値はダウンサイドの損失がオプションの購入価格相当額に限定され，アップサイドの利益が原資産の価格の上昇もしくは下降に対して無限に大きくなることにあることが見てとれる。オプション価格の決定要因の中心には，原資産の価格のばらつき（Volatility）がある。

（ⅳ）ブラック=ショールズ式による金融オプションの価格算出

ブラック=ショールズ式（Black and Scholes Formula）は，デリバティブと呼ばれる金融派生商品の価格を算出するための理論式である。金融オプションの価値の決定要因を，①原資産の現時点における価格，②原資産の価格のばらつき（Volatility），③オプションの権利行使価格，④オプションの満期日までの期間，および⑤オプションの満期日までの期間に対応したリスクフリー・レートの５つのみに限定することにより，金融オプションの価格算出を可能にしている。

ブラック=ショールズ式は，**図表13－20**のとおり，偏微分方程式である。

偏微分方程式に関する説明は行わないが，コール・オプションの価格Cが５つの要因で決まることを確認してほしい。

Sは，原資産の現時点における価格である。σ^2は，原資産価格のばらつき（Volatility）であり，原資産価格の自然対数の分散である。Kは，オプションの権利行使価格である。tは，オプションの満期日までの期間である。rは，オプションの満期日までの期間に対応したリスクフリー・レートである。

［図表13－20］ブラック=ショールズ式

$$C = SN(d_1) - Ke^{-rt}N(d_2)$$

$$d_1 = \frac{ln\left(\frac{S}{K}\right) + (r + \frac{\sigma^2}{2})t}{\sigma\sqrt{t}}$$

$$d_2 = d_1 - \sigma\sqrt{t}$$

出所：筆者作成。

ブラック=ショールズ式は，金融オプションの価値の決定要因を上記①～⑤

の５つのみに限定するために，１．原資産からの配当はない，２．オプションの権利行使を満期日以前にはできない，３．原資産の価格のばらつきは変化しない，４．原資産の価格は連続的に変化し，ジャンプしない，という前提を置いた。

ブラック=ショールズ式は，対象となる金融オプションを複製した投資ポートフォリオを市場で作ることが可能であることが前提になっている。

まず，原資産は市場で売買されており，金融オプションの価値の決定要因である①原資産の現時点における価格，②原資産の価格のばらつき（Volatility）を測定することが可能でなければならない。次に，金融オプション自体に売買可能な市場が存在する必要がある。オプションの権利行使価格が事前に決まっていなければならない。

②　リアル・オプション

金融オプションがデリバティブ，つまりその価値が原資産から派生する金融商品であるのに対し，リアルオプションとは投資プロジェクトから派生するオプションである。小売企業 D社の投資意思決定の設例を基に，リアルオプションの価値評価について考えてみる。

小売企業D社は，建設業に携わる職人をターゲットとして作業服を中心にアパレル用品を販売している。これまで地代の安い郊外に店舗面積1,000平米の路面店を多店舗展開してきた。今回，若者と女性をターゲットとしてスポーツウェアを中心にアパレル用品を販売する店舗面積700平米の店舗を開発して，地代の高いショッピングモールで多店舗展開する投資プロジェクトを検討している。

最初に４億円投資することにより首都圏にあるショッピングモールで２店舗を開店し，この２店舗が生み出すキャッシュ・フローが期待水準に到達した場合に，２年後に追加の40億円を投資して日本全国のショッピングモールで20店舗を新たに開店することを検討している。

ニューヨーク大学ビジネススクールのアスワス・ダモダラン（Aswath Damodaran）教授は，リアルオプションが埋め込まれている投資プロジェクトの価値を評価する際に，以下の３つの問いに答えることを提案している。

1. 検討対象の投資意思決定には，リアルオプションが本当に埋め込まれているか？
2. 埋め込まれているリアルオプションに，検討に値する価値があるか？
3. リアルオプションの価値は，ブラック＝ショールズ式によって算出できるか？

小売企業D社の新しいフォーマットの店舗開発に関する投資プロジェクトを対象に，上記の３つの問いを考えてみる。

【第１の問い「検討対象の投資意思決定には，リアルオプションが本当に埋め込まれているか？」】

投資プロジェクトに，本当にリアルオプションが埋め込まれているかを検討する必要がある。

オプションとは，オプション所有者がオプションの満期日あるいはそれ以前の時点において，一定の原資産をあらかじめ決められた価格，つまりオプションの権利行使価格で売買することができる権利である。

最初に，オプションの満期日までの期間において価値に予期できない変動が生じる原資産が何かを定義する必要がある。

次に，オプションのペイオフは，オプションの満期日までに実施されるオプションの権利行使に当たるイベントの実施を条件に発生する必要がある。

最後に，このオプションのペイオフはペイオフ図で明示することが可能でなければならない。

リアルオプションには，投資プロジェクトを将来において拡大するオプション（拡大オプション）および投資プロジェクトを将来において中止するオプション（中止オプション）が含まれる。

拡大オプションには，**図表13−17**のコール・オプションのペイオフ図が当てはまる。中止オプションには，**図表13−18**のプット・オプションのペイオフ図が当てはまる。

D社の投資プロジェクトに埋め込まれているリアルオプションは，拡大オプションに当てはまる。

この拡大オプションの原資産は，若者と女性をターゲットとしてスポーツウェアを中心にアパレル用品を販売する店舗を全国のショッピングモールで新たに20店舗開店する投資プロジェクトになる。

D社にとって，スポーツウェアを中心としたアパレル用品を若者と女性をターゲットにショッピングモールの店舗で販売するのは，初めての試みである。最初の２店から生まれるキャッシュ・フローが期待どおりであることを確認した上で，次の20店舗への投資の可否を決定する必要がある。

最初の２店舗を開店するための４億円がオプションの購入価格になる。２年後に20店舗を開店するための40億円がオプションの権利行使価格になる。

FP＆Aプロフェッショナルの実務において，最初に検討するのは，全国のショッピングモールで20店舗を一挙に開店することが確実にできるか否か，そしてそれを行うための投資額が40億円であると見込めるか否かであろう。

投資プロジェクトにリアルオプションが埋め込まれており，その価値を投資意思決定において評価するには，リアルオプションのペイオフを**図表13－21**の形で書き出し，原資産の価格，オプションの購入価格，オプションの権利行使価格を検討する必要がある。

この設例では，第１の問いへの答えがイエスであると仮定して，第２の問いに進む。

［図表13－21］拡大オプションのペイオフ

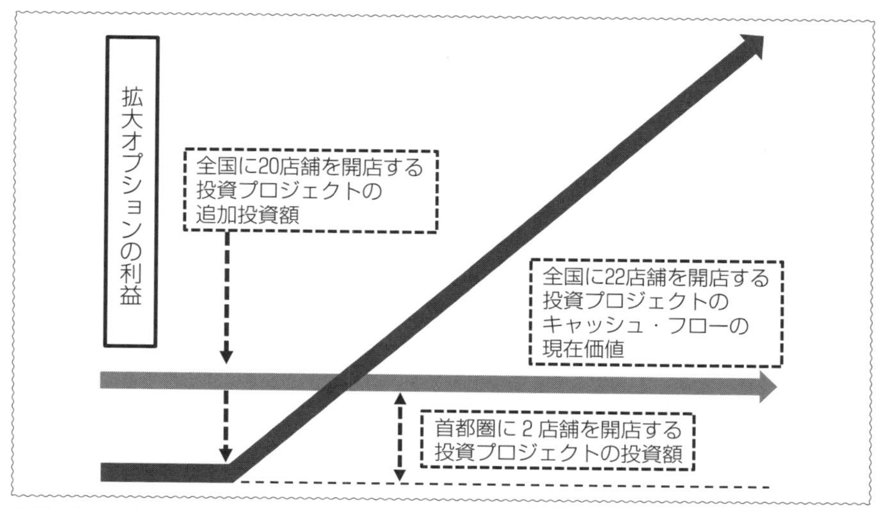

出所：筆者作成。

【第2の問い「埋め込まれているリアルオプションに，検討に値する価値があるか？」】

• 競合企業に対する排除性

リアルオプションに検討に値する大きな価値があるためには，オプションの権利行使に当たるイベントの実施に関して，リアルオプションを保有する企業が競合企業に対して排除性（Exclusivity）を有している必要がある。言い換えれば，競合企業がオプションの権利行使に当たるイベントを行う可能性を排除しなければならない。

競合企業が権利行使に当たるイベントを実施することの障壁が低くなるほど，リアルオプションの価値は小さくなる。

この条件を満たすことは非常に難しい。製薬企業が研究開発プロジェクトの成果として取得する特許権は，リアルオプションが排除性を有している良い例である。IT企業が，いわゆるデファクトスタンダード（事実上の標準）を基に独占的な市場シェアを獲得することも同様の効果があるが，特許権ほどの排除性はない。リアルオプションに検討に値する大きな価値があるためには，競合企業が模倣することを排除する仕組みが必要になる。

• 原資産の価格のばらつき

リアルオプションに検討に値する大きな価値があるために必要となるもう1つの条件は，原資産の価格のばらつき（Volatility）が大きいことである。拡大オプションの場合，IT企業が開発する新しいサービスが社会におけるライフスタイルを変えたり，製薬企業が開発した新しい医薬品が社会の直面する疫病問題を解決したりするような，原資産である投資プロジェクトの価値が爆発的に増加する可能性が存在することが想定される。現実的には多くの投資プロジェクトがこの条件を満たしていない。

若者と女性をターゲットとしてスポーツウェアを中心にアパレル用品を販売する店舗を全国のショッピングモールで新たに20店舗開店する投資プロジェクトに関して，D社は競合企業に関して排除性を有しているであろうか？

まず，D社が提供するPB製品の品揃えや独自性のある店舗コンセプトの競合企業に対する排除性が重要である。普通の小売企業では排除性は成り立たず，リアルオプションの価値は小さくなる。

D社の設例では，D社が提供するPB製品の品揃えや独自性のある店舗コンセプトに独自性があり，その独自性がもたらす可能性のある客数のばらつき（Volatility）が大きいことがオプションの価値の大きさを左右する。

小売企業の場合，店舗投資から生まれるキャッシュ・フローは店舗の売上高に依存している。店舗の売上高を決める最も重要な要因は，店舗の客数である。店舗の客数は店舗の売場面積とレジ設置台数によって一定数を超えることは難しい。

D社の設例では，リアルオプションの価値を検討する必要はほとんどない。ここでは，第２の問いへの答えがイエスであると仮定して，第３の問いに進む。

【第３の問い「リアルオプションの価値は，ブラック=ショールズ式によって算出できるか？」】

D社の投資プロジェクトに埋め込まれている拡大オプションの決定要因をブラック=ショールズ式に当てはめることが可能かを検討する。

原資産の現時点における価格は，全国のショッピングモールで22店舗を開店する場合の投資プロジェクトの予測キャッシュ・フローの現在価値の期待値である。原資産の価格のばらつきは，全国のショッピングモールで22店舗を開店する場合の投資プロジェクトの予測キャッシュ・フローの現在価値の分散である。

拡大オプションの購入価格は，首都圏のショッピングモールで最初の２店を開店するために必要な４億円である。拡大オプションの権利行使価格は，全国のショッピングモールで20店舗を新たに開店するために必要な40億円である。拡大オプションの満期までの期間は２年間である。

原資産である投資プロジェクト（たとえば，新しい業態の店舗を全国のショッピングモールに22店舗を開店する投資プロジェクト）の予測キャッシュ・フローの現在価値の期待値と分散を求めることは，現実的には非常に困難である。

ブラック=ショールズ式は，対象となる金融オプションを複製した投資ポートフォリオを市場で作ることが可能であることが前提になっている。

原資産である投資プロジェクトは金融オプションのように売買されることはなく，現在価値の期待値と分散の情報は存在しない。

最初の２店舗の投資プロジェクトを実行する前に，20店舗の投資プロジェクトがもたらすキャッシュ・フローを予測して，現在価値の期待値と分散を推定することには無理がある。

あえて推定すれば，「GIGO（Garbage In Garbage Out）」になってしまう。日本語にすれば，「ゴミを入力すれば，ゴミが出力される」である。

D社の投資プロジェクトに関する第3の問いへの答えは，埋め込まれている拡大オプションの価値をブラック=ショールズ式によって算出することは非常に難しいということである。

FP&Aプロフェッショナルの実務において，投資プロジェクトに埋め込まれているリアルオプションの価値をブラック=ショールズ式によって算出することは，ほとんど行われていない。

それはオプション価値の5つの決定要因のうち，最も重要である原資産の価格のばらつきを正確に推定することができないからである。

さらに付け加えれば，ブラック=ショールズ式は金融オプションの価値の決定要因を上記の5つのみに限定するためにいくつかの前提条件を置いた。これらの前提条件が，多くの場合において対象とするリアルオプションの前提にそぐわないのである。

（3）リアルオプションの評価

FP&Aプロフェッショナルの実務において，投資プロジェクトの価値評価に関して最初に行うべきなのは，投資プロジェクトに埋め込まれているかもしれないリアルオプションの価値をとりあえず考慮しないで，第11章と第12章で紹介したDCF手法で投資プロジェクトがもたらす予測キャッシュ・フローの正味現在価値の期待値を算出することである。

投資プロジェクトがもたらす予測キャッシュ・フローの正味現在価値の期待値が正の値であっても，投資プロジェクトのリスクを評価するために，本章で紹介した感度分析，シナリオ分析，確率ツリー分析，モンテカルロ・シミュレーション分析を必要に応じて実施するべきである。

投資プロジェクトに埋め込まれているかもしれないリアルオプションの価値評価に関して，最初に検討するべきことは，「検討対象の投資意思決定には，リアルオプションが本当に埋め込まれているか？」と「埋め込まれているリアルオプションに，検討に値する価値があるか？」という2つの問いに答えることである。

この2つの問いの両方への答えがイエスである場合に限って，**図表13－14**と

図表13－15で紹介した「確率ツリー分析」を基に，リアルオプションの価値を評価するべきである。

FP&Aプロフェッショナルの実務の背景にある理論としてブラック=ショールズ式が示唆することを理解するのは有用である。しかし，FP&Aプロフェッショナルの実務において，オプション価値の５つの決定要因に関するインプット（特に，原資産の価格のばらつき）の信頼性が高い場合（非常にまれである）を除いて，ブラック=ショールズ式の適用は避けるべきである。

むすびに代えて

本書は，FP＆Aプロフェッショナルが FP＆Aプロフェッショナルのために書いた本である。

筆者がFP&Aプロフェッショナルになる過程で多くの方々からご支援を得た。ここではお名前を挙げられないが，一緒に働いた方々，一緒に勉強した方々，そして多くのことをご指導して戴いた先生方に，心から感謝の意を表したい。

本書のむすびに代えて，FP&Aプロフェッショナルである読者へ以下のメッセージを送る。

- 「組織としてのFP&A」は，国や業界や組織によって異なる。
- 「プロフェッションとしてのFP&A」は，国や業界や組織を超えて共通である。
- 「プロフェッションとしてのFP&A」がFP&Aの根幹である。
- FP&Aプロフェッションに必要なスキルセットは，「真のビジネスパートナー」，および「マネジメントコントロールシステムの設計者および運営者」としての役割に必要とされるスキルセットである。
- FP&Aプロフェッションに必要なマインドセットは，「経営者（経営意思決定の当事者）でありたい」，そして実務経験や学習を基に「プロフェッショナルとして成長し続けたい（Growth Mindset）」という強い意志である。

本書を最後までお読みいただきありがとうございました。本書がFP&Aプロフェッショナルとしてのキャリアを切り開かれることの一助になることを期待しています。

FP&Aプロフェッショナルとして，是非，日本CFO協会におけるFP&Aの啓蒙活動にご参加ください。日本におけるFP&A組織とFP&Aプロフェッションの発展に力を貸してください。

日本におけるFP&Aはまだ始まったばかりです。

[参考文献]

(英文文献)

Anthony, R.N., and V. Govindarajan. (2007). *Management Control Systems*. 12th edition. NY: McGraw-Hill Irwin.

Association for Financial Professionals (2020), "AFP GUIDE TO THE FP&A MATURITY MODEL Version 2.1". AFPのFP&Aガイドのウェブサイトに掲載(山本宣明・横井隆志・池側千絵・三木久生・源夏未・山本孝之・石橋善一郎訳(2021)『FP&A組織の成熟度モデル』,日本CFO協会)

Bock, Lauzlo (2015), WORK RULES!, Twelve. (鬼澤忍・矢羽野薫訳(2015)『ワーク・ルールズ!』東洋経済新報社)

Boedeker, R.R. (2005), "*How Intel Finance Uses Business Partnerships To Supercharge Results*", Strategic Finance, October 2005, pp.27-33.

Burgelman, Robert (2002), *Strategy is Destiny*, The Free Press. (石橋善一郎・宇田理監訳(2006)『インテルの戦略』ダイヤモンド社)

Chartered Global Management Accountants (2019), "CGMA Competency Framework", CGMAのウェブサイトに掲載。

Collins, James. C. and Jerry I. Porras (1994), *Built to Last*, Harper Business. (山岡洋一訳(1995)『ビジョナリーカンパニー』日経BP出版センター)

Damodaran, Aswath (1999), "APPLIED CORPORATE FINANCE, WILEY. (三浦良造・兼広崇明・蜂谷豊彦・中野誠・松浦良行・山内浩嗣訳(2001)『コーポレートファイナンス戦略と応用』東洋経済新報社)

Doerr, John (2018), *Measure What Matters*, Penguin Publishing Group. (土方奈美訳(2018)『Measure What Matters』日本経済新聞出版社)

Geneen, Harold and Alvin Moscow (1984), *Managing*, Avon Books. (田中融二訳(1984)『プロフェッショナルマネージャー』プレジデント社)

Grove, Andrew (1983), *High Output Management*, Vintage Books Editions. (小林薫訳(2017)『HIGH OUTPUT MANAGEMENT』日経BP社)

Horngren, Charles (2002), *Introduction to Management Accounting, Chapters 1-19, 12th Edition*, Pearson Education, Inc. (渡邉俊輔監訳(2004)『マネジメント・アカウンティング 第2版』TAC出版)

Hope, Jeremy and Robin Fraser (2003), *Beyond Budgeting−How Managers Can Break Free from the Annual Performance Trap*, Harvard Business School Press. (清水孝監訳(2005)『脱予算経営』生産性出版)

The Institute of Management Accountants (2019), "IMA Competency Framework", Statements of Management Accounting のウェブサイトに掲載(清水孝・池側千絵・町田遼太・石橋善一郎訳(2020)『IMA管理会計コンピィテンシー・フレームワーク』,IMA東京支部)

Mintzberg, Henry (1998), *Strategy Safari*, Pearson Education Limited. (斉藤嘉則訳(2013)『戦略サファリ』東洋経済新報社)

Niven, Paul (2006), *Balanced Score Card Step by Step*, John Wiley Sons,Inc. (清水孝監訳(2009)『BSC戦略マネジメントハンドブック』中央経済社)

Pascale, R.T. (1981), *The Art of Japanese Management*, Simon & Schuster.（深田祐介訳（1981）『ジャパニーズ・マネジメント』講談社）

Schoenberg, Robert (1985), *GENEEN*, Warner Books Inc.（角間隆・古賀林幸訳（1987）『ジェニーン』徳間書店）

Schmidt E., Rosenberg J. and Eagle A. (2019), TRILLION DOLLAR COACH, Harper Business.（櫻井裕子訳（2019）『1兆ドルコーチ』ダイヤモンド社）

Serven L. and Krumwiede K. (2019), "Key Principles of Effective Financial Planning and Analysis", IMA's Statement of Management Accounting.

Siegel G. and Sorensen J. (1999), "Counting More, Counting Less -Transformation in the Management Accounting Profession- ", Strategic Finance, September 1999.

Simons, Robert (1995), *Levers of Control*, Harvard Business Review Press.（中村元一・黒田哲彦・浦島史恵訳（1998）『21世紀経営　4つのコントロール・レバー』産能大学出版部）

Simons, Robert (2000), *Performance Measurement and Control Systems for Implementing Strategy*, Prentice-Hall Inc.（伊藤邦雄監訳（2003）『戦略評価の経営学』ダイヤモンド社）

Tedlow, R.S. (2006), *Andy Grove*, Penguin Group Inc.（有賀祐子訳（2008）『アンディ・グローブ［上］』ダイヤモンド社）

Van Horne J. and Wachowicz J. (2008), Fundamentals of Financial Management 13th Edition, Prentice Hall.

（和文文献）

浅田一成・山本零（2016）「企業の中期経営計画に関する特性及び株主価値との関連性について ―― 中期経営計画データを用いた実証分析」『証券アナリストジャーナル』第54巻第5号，67-78頁。

砂川伸幸（2017）『コーポレートファイナンス入門（第2版）』日本経済新聞出版社。

石川潔（2014）「わが国経営企画部門の機能の解明」文芸社。

板越正彦（2017）『上司のすごいひと言』かんき出版。

大塚寿昭（2019）『CFOの履歴書』中央経済社。

大山健太郎（2020）『いかなる時代環境でも利益を出す仕組み』日経BP。

上總康行（2016）「戦後日本管理会計の盛衰」『企業会計』第68巻第1号，74-83頁。

加登豊・石川潔・大浦啓輔・新井康平（2007）「わが国の経営企画部の実態調査」『原価計算研究』第31巻第1号，pp.52-62。

児玉博（2017）『テヘランから来た男』小学館。

社団法人日本CFO協会（2020）『FP&A実践講座』Eラーニングプログラム。

祖父江基史（2015）『若者よ，外資系はいいぞ』主婦の友社。

高橋荒太郎（1983）『語り継ぐ松下経営』PHP出版。

谷武幸（2013）『エッセンシャル管理会計（第3版）』中央経済社。

土屋哲雄（2020）『ワークマン式「しない経営」』ダイヤモンド社。

橋本勝則・昆政彦・日置圭介（2020）『ワールドクラスの経営』ダイヤモンド社。

樋野正二（1982）『不況になぜ強いか「松下経理大学」の本』実業之日本社。

松下幸之助（1978）『実践経営哲学』PHP研究所。

山本浩二・小倉昇・小畑裕・小菅正信・中村博之（2015）『スタンダードテキスト管理会計論（第2版）』中央経済社。

吉川治・高橋賢・真鍋誠司（2016）「経営戦略策定における経営企画部門の役割――日本企業の実態調査」『企業会計』第68巻第1号，84-90頁。
吉田栄介・福島一矩・妹尾剛好（2012）『日本的管理会計の探究』中央経済社。

（新聞雑誌記事等）

『企業会計』2016年12月号「対談 パナソニックの本社改革――伝統的経理の進化への挑戦とCFO人材の育成」中央経済社。
東芝アニュアルレポート 2015年，2016年。
Glenn Llopis（March 11th, 2020）“Intel's Culture Evolution In A Continually Expanding and Unpredictable Market Place”. Forbes誌のウェブサイト上の記事。

索　引

英数

あ行

か行

さ行

た行

な行

は行

ま行

や行

ら行

わ行

《著者紹介》

石橋　善一郎（いしばし　ぜんいちろう）

1982年（22歳）上智大学法学部卒業
富士通株式会社 海外事業本部事業管理部管理部　事業管理担当
1985年（25歳）富士通アメリカ 社長室 事業管理担当
1990年（30歳）スタンフォード大学経営大学院MBA修了
株式会社コーポレートディレクション 経営コンサルタント
1991年（31歳）インテル株式会社 FP&A課長，経理課長およびコントローラー
2000年（40歳）インテル米国本社 Mobile Platforms Groupコントローラー
2002年（42歳）インテル株式会社 CFO
2005年（45歳）D&Mホールディングス株式会社 執行役 兼CFO
2007年（48歳）日本トイザらス株式会社 代表取締役副社長 兼CFO
2010年（50歳）一橋大学大学院国際企業金融戦略・経営財務コースMBA修了
2016年（56歳）日本マクドナルド株式会社 上席執行役員 兼CFO代理
認定NPO法人芸術と遊び創造協会　監事
筑波大学大学院ビジネス企業科学専攻博士後期課程単位取得退学
2017年（57歳）日本CFO協会 主任研究委員
早稲田大学，一橋大学，筑波大学，相模女子大学 非常勤講師
2019年（59歳）東北大学大学院経済学研究科会計大学院 教授
米国管理会計士協会（IMA）グローバルボードおよび東京支部 理事
2020年（60歳）株式会社常陽銀行　社外取締役
日本CFO協会FP&Aプログラム運営委員会　委員長
2022年（62歳）中央大学大学院戦略経営研究科 客員教授
LEC会計大学院 特任教授

［資　格］CMA（Certified Management Accountant），CSCA（Certified in Strategy & Competitive Analysis），CFM（Certified in Financial Management），FPAC（Certified Corporate FP&A Professional），CPA（Certified Public Accountant，イリノイ州Certificate），CIA（Certified Internal Auditor）

［著　書］『CFO最先端を行く経営管理』（中央経済社，2020年，共著）
『CFOの履歴書』（中央経済社，2019年，共著）

［翻訳書］『BSC戦略マネジメントハンドブック』（中央経済社，2009年，共訳）
『インテルの戦略』（ダイヤモンド社，2006年，共訳）
『脱予算経営』（生産性出版，2006年，共訳）

経理・財務・経営企画部門のための FP&A入門

2021年7月1日　第1版第1刷発行
2022年6月1日　第1版第5刷発行

著　者　石　橋　善一郎
発行者　山　本　　継
発行所　㈱ 中 央 経 済 社
発売元　㈱中央経済グループパブリッシング

〒101-0051　東京都千代田区神田神保町1-31-2
電話　03（3293）3371（編集代表）
03（3293）3381（営業代表）
https://www.chuokeizai.co.jp

製版／三英グラフィック・アーツ㈱
印刷／三　英　印　刷　㈱
製本／誠　製　本　㈱

ISBN978-4-502-39241-2　C3034